V&R

Karl König

Indikation

Entscheidungen vor und während einer psychoanalytischen Therapie

Vandenhoeck & Ruprecht
Göttingen · Zürich

Die Deutsche Bibliothek – CIP-Einheitsaufnahme

König, Karl: Indikation:
Entscheidungen vor und während einer psychoanalytischen Therapie /
Karl König. – Göttingen; Zürich :
Vandenhoeck und Ruprecht, 1994
ISBN 3-525-45761-8

Druck und Bindung: Hubert & Co., Göttingen
Printed in Germany

Inhalt

Vorwort

Meist versteht man unter Indikation im engeren Sinn die Entscheidung für eine bestimmte Behandlungsform, die man bei einem Patienten anwenden will. Eine solche Entscheidung hängt ab von der Symptomatik des Patienten, deren Dauer und deren Entstehungsursachen, aber auch von der Art des Umgangs des Patienten mit seiner Symptomatik, den Ressourcen seiner Persönlichkeit und seiner sozialen Situation; nicht zuletzt aber auch von der Kompetenz und den Persönlichkeitseigenschaften des Therapeuten und dessen Lebenssituation, zum Beispiel dessen Zeitbudget. Die Therapeutenfaktoren spielen wohl eine ebenso große Rolle wie die Merkmale des Patienten.

Aber auch *während* einer Therapie sind vielfältige Entscheidungen zu treffen: Wann gibt man eine Intervention? Wann ändert man den Behandlungsplan - zum Beispiel in bezug auf die Stundenfrequenz oder das angewandte Verfahren? Wann beendigt man eine Therapie? Entscheidungen betreffen auch den *äußeren Rahmen* für Therapien, die Praxiseinrichtung und die Praxisorganisation. Entscheidungen in der Therapie wirken auf das Privatleben von Patient und Therapeut ein. Entscheidungen im Privatleben des Therapeuten können seine Therapien beeinflussen.

Diskussionen mit vielen Kolleginnen und Kollegen haben mich von ihnen lernen lassen und mir ermöglicht, die eigenen Gedanken klarer zu fassen. Über den »subjektiven Faktor«, oder besser, die »subjektiven Faktoren«, die ein Therapeut in seine Arbeit einbringt, verdanke ich jenen Kolleginnen und Kollegen viel, die bei mir in Lehranalyse oder Selbsterfahrungsgruppen waren. Ihnen allen gilt wieder mein Dank. Die häufigsten Diskussionen hatte ich mit meinen Mitarbeiterinnen und Mitarbeitern der letzten Jahre: Joachim Biskup, Gerlinde Herdieckerhoff-Sanders, Reinhard Kreische, Falk Leichsenring, Hermann Staats, Regine Tischtau-Schröter; von den Doktoranden unserer Abteilung möchte ich BERND AHRENS, ULRICH BAUMANN und ANDREA SCHNEIDER besonders hervorheben.

Die Zusammenarbeit mit ERIKA DZIMALLE und ELISABETH WILDHAGEN, die das Manuskript in verschiedenen Versionen geschrieben haben, war wieder erfreulich; ebenso die Zusammenarbeit mit SUSAN LATHE, die mir Literatur beschafft und das Literaturverzeichnis angefertigt hat.

Meiner Frau und meinem Sohn danke ich wieder für Anregungen, Geduld und Verzicht auf gemeinsame Zeit, besonders an den Wochenenden und während meines Urlaubs im letzten Jahr.

Einleitung

Viele Menschen haben die Vorstellung, ein psychoanalytischer Therapeut sei jemand, der sich vorwiegend rezeptiv verhält, sich nicht entscheidet und nicht Stellung nimmt. Die Zurückhaltung vieler Psychoanalytiker in gesellschaftspolitischen Dingen verstärkt diesen Eindruck. Wenn man aus psychoanalytischen Publikationen alles zusammenträgt, was zum Bild des passiven, nichtdirektiven und nichtentscheidenden Psychoanalytikers paßt, läßt sich tatsächlich das Bild eines Menschen zusammensetzen, der im Erstinterview den Patienten auf sich wirken läßt und dann das Gefühl bekommt, mit ihm zu 'können' oder nicht; diesem Gefühl folgt er dann. Während der Therapie spiegelt ein solcher Therapeut dem Patienten nur das zurück, was auf ihn als einen »Spiegel« fällt; ansonsten hört er voraussetzungslos zu. Während der Behandlung induziert der Patient im Therapeuten Gefühle und Vorstellungen, die sich gleichsam ohne dessen Zutun zu Bildern formen, aus denen der Therapeut intuitiv seine Interventionen ableitet. Irgendwann einmal ergibt es sich aus dem Prozeßverlauf, daß die Therapie zu Ende ist.

Andere wieder sehen den Therapeuten als jemanden, der aufgrund seines Vorwissens und seiner theoretischen Konzepte vor, während und nach einer Therapie rational handelt und immer nach rationalen Überlegungen nachvollziehbar entscheidet. Die Gefühle, die der Patient in ihm erzeugt, wertet er nach festgelegten Kriterien aus, und überhaupt kann er das, was er tut, immer rational begründen.

Beide Vorstellungen vom Therapeuten sind falsch. Die Therapeutenpersönlichkeiten unterscheiden sich, und damit auch ihre Intuitionen. Deshalb kann das Ergebnis von Intuition niemals das einzige handlungsleitende Kriterium sein. Andererseits sind die Patientenmerkmale in ihren komplexen Bezügen zueinander nur sehr bedingt und begrenzt objektiv erfaßbar, jedenfalls mit den heutigen Mitteln; sie lassen sich schwer quantifizieren, und ihr

Stellenwert bei prognostischen Überlegungen ist nicht konstant. Jede Patientenvariable hängt bezüglich ihres *Stellenwerts* noch von anderen Variablen ab, wie dies in diesem Buch noch weiter ausgeführt werden soll.

Die beiden extremen Standpunkte werden so, wie ich sie der Deutlichkeit halber beschrieben habe, *in praxi* nicht vertreten. Kaum ein Therapeut verläßt sich bezüglich einer Indikation nur auf Intuitionen. Andererseits gibt es kaum Therapeuten, die glauben, eine Indikation ließe sich gleichsam errechnen. Man sucht aber doch nach objektiven Kriterien für die Wahl einer Therapieform und, während einer Therapie, für den Inhalt, den Zeitpunkt und die Dosierung seiner Interventionen.

Jeder Analytiker benutzt theoretische Konzepte, die explizit oder implizit sein können (SANDLER 1983). In einem Arbeitsbereich, in dem die Sachverhalte komplex sind und der Einfluß subjektiver Faktoren groß ist, liegt es nahe, nach klaren, wenn auch vereinfachenden Richtlinien zu suchen. Viele suchen solche Richtlinien in den schriftlichen Äußerungen FREUDS, die wie Bibelsprüche zitiert werden. Das war mit der oben schon angesprochenen Spiegelmetapher so und ist heute zum Beispiel noch so mit dem Diktum FREUDS, keiner könne mit seinem Patienten weiter kommen, als er selbst in der eigenen Analyse gelangt sei. Wenn man FREUD heute aber entgegenhalten würde, daß ein Analytiker aus seinem Arbeits-Ich (FLIESS 1942) heraus in der Arbeit mit Patienten Konflikte lösen kann, die er bei sich selbst noch nicht gelöst hat, würde FREUD vermutlich zustimmen oder sich zumindest auf eine Diskussion einlassen.

Zur Indikationsstellung hat FREUD wenig gesagt. Er empfahl eine Probetherapie, sonst kaufe man »die Katze im Sack« (FREUD 1932). Die Notwendigkeiten der therapeutischen Praxis haben dazu geführt, daß sich heute die meisten Psychoanalytiker ein Bild davon verschaffen, ob ein Patient analysierbar ist, bevor sie eine Analyse beginnen. Die Probetherapie ist die Ausnahme geworden.

Der Analytiker von heute steht auch nicht mehr nur vor der einfachen Entscheidung, den Patienten in Behandlung zu nehmen oder fortzuschicken. Da es heute neben der Analyse Kurztherapien, niederfrequente Langzeittherapien, Gruppen-, Paar- und Familientherapien gibt, sind die Möglichkeiten vielfältiger, die diagnostischen Entscheidungen aber auch komplexer geworden. Der Analytiker trifft nicht nur Entscheidungen zur Indikation für eine bestimmte Form analytischer Psychotherapie, die er selbst durchführen kann. Auch wenn er den Patienten fortschickt, wird er versuchen, ihn weiterzuvermitteln: an Analytiker, die ein Verfahren anbieten können, das er selbst nicht praktiziert, aber auch an Psychiater oder an Verhaltenstherapeuten. Er kann es auch zweckmäßig finden, einen Patienten in stationäre Behandlung einzuweisen, den er nicht für eine ambulante Therapie motivieren kann oder der zu schwer krank ist, um die Behandlung ambulant zu beginnen.

Vor Beginn der Therapie entscheidet der Psychoanalytiker, welche Ziele das therapeutische Angebot bestimmen sollen. Er entscheidet zum Beispiel, ob ein therapeutisches Angebot gemacht werden soll, das die Ziele des Patienten berücksichtigt, in seiner Zielsetzung bezüglich der Persönlichkeitsentwicklung im Sinne einer Strukturveränderung aber über die Ziele hinausgeht, die ein Patient aufgrund seiner beschränkten Kenntnis der Möglichkeiten und Erfordernisse einer psychoanalytischen Therapie haben kann. Der Therapeut muß sich auch entscheiden, ob er *illusionäre* Erwartungen des Patienten an eine Therapie vor Beginn der Behandlung ansprechen soll oder erst später. Der Therapeut muß bedenken, ob er den Patienten wird »aushalten« können oder ob der Patient ihn an die Grenzen seiner globalen Belastbarkeit bringen oder seine Toleranzgrenze in bestimmten Bereichen überschreiten könnte, zum Beispiel bezüglich der Kränkungstoleranz oder der Affekt- und Impulskontrolle.

Während einer Behandlung muß der Analytiker in jeder Stunde entscheiden, welchen Bereich der Psychopathologie eines Patienten er als ersten verfolgen soll - das ergibt sich nicht immer von selbst. Er muß nicht nur entscheiden, wann und wie er intervenieren soll, sondern auch, wann er von einer Form der Intervention zu einer anderen übergehen sollte, zum Beispiel von einer Konfrontation zur Klarifizierung und von der Klarifizierung zur Deutung. Er muß weiter entscheiden, ob eine Reaktion des Patienten auf eine Deutung hin diese bestätigt oder nicht und ob und in welcher Form er dem Patienten seine eventuelle Skepsis mitteilen soll. Schweigt ein Patient zu Beginn der Stunde, muß der Analytiker entscheiden, ob er das Schweigen unterbricht und wie.

Ruft der Patient den Analytiker außerhalb der Stunde an, muß dieser entscheiden, ob er das Telefongespräch als eine telefonische Konsultation auffassen soll oder ob er sich darauf beschränkt, den Patienten auf den nächsten Termin zu verweisen oder einen Nottermin zu vereinbaren. Kommt ein Patient zu spät, muß der Analytiker entscheiden, ob er ihn darauf ansprechen soll oder ob andere Dinge wichtiger sind. Schickt sich ein Patient an, die Stunde vorzeitig zu verlassen, muß der Analytiker entscheiden, ob er ihn auffordert, zu bleiben, oder ob er ihn gehen läßt. Gerät der Patient während der Behandlung in eine Krise, kann eine Entscheidung darüber notwendig sein, ob der Patient eingewiesen werden soll und ob in eine psychiatrische Klinik, was meist rasch möglich ist, oder in eine psychotherapeutische, wo meist Wartezeiten bestehen.

Gegen Ende einer Therapie stehen Entscheidungen darüber an, wann die Ablösungsphase eingeleitet und eine etwaige Leugnung der Beendigung der Therapie angesprochen werden soll. Während der letzten Sitzungen entscheidet der Analytiker, ob er die Analyse bis zum Ende im Liegen weiterführen oder während der letzten Sitzungen oder in der letzten Sitzung im Gegenübersitzen arbeiten soll. Er entscheidet in der letzten Sitzung, ob er dem Patienten noch etwas »auf den Weg mitgeben« will oder nicht. Er entscheidet auch bezüglich der nachanalytischen Kontakte: Soll er den Patienten auf die Möglichkeit hinweisen, daß er sich in Notfällen wieder an ihn wenden kann oder sollte er ihm signalisieren, daß für solche Fälle ein anderer Therapeut besser wäre?

Der Analytiker muß auch entscheiden, ob er in Selbstanalyse mit den Problemen fertig wird, die durch Patienten aktiviert wurden, oder ob er seine Analyse wiederaufnehmen oder an einer Selbsterfahrungsgruppe teilnehmen sollte.

Auch die Praxisorganisation erfordert Entscheidungen. Diese können banal wirken, sind aber oft folgenschwer. Der Analytiker muß entscheiden, ob und wie er während seiner Arbeitszeit telefonisch erreichbar sein soll. Ein Anrufbeantworter erleichtert ihm das. Er muß entscheiden, wie er sein Analysenzimmer einrichtet: Couch, Sessel, Bilder, Vorhänge, Teppiche, Beleuchtung und so weiter (vgl. z.B. König 1991, Peichl 1991). Er muß sich entscheiden, wie nahe er den Sessel an die Couch rücken oder wie weit er ihn wegschieben soll. Bei der Wahl seiner Urlaubstermine muß er die Interessen seiner Patienten berücksichtigen und gegen die eigenen abwägen. Er muß entscheiden, ob er während eines Urlaubs für einen Patienten erreichbar bleiben soll. Für gefährdete Patienten wird er während der Urlaubszeit einen Vertreter bestellen; er muß entscheiden, in welchen Fällen das nötig ist. Er muß auch entscheiden, wie weit er den Vertreter über den Patienten informiert und in welcher Form er die Möglichkeit, sich an einen Vertreter zu wenden, dem Patienten mitteilt; er wird den Patienten auch fragen, wie weit er dem Vertreter Mitteilungen über den Patienten machen soll, und entscheiden müssen, ob er die Wünsche des Patienten akzeptiert oder mit ihm erst einmal bearbeitet.

Macht man sich klar, welche Fülle von Entscheidungen ein Analytiker treffen muß - nach meiner Einschätzung nicht viel weniger als in operativen medizinischen Fächern und in der inneren Intensivmedizin -, und macht man sich weiter klar, daß manche Berufsanfänger sich eine psychoanalytische Tätigkeit als etwas Beschauliches vorstellen und den Beruf vielleicht deshalb wählen, weil ihnen Beschaulichkeit liegt, wundert es einen nicht mehr, daß es in der Psychoanalyse Usus geworden ist, das Therapeutenverhalten stark zu ritualisieren. Indem ein Analytiker Rituale befolgt, vereinfacht er sich die Entscheidungsprozesse. Das Befolgen von narzißtisch hochbesetzten Ritualen erhöht auch sein Selbstwertgefühl. Ebenso kann er die Anforderungen des »analytischen Über-Ich« durch ein strenges Befolgen verbietender Normen befriedigen.

Eine andere Möglichkeit, die Zahl der Entscheidungen zu reduzieren, ist die Beschränkung der Indikation auf solche Patienten, für die ein festgelegtes therapeutisches Angebot geeignet ist. Ein Analytiker, der nur Analysen macht, der eine Analyse in jedem Fall bis zum Ende und im Liegen durchführt, die Stundenfrequenz niemals variiert, am Telefon für seine Analysanden selten zu sprechen ist und sie nie in eine Klinik einweist, erspart sich Entscheidungen; allerdings auf Kosten seiner Effizienz als Therapeut. Am ehesten ist ein solches Vorgehen bei Lehranalysanden möglich, was neben anderen Gründen vielleicht die Tendenz mancher Analytiker verständlich macht, ihre Zeit vorwiegend mit Lehranalysen zu verbringen.

Die Entscheidungsfreudigkeit eines Analytikers hängt natürlich von seiner Persönlichkeitsstruktur ab, aber auch von seinem Alter. In der Jugend trifft man Entscheidungen unbekümmerter als in höherem Alter. Ist man sehr alt geworden, fehlt für Entscheidungen vielleicht die Kraft. Man läßt die Dinge lieber laufen und macht es am liebsten so, wie man es »schon immer« gemacht hat.

Auf die Nutzung von Entscheidungsspielräumen kann man aus Bequemlichkeit oder Schwäche aufgrund von Begrenzungen der eigenen Charakterstruktur verzichten, aber auch aus Selbstkenntnis. Während der Ausbildung eines Psychoanalytikers werden dem Kandidaten von seinen Lehrern bestimmte Lehrmeinungen mit bestimmten Entscheidungsspielräumen angeboten, zum Beispiel bezüglich der Stundenfrequenz. Sie passen selten ganz auf das Individuum. Der einzelne muß im Laufe seines beruflichen Lebens entscheiden, ob er sich innerhalb der vorgegebenen Entscheidungsspielräume engere zurechtlegt oder ob er sie erweitert. Manche Kandidaten finden so innerhalb der vorgegebenen Entscheidungsspielräume das ihnen und ihrer Klientel Gemäße, andere überschreiten sie. Bleiben sie ganz innerhalb der vorgegebenen Grenzen, besteht die Gefahr einer dysfunktionalen Einengung, zum Beispiel aus Bequemlichkeit, Ängstlichkeit oder Schwäche. Überschreiten sie die vorgegebenen Grenzen, liegt eine Gefahr darin, daß der einzelne die durch die Lehrer vorgegebenen Grenzen der Entscheidungsspielräume wie Hindernisse behandelt, die übersprungen oder zerstört werden müssen. Dabei kommt es oft zu Unsicherheiten in der Dosierung des eigenen Verhaltens. Man nimmt vielleicht zuviel Anlauf und springt zu weit, oder man tut so, als ob gar keine Grenzen da wären.

Die Entscheidungsfähigkeit des Therapeuten hängt auch von seiner *Charakterstruktur* ab. Die verschiedenen Charakterstrukturen habe ich in meinen Buch *Kleine psychoanalytische Charakterkunde* (1992) dargestellt. Daß Zwanghafte sich schwer entscheiden können, ist allgemein bekannt. Manche entscheidungsängstlichen und entscheidungsvermeidenden *zwanghaften Therapeuten* haben ein Arbeits-Ich entwickelt, das es ihnen gestattet, Entscheidungen zu treffen, indem sie bestimmten Regeln folgen. Diese Regeln sind oft reduktionistisch. Weil sie den Therapeuten vor inneren Entscheidungskämpfen bewahren, werden sie idealisiert und manchmal auch ideologisiert. Andere zwanghafte Analytiker verhalten sich entsprechend der Chirurgen-Metapher FREUDS (1912b): Ohne persönliche, innere Beteiligung gelinge die Operation am besten.

Phobische Therapeuten erwarten vom Patienten genug Selbständigkeit, um sich ihm anschließen zu können und um ihm zu folgen. Durch schwache und orientierungssuchende Patienten werden sie beunruhigt, sie fürchten, im Umgang mit diesen Patienten zuviel Entscheidungsrisiko tragen zu müssen. *Kontraphobische Therapeuten* dagegen überfordern ihre Patienten mit riskanten Behandlungsangeboten.

Hysterische Therapeuten handeln oft propulsiv, »spontan«, »aus dem Bauch heraus«, »nach Gefühl«. Im Extremfall treffen sie gar keine Entscheidungen. Sie folgen lediglich dem stärksten Impuls. Die Normen der therapeutischen Rolle schränken die »Spontaneität« des hysterischen Analytikers ein. Darunter leidet er ein Leben lang. Während der zwanghafte Analytiker durch Ambivalenzen gelähmt sein kann, sobald er sich persönlich involviert fühlt, nimmt der hysterische nur wahr, was ein Gefühl ihm zu tun nahelegt. Er gewinnt nicht den Abstand zu seinem Gefühl, der es ihm gestatten würde, alternative Handlungsmöglichkeiten zu sehen, die neben dem liegen, wozu ein Gefühl ihn drängt.

Schizoide Therapeuten entscheiden auch »nach Gefühl«, aber in anderer Weise als die hysterischen. Sie entscheiden sich zum Beispiel »intuitiv« für solche Patienten, die mit ihnen etwas gemeinsam haben und mit ihnen »auf gleicher Wellenlänge« liegen. Beziehungswünsche und Konfliktbereiche, die sie von sich selbst nicht kennen, nehmen sie oft schwer wahr. Sie haben keine subjektiv empfundenen Schwierigkeiten, eine Indikationsentscheidung zu treffen. Im Gegenteil, sie entscheiden sich rasch, oft schon in den ersten Minuten eines Interviews, ob sie einen Patienten behandeln wollen. Die Indikationen erweisen sich später aber oft als falsch, weil Unvertrautes, nicht auf der eigenen Wellenlänge Liegendes, übersehen und deshalb nicht berücksichtigt wurde oder weil sich die therapeutischen Aktivitäten auf einen bestimmten, schmalen Sektor der Persönlichkeit des Patienten beschränkten, über den der Therapeut nicht hinausschauen konnte.

Depressive Therapeuten haben Schwierigkeiten, gegenüber einem Patienten, dem sie mit ihren Mitteln nicht helfen können, dies einzugestehen, und ihn an einen anderen Therapeuten zu verweisen. Ihre Entscheidungen werden stark durch den Wunsch beeinflußt, den, der gerade da ist, zufriedenzustellen. Sie können Enttäuschungen selbst nur schwer aushalten und fürchten deshalb, andere zu enttäuschen, auch wenn die anderen Enttäuschungen besser verkraften könnten als sie. Es kann einen Patienten enttäuschen, wenn er von einem Therapeuten, der mit ihm nicht gut arbeiten kann, weiterverwiesen wird; letzten Endes nützt es ihm aber meistens. Daß Depressive einem Patienten, den sie nur schwer behandeln können, schaden, falls sie die Behandlung doch übernehmen, wird durch die »Hitze« der Bedürfnisse des anwesenden, hilfesuchenden Patienten aus dem kognitiven Feld des Therapeuten gedrängt.

Ähnlich wie zwanghafte Therapeuten erleichtern sich *narzißtische Therapeuten* ihre Entscheidungen dadurch, daß sie sich persönlich nicht engagieren. Der Zwanghafte vermeidet das, weil er Involviertsein fürchtet. Der Narzißtische tut das, weil er es für unnötig hält; er denkt, es genüge, wenn *der Patient mit ihm* involviert sei. Solche Therapeuten werden oft durch projektive Identifizierungen sehr beunruhigt, die im Therapeuten ungewollte, oft sogar rollen- und persönlichkeitsfremde Gefühle und Handlungsimpulse erzeugen.

Neben der Charakterstruktur des Therapeuten haben natürlich auch seine Gegenübertragungen und die Übertragungen des Therapeuten auf den Patienten Einfluß auf den Ausgang von Entscheidungsprozessen.

In diesem Buch soll in Ansätzen eine erkenntnisleitende Systematik dargestellt werden bezüglich der Merkmale des Patienten und der Merkmale des Therapeuten und bezüglich des Umgangs mit ihnen. Obwohl zum Beispiel HEIGL (1987[3]) in einem Kapitel seines Buches über Indikation und Prognose ausdrücklich auf die subjektiven Gegebenheiten beim Stellen von Indikation und Einschätzung von Prognosen hinweist, liest sich das Buch über weite Strecken so, als ob eine von seiten des Therapeuten persönlichkeitsneutrale Beurteilung möglich wäre. Indem ich mich aber bemühe, nicht nur Entscheidungsregeln aufzustellen, sondern auch Entscheidungsspielräume deutlich zu machen, weise ich darauf hin, wo Subjektivität im negativen, aber auch im positiven Sinn ihren Platz finden kann. Im positiven Sinn findet sie ihren Platz dann, wenn der Analytiker unter Berücksichtigung der Bedürfnisse des Patienten ein Vorgehen wählt, das mit seiner eigenen Persönlichkeit vereinbar ist und ihm ein optimales Arbeiten gestattet.

Entscheidungen vor Beginn einer Therapie

Gibt es Entscheidungen vor einer Psychotherapie?

Streng genommen *nein,* weil sich schon die Diagnostik therapeutisch auswirkt. Das ist ein Spezifikum von Psychotherapie. Bereits die Art und Weise, wie ein Analytiker den Telefonanruf eines Patienten entgegennimmt, ja selbst seine Stimme auf dem Anrufbeantworter und der Inhalt des auf Band gesprochenen Textes, für den sich der Therapeut entschieden hat, beeinflussen die spätere therapeutische Beziehung. Sie setzen Übertragungen in Gang, die sich auf die Beziehungserwartungen des Patienten, besonders auf die Art der Hilfserwartungen, auswirken. Insoweit hat die Therapie dann schon begonnen. Kommt es nicht zu einem therapeutischen Vertrag, zur formellen Vereinbarung einer Therapie in bestimmter Form, sondern wird der Patient zu einem anderen Psychotherapeuten, einem Psychiater oder einem somatisch tätigen Arzt geschickt, ist zumindest die Vorstellung, die der Patient von einem Psychotherapeuten hatte, bestätigt oder modifiziert, seine Motivation verstärkt oder vermindert worden.

Das Verhalten des Therapeuten im Telefonat - sei es, daß er gleich am Apparat ist, sei es, daß er zurückruft - und sein Verhalten während des Erstinterviews können sich stark unterscheiden. Beim Telefonat geht es darum, daß der Therapeut erste Informationen erfragt und einen Termin mit dem Patienten vereinbart; im Erstinterview ist der Therapeut weniger auf ein umschriebenes Ziel ausgerichtet. Die meisten Therapeuten halten sich dann eher zurück, sind in ihren Äußerungen weniger konkret. Das kann der am Telefon begonnenen Übertragungsentwicklung eine andere Richtung geben. Im Erstinterview kann ein Therapeut auch konfrontieren und klarifizieren, seltener deuten. Aber auch schon, daß der Patient Dinge erzählt, die er vielleicht noch niemandem erzählt hat, und ihm ein Mensch auf eine Art und Weise zuhört, wie ihm vielleicht noch niemand zugehört hat, kann Veränderungen bewirken. Unbestimmte Eindrücke kann der Patient in Worte fassen, er kann Widersprüche in seiner Erzählung entdecken. Der Therapeut kann vor allem im weiteren Verlauf, während der Anamnesengespräche, Fragen stellen, die der Patient noch nie gehört hat und die seine Aufmerksamkeit auf Bereiche seines Lebens richten, die er bisher für unwichtig hielt oder vor denen er die Augen aus Angst verschlossen hatte. Mich beispielsweise haben schon die Eignungsinterviews bei der Aufnahme zur psychoanalytischen Weiterbildung auf Dinge gebracht, an die ich vorher nicht gedacht oder die ich vorher nicht so gesehen hatte, und mich veranlaßt, schon vor dem Beginn der eigentlichen Lehranalyse über diese Dinge nachzudenken. Die Lehranalyse hatte so gleichsam schon begonnen, bevor ich meinen späteren Lehranalytiker auch nur kennengelernt hatte.

Wenn nun aber die Therapie bereits beim ersten Kontakt des Patienten mit einem Therapeuten beginnt, ist man dann berechtigt, von Entscheidungen *vor und während* einer psychoanalytischen Therapie zu sprechen, so wie es der Titel dieses Buches ankündigt? Ich meine, man kann es dann, wenn man als den Beginn einer Psychotherapie - willkürlich - den Zeitpunkt festlegt, zu dem Patient und Therapeut sich nach den Vorgesprächen darauf geeinigt haben, eine Psychotherapie in bestimmter Form, in einem bestimmten Setting und mit einer bestimmten Stundenfrequenz durchzuführen (auch bei der dynamischen Psychotherapie nach DÜHRSSEN (1988), die mit variabler Stundenfrequenz arbeitet, bewegt sich diese doch in einem bestimmten Rahmen).

Bei fremdfinanzierten Therapien kann eine solche Vereinbarung strenggenommen erst erfolgen, wenn die Kasse die Kosten für den ersten Behandlungsabschnitt übernommen hat (bei wirklichen Kurzzeittherapien für die gesamte beabsichtigte Therapie). Die Therapeuten halten es da verschieden. Manche vereinbaren lediglich, daß der Patient einen Antrag auf Kostenübernahme für eine bestimmte Therapie stellt und der Therapeut einen Bericht schreibt; im Delegationsverfahren bei Nichtärzten muß auch noch der delegierende Arzt hinzugezogen werden. Andere vereinbaren eine Therapie unter der Voraussetzung, daß die Kasse die Kosten übernimmt und, im Delegationsverfahren, daß der delegierende Arzt zustimmt. Wieder andere rechnen nicht damit, daß der Antrag abgelehnt wird, und vereinbaren die Therapie mit dem Patienten fest, auch wenn dieser im Falle einer Ablehnung die Kosten nicht aufbringen könnte - ein Vorgehen, von dem man wohl abraten sollte, weil der Therapeut in eine schwierige Lage gerät, wenn die Kostenübernahme abgelehnt wird. Das kommt bei kompetenten Therapeuten zwar recht selten vor, aber es kommt vor. Auf die Möglichkeit, daß der Gutachter zunächst die Kostenübernahme für eine Probetherapie empfiehlt, sollte der Patient meines Erachtens hingewiesen werden. Sonst kommt es leicht zu Fehlinterpretationen einer solchen Beschränkung, mit denen zu Beginn einer Therapie nicht immer gut umzugehen ist.

Beginnt die Therapie nicht zur vereinbarten Zeit, etwa weil der Patient den Termin vergißt, erkrankt, wegen Glatteis nicht zur Stunde gelangt oder weil der Therapeut den Termin vergißt, erkrankt und so weiter, kann Vergessen oder Erkranken bereits mit der therapeutischen Beziehung zu tun haben, wie sie sich im Vorfeld der Therapie etabliert hat. Ich würde aber nicht sagen, daß die Therapie mit der ersten vereinbarten Stunde beginnt, auch wenn diese nicht stattfindet. Ich ziehe es dann vor, zu sagen, daß sich das Vorfeld der Therapie auf die vereinbarte Behandlungsstunde ausgedehnt hat, und lege als den Beginn der Therapie den Zeitpunkt fest, an dem Patient und Therapeut sich tatsächlich zur ersten wirklichen Behandlungsstunde treffen - oder, bei einer Gruppentherapie, den Zeitpunkt, zu dem der Therapeut den Patienten zur ersten Gruppensitzung an der Tür begrüßt, beziehungsweise zu dem der Therapeut das Gruppenzimmer betritt. Nur um aufzuzeigen, daß diese Festlegung, so einleuchtend sie sein mag, etwas Willkürliches hat, möchte ich eine Alternative nennen. Man könnte auch annehmen, daß die Therapie in dem Augenblick beginnt, in dem ein Patient - schon vor Beginn der ersten Sitzung - mit dem ersten Gruppenmitglied im Gruppenzimmer oder auf dem Korridor zusammentrifft. Aus dem Vergleich der beiden genannten Möglichkeiten ergibt sich auch ein Hinweis darauf, daß es vom Konzept des Therapeuten abhängen kann, wann er meint, daß die Therapie eines Patienten anfängt. Ein Therapeut, der den Gruppenmitgliedern einen großen Anteil an der therapeutischen Arbeit zuordnet, wird vielleicht den zweiten Vorschlag für plausibler halten; ein Therapeut, der meint, daß Therapie dann stattfindet, wenn die Gruppe sich versammelt hat und auch der Therapeut das Zimmer betreten hat, wird vielleicht eher der ersten Definition zuneigen. Die lange Diskussion darüber, wann eine psychoanalytische Therapie wirklich beginnt, mag auf den ersten Blick überflüssig erscheinen. Tatsächlich zeigt sie aber etwas von der Problematik auf, die sich aus der engen Verbindung von Therapeutenverhalten und Setting ergibt. Setting und persönliches Verhalten spielen in der Krankenbehandlung nirgends sonst eine so große Rolle.

Entscheidungen im Vorfeld einer Therapie

Telefonkontakt

Immer mehr Analytiker schalten während der Therapiezeiten einen Anrufbeantworter ein. Das hat den großen Vorteil, daß man während der Stunden oder Gruppensitzungen nicht gestört wird. Es kann einmal ein Nachteil sein, daß der Therapeut für einen Patienten nicht gleich erreichbar ist; dringende Notrufe treten aber sowieso meist abends auf. Der Anrufbeantworter sollte die Telefonzeiten angeben, und der Anrufer sollte die Möglichkeit haben, eine Nachricht zu hinterlassen. Benutzt man einen Anrufbeantworter ohne Registriermöglichkeit, müssen die Telefonzeiten häufiger sein. Während der Telefonzeiten werden meist nur Termine vereinbart; muß ein Gespräch länger dauern, kann man einen Telefontermin vorschlagen, damit das Telefon während der Telefonzeit nicht blockiert wird.

Schwierig ist manchmal die Entscheidung, ob man einen Patienten, der anruft, auch dann sehen soll, wenn in absehbarer Zeit kein Behandlungsplatz frei wird. Weiß man, welcher Kollege Platz haben könnte, kann man das sagen; sonst empfiehlt es sich, dem Patienten einen Termin zu geben. Es kommt sonst nämlich vor, daß Patienten, für die eine psychoanalytische Therapie nicht geeignet ist, wochenlang herumtelefonieren, bis sie jemanden finden, der Platz hat, nur um zu erfahren, daß eine andere Therapie günstiger wäre. Vor allem wenn sich ein Therapeut in einer Stadt niederläßt, wo noch keine oder nur wenige Psychoanalytiker oder psychoanalytisch orientierte Therapeuten arbeiten, rufen viele solcher Patienten an. Es ist dann eine wichtige Aufgabe des Therapeuten, dem Patienten eine Vorklärung anzubieten. Oft genügen schon wenige Informationen, um herauszufinden, daß eine psychoanalytische Therapie voraussichtlich nicht in Frage kommt. Für das weitere Vorgehen verwertbare Aufschlüsse erhält man manchmal auf die Frage, welche Art von Therapie der Patient sich vorstellt, ob er selbst darauf gekommen ist oder ob ihm jemand diese Therapieform empfohlen hat.

Geht es einem Patienten offensichtlich schlecht und kann man in nächster Zeit keinen Termin anbieten, empfiehlt sich die Vermittlung an einen Psychiater, der darüber entscheiden kann, ob vielleicht eine stationäre Aufnahme nötig ist, und der meist bessere Verbindungen zu psychiatrischen Kliniken hat als ein niedergelassener Psychotherapeut. Da die meisten psychotherapeutischen Kliniken Wartezeiten haben und sie über keine geschlossenen Stationen verfügen, ist eine Notfalleinweisung in eine psychotherapeutische Klinik oft weder möglich noch angezeigt.

Termine für die Diagnostik

Die meisten Psychotherapeuten, die schon länger praktisch tätig sind, haben Termine für die Diagnostik eingerichtet. Bleiben die Termine frei, erledigen sie in dieser Zeit Schreibarbeiten. Die Termine sollten am besten abends liegen. Nicht wenige Patienten wagen nicht, ihren Arbeitgeber oder Vorgesetzten darum zu bitten, während der Arbeitszeit freizubekommen. Ist eine Psychotherapie indiziert und ist nur ein Termin während der Arbeitszeit frei, kann man eine solche Schwierigkeit mit dem Patienten bearbeiten und den Realitätsgehalt der Befürchtung prüfen, ein solcher Termin sei nicht einzurichten. Lehrer sind als Patienten unter anderem deshalb beliebt, weil sie meist tagsüber Zeit haben, Entsprechendes gilt für Hausfrauen ohne Kinder oder mit größeren Kindern.

Stellt sich schon während des ersten Gesprächs heraus, daß eine Psychotherapie nicht in Frage kommt, sollte der Patient nicht weggehen, ohne daß er weiß, welche Möglichkeiten er sonst noch hat.

Da die meisten Patienten nicht wissen, wie lange ein Gespräch beim Psychotherapeuten dauern könnte, sollte vor Beginn gesagt werden, wieviel Zeit man ungefähr zur Verfügung stellen will, also vielleicht 25 Minuten oder 50 Minuten.

In den ersten Minuten des Gesprächs sollte auch die Entscheidung getroffen werden, ob man sich im Sinne eines psychoanalytischen Interviews verhalten oder ein strukturierteres Interview machen will. Manche Therapeuten begrenzen den Erstkontakt grundsätzlich auf 25 Minuten und vereinbaren nur dann einen Termin für ein ausführliches Interview, wenn sie meinen, daß sie mit dem Patienten arbeiten können und wenn sie einen Platz jetzt oder in absehbarer Zeit haben; sonst verwenden sie den Rest der Zeit zur Beratung des Patienten.

Eine grundsätzliche Entscheidung ist, ob man ein Erstinterview deutlich von der Anamnese absetzen oder es in die Anamnese übergehen lassen soll. Ich selbst neige zum letzteren, das erlaubt mehr Flexibilität. Manche Patienten verwirrt es auch, wenn der Analytiker sich in der ersten Stunde ziemlich zurückhaltend verhält, in den folgenden Stunden aber gezielt fragt. Wenn man jedoch so arbeitet, dann empfiehlt es sich zu sagen, daß die Anamnese nun anders verlaufen wird als das Erstinterview.

Wie die Anamnese strukturiert wird, hängt vom Verlauf des Erstinterviews ab: ob man noch einmal im Zusammenhang die wesentlichen Bereiche anspricht (Symptome, über die der Patient klagt, aktuelle Objektbeziehungen, Ursprungsfamilie, Kindheitsentwicklung, soziale Situation, frühere Symptome und jetzige nicht angegebene Symptome, erste Kindheitserinnerungen, Träume). Manchmal ist es sinnvoll, dort weiterzumachen, wo einem im Interview etwas aufgefallen ist, zum Beispiel, daß jemand den Beruf der Eltern nicht erwähnt, die Geschwister nicht erwähnt, nicht davon spricht, ob er einen Partner oder eine Partnerin hat, und ähnliches.

Manche Therapeuten lassen ihre Patienten auch während der Anamnese frei erzählen und stellen nur in der letzten Stunde ergänzende Fragen. Wenn man viel Zeit aufwenden will, macht das einen Sinn; sonst ist es wohl günstiger, stärker zu strukturieren und dadurch auch die Anamnese deutlich von der späteren Therapie abzusetzen. Vor Beginn der Therapie sollte dann wieder gesagt werden, daß diese anders sein wird als die Anamnese und wodurch sie sich unterscheidet.

Ich empfehle nicht, sich früh darauf festzulegen, daß man die Behandlung übernimmt. Gelegentlich passiert es nämlich, daß jemand gegen Ende der Anamnese Informationen gibt, die eine Therapie in der ursprünglich beabsichtigen Form nicht angezeigt erscheinen lassen, zum Beispiel wenn sich Hinweise auf Sucht ergeben oder wenn sich herausstellt, daß der Patient voraussichtlich bald vom Wohnort des Therapeuten wegziehen wird.

Ist der Kontakt zwischen Patient und Therapeut gut, »attachiert« sich der Patient meist schon an den Therapeuten, und es kann schwer sein, ihn weiterzuschicken, wenn sich zum Beispiel herausstellt, daß eine Gruppentherapie nicht indiziert ist, andererseits aber nur ein Gruppenplatz angeboten werden kann. Daß ein Patient sich Hoffnungen macht, die dann enttäuscht werden, kann man zum Beispiel dadurch vermeiden, daß man deutlich sagt, die Anamnese gelte der Diagnostik. Man werde am Ende sagen können, ob man etwas Therapeutisches anbieten kann oder ob eine Therapie günstiger wäre, die man selbst nicht durchführen oder aus Platzgründen nicht anbieten kann.

Wenige Patienten kommen von vornherein mit der Absicht, an einer Gruppentherapie teilzunehmen; meist solche, denen dies schon in einer Klinik oder Beratungsstelle empfohlen worden ist. Besonders in Kleinstädten und ländlichen Gebieten kann es schwer sein, jemanden für eine Gruppentherapie zu motivieren. Auch wenn ich bisher noch nicht erlebt habe, daß ein Patient dadurch geschädigt wurde, daß Gruppenmitglieder aus der Gruppe etwas weitererzählen, fürchten Patienten in kleinen Orten das doch sehr. Viele Patienten wollen auch deshalb einen Therapeuten für sich allein haben. Gruppentherapie wird außerdem mit Mehrbettzimmern im Krankenhaus assoziiert. Dennoch kann es für manche Patienten viel besser sein, eine Gruppentherapie zu machen, zum Beispiel Patienten mit einer Symptom-Zwangsneurose, deren Prognose in einer Einzeltherapie eher schlecht ist. Andererseits ist die Entscheidung, einen solchen Patienten in eine Gruppentherapie zu nehmen, dadurch erschwert, daß er mit seiner Immobilisierungstendenz, die solche Patienten ja meist haben, die Arbeit der Gruppe stark behindern kann. Jede Indikation für eine Gruppe muß ja auch die Patienten berücksichtigen, die schon in der Gruppe sind.

Ist vorauszusehen, daß jemand nur für eine niederfrequente Therapie motivierbar ist, eine höherfrequente für ihn aber besser wäre, sollte man mit einer niederfrequenten Therapie anfangen und später eventuell auf eine höherfrequente übergehen.

Eine Kurzzeittherapie zur prognostischen Klärung ist oft angezeigt, birgt aber Gefahren. Sie sollte eigentlich nur dann gemacht werden, wenn noch nicht klar ist, ob die Kurzzeittherapie selbst ausreichen oder ob eine Langzeittherapie notwendig sein und der Patient für eine solche Langzeittherapie motivierbar sein wird. Eine Kurztherapie zu der prognostischen Klärung, ob eine analytisch orientierte Therapie überhaupt in Frage kommt, ist deshalb ungünstig, weil der Patient sich sehr »weggeschickt« vorkommt, wenn man ihn nach 25 Sitzungen zum Beispiel an einen Psychiater überweist. FREUD hat Probetherapie allgemein empfohlen, aber nur für ein oder zwei Wochen. Die Sitzungsfrequenz betrug damals 6 pro Woche, es handelte sich also um 6 bis 12 Sitzungen. Aus den Angaben FREUDS (1932) geht hervor, daß er diese Probesitzungen Patienten gegenüber als diagnostisch deklarierte.

Daß ein Patient eine bestimmte Therapieform will, heißt nicht, daß sie für ihn die beste wäre; andererseits kann man den Patienten zu einer anderen Therapieform nicht zwingen. In der Regel ist es wohl am besten, den Patienten dort abzuholen, wo er im Augenblick steht. Ist eine Gruppentherapie indiziert, kann man zunächst eine Kurzzeittherapie machen, um die Motivation zu bearbeiten. Das empfiehlt sich aber nur dann, wenn man den Patienten alternativ in eine Einzeltherapie nehmen kann. Von einer Probetherapie in einer Gruppe rate ich ab. Entscheidet sich der Patient gegen eine Fortsetzung der Gruppentherapie, ist das nicht gut für die Kohäsion der Gruppe; muß man ihn aus der Gruppe nehmen, empfindet der Patient das oft als eine »öffentliche« Blamage.

Ich finde es wichtig, mit dem Patienten eine vorläufige Einigkeit über die Behandlungsziele herzustellen, weil man zwar unrealistische Behandlungsziele ein Stück weit bearbeiten kann, manchmal aber auch seine eigenen Ziele denen des Patienten anpassen muß - zum Beispiel wenn es dem Patienten zunächst nur um eine Besserung der Symptome geht. Natürlich reicht eine solche Motivation für eine psychoanalytische Therapie nicht aus, man kann in der Regel aber gut abschätzen, ob eine zusätzliche Motivation im Sinne des konfliktorientierten, introspektiven Arbeitens erreichbar sein wird. Gute Hinweise gibt da eine Selbstschilderung, zu der man den Patienten auffordert. Die allgemeine Eignung für eine psychoanalytisch orientierte Therapie kann daraus und aus der Schilderung der Bezugspersonen meist gut abgeleitet werden. KERNBERG (1988) weist darauf hin, daß

Borderline-Patienten meist ihre Bezugspersonen schlecht schildern können, Psychotiker meist sich selbst.

Im Vorgespräch muß man sich entscheiden, wieviel Informationen man über die Arbeitsweise, die Dauer der Therapie und die Prognose geben will. Ich empfehle zunächst zu fragen, was der Patient wissen möchte. Manche Informationen muß man dann zusätzlich geben, ohne daß der Patient danach fragt; andere Informationen gebe ich nicht, auch wenn der Patient danach fragt, zum Beispiel detaillierte Hinweise auf meine Rolle als Therapeut. Gibt man eine Information nicht, sollte das begründet werden.

Erstkontakte in verschiedenen Umfeldern

Bisher bin ich davon ausgegangen, daß der Patient sich an den Therapeuten wendet, entweder, weil ein Arzt oder ein Berater, Angehörige oder Freunde ihm das geraten haben oder weil er aus anderer Quelle weiß, daß Psychotherapie ihm nützen könnte. Es besteht dann schon eine gewisse initiale Motivation.

Erstgespräche finden aber auch statt, ohne daß eine solche Motivation vorhanden ist. In einem Klinikum werden Patienten in die Poliklinik einer psychotherapeutischen Abteilung geschickt, wenn die Beschwerden des Patienten nicht zu den erhobenen Befunden passen und man deshalb annimmt, ein psychischer Faktor könnte beteiligt sein. Solche Überweisungen geschehen oft wie eine Überweisung zum Röntgen oder zum EKG: der Arzt füllt einen Zettel aus und der Arzt, oft auch eine Schwester oder ein Pfleger, informiert den Patienten, daß auch die psychische Seite untersucht werden müsse. Somatisch tätige Ärzte und Schwestern mit Erfahrungen nur auf somatischen Stationen verfügen meist über wenig Training, das es ihnen ermöglichen würde, den Patienten nicht nur zu informieren, sondern auch zu überzeugen, daß eine solche Untersuchung sinnvoll ist. Oft wird auch angenommen, es sei eben Sache des Psychotherapeuten, den Patienten vom Sinn einer solchen Untersuchung zu überzeugen.

Das gilt besonders für Überweisungen in Kurkliniken. Ein Arzt beantragt für den Patienten eine Kur, bei der »auch Psychotherapie« gemacht werden soll, was er dem Patienten aber nicht erläutert oder nur dann erläutert, wenn der Patient selbst über seelische Probleme geklagt hat. Manche Anträge auf somatische Kuren werden von den Prüfärzten der Landesversicherungsanstalten oder der Bundesversicherungsanstalt für Angestellte, die in ihren Fortbildungsveranstaltungen mehr über die Möglichkeiten einer stationären Psychotherapie erfahren als der durchschnittliche Allgemeinarzt oder Internist, anders entschieden, als der beantragende Arzt beabsichtigt hatte; die Patienten werden an eine psychotherapeutische Kureinrichtung weitergeleitet. In einer solchen Kureinrichtung kommen sie dann oft mit ganz unzutreffenden Erwartungen an; etwa mit der Erwartung, sich einfach nur zu erholen und vielleicht einem Kurkonzert zu lauschen.

Mehr als in der Einzelpraxis sind die Therapeuten an einer Poliklinik oder in einer Kurklinik mit der Aufgabe konfrontiert, Patienten für Psychotherapie zu motivieren. An stationären psychotherapeutischen Einrichtungen besorgen einen großen Teil der Motivationsarbeit die Patienten (vgl. S. 164), an Polikliniken bleibt die Aufgabe der Motivationsarbeit beim untersuchenden Therapeuten. Erkennt der Untersucher nicht, daß er den Patienten zunächst motivieren muß, ehe etwas Produktives und Sinnvolles passieren kann, läuft das Erstgespräch oft fehl. THOMÄ und KÄCHELE (1986) betrachten das Erstinterview als »... die erste Möglichkeit für eine flexible Anwendung der psychoanalytischen Methode auf die Gegebenheiten des jeweiligen Kranken.« Die Betonung muß hier auf flexibel liegen. Sonst läßt sich das Ergebnis eines Therapeut-Patienten-Kontaktes oft am besten mit einem paraphrasierten LICHTENBERGschen Aphorismus beschreiben: Wenn ein Patient auf einen Therapeuten trifft, und es klingt hohl, liegt es dann allemal am Patienten?

In eine stationäre psychotherapeutische Einrichtung wird jemand nur dann aufgenommen, wenn »ein Bett frei ist«. Die Zahl der Patienten, die an eine *Poliklinik* kommen oder dort hingeschickt werden, hängt nicht direkt von den ambulanten und stationären *Behandlungsmöglichkeiten* der Poliklinik ab. Ein Therapeut in einer Kurklinik steht nicht vor dem Problem, einen Patienten untersuchen zu müssen, den er dann vielleicht aus Mangel an Behandlungsplätzen nicht in Therapie nehmen kann. Viele Polikliniken an Universitäten haben eine große Ambulanz mit vorwiegend diagnostischen Aufgaben und leiten die Patienten dann zu einem Großteil an niedergelassene Therapeuten weiter. In Großstädten, wo das Einzugsgebiet der Poliklinik vorwiegend die Stadt selbst ist, tut man sich damit leichter als an einer Poliklinik, deren Patienten oft aus den umgebenden ländlichen Gebieten kommen, wo die Behandlungsmöglichkeiten von Ort zu Ort sehr unterschiedlich sind.

Erwartet ein Untersucher große Schwierigkeiten, einen Patienten »unterzubringen«, und kann er ihn selbst nicht in Behandlung nehmen, wird er sich vielleicht, und wohl mit Recht, weniger bemühen, ihn zu einer Therapie zu motivieren, als wenn die Weiterbehandlung mit Wahrscheinlichkeit zustande kommt oder schon gesichert ist. Es macht ja keinen Sinn, den Patienten für ein Behandlungsverfahren zu motivieren, das ihm dann nicht zur Verfügung gestellt werden kann.

Dennoch halte ich es auch bei solchen Patienten für wichtig, sich um eine vertrauensvolle Beziehung zu bemühen. Neben der vielleicht optimalen psychotherapeutischen Behandlung, die wahrscheinlich nicht zustande kommen wird, gibt es für jeden Patienten auch noch andere Behandlungsmöglichkeiten, und wenn es sich nur um psychiatrische Betreuung und die gelegentliche Gabe von Medikamenten handelt oder wenn die eine Behandlungsalternative die Einstellung auf eine medikamentöse Behandlung über längere Zeit sein sollte. Die Empfehlung einer solchen Behandlungsmöglichkeit wird natürlich besser angenommen, wenn der Patient dem empfehlenden Therapeuten vertraut. Das mag selbstverständlich klingen, wird aber dennoch nicht immer beachtet, wie die Erfahrungen vor allem mit jüngeren Kolleginnen und Kollegen zeigen.

An Polikliniken muß oft erst die Differentialdiagnose zwischen Neurose, Borderline-Struktur und Psychose gestellt werden. Hier scheint sich das strukturelle Interview von Kernberg (1988; s.a. Buchheim et al. 1988) langsam durchzusetzen. In einem »zirkulären Vorgehen« kommt der Therapeut hier immer wieder auf Probleme und Symptombereiche zurück, die schon angesprochen waren, mit dem Ziel, weiter zu präzisieren und zu differenzieren. Gleichzeitig wird die Interaktion des Patienten mit dem Therapeuten und des Therapeuten mit dem Patienten beobachtet und eventuell auch interpretiert. Der Interviewer achtet auf die Qualität der Abwehrmechanismen (primitive oder reifere) und grenzt auch so eine Neurose von Borderline-Struktur und Psychose ab.

Ein wesentliches Kriterium zum Erkennen einer Borderline-Struktur ist die Identitätsdiffusion (KERNBERG et al. 1989). Ob eine Psychose vorliegt, zeigt sich wesentlich am Funktionieren der Realitätsprüfung. Die Motivation des Patienten, das Vorhandensein oder Fehlen von Ich-Funktionen, die in einer Therapie benötigt werden, zum Beispiel die Fähigkeit zur Introspektion, die voraussichtliche Fähigkeit, eine Arbeitsbeziehung zu entwickeln, die Gefahr des selbst- oder fremdschädigenden Agierens und die Gefahr der psychotischen Dekompensation müssen berücksichtigt werden. Liegt eine Psychose vor, versucht der Interviewer zwischen endogener und exogener Psychose zu unterscheiden. Es handelt sich hier um eine Kombination von Exploration und Interview im psychoanalytischen Sinne. Bisher wird das strukturelle Interview nur an wenigen psychoanalytischen Instituten gelehrt; man lernt es eher an psychiatrischen Kliniken und Polikliniken.

Diagnostische Methoden

Was kann ein Erstinterview nach ARGELANDER *leisten?*

Ein Erstinterview in der klassisch gewordenen Form, wie ARGELANDER (1970) es vorschlägt, sagt etwas darüber aus, ob Patient und Analytiker miteinander analytisch arbeiten könnten. In einem solchen Erstinterview wird die Gestaltung des Gesprächs dem Patienten weitgehend überlassen; der Untersucher hält sich möglichst zurück. In der Beziehung zum Interviewer kann sich nun ein aktuelles Beziehungsproblem des Patienten darstellen. Dieses Beziehungsproblem *kann* einen Bezug zur Symptomatik haben, das *muß* aber nicht der Fall sein. Stellt sich ein Beziehungsproblem dar, das der Analytiker entschlüsseln kann, spricht dies dafür, daß Patient und Analytiker miteinander analytisch arbeiten können.

In einem Interviewbeispiel, das MERTENS (1990, Bd. 1, S. 250f.) gibt, weiß die konsultierende Patientin offenbar schon, was den Analytiker interessiert: Sie erzählt von ihren Symptomen, ihren Beziehungen und ihrer Kindheit. In dem ausführlich dargestellten Beispiel gelingt es dem Analytiker, Verbindungen herzustellen zwischen Symptomatik, aktuellen Beziehungen, Beziehungen in der Primärfamilie und dem, was sich an Beziehung zum Analytiker entwickelt. Was aber, wenn ein Patient nicht weißt, worauf es dem Analytiker ankommt, und wenn er eine traditionelle Sprechstundensituation erwartet, in der er das beantworten soll, was der Arzt fragt? Dann müßten - wie übrigens auch BALINT (ref. bei THOMÄ und KÄCHELE 1986) vorgeschlagen hat - zunächst einmal Informationen darüber gegeben werden, worauf es ankommt.

Die Vorstellung, daß ein Patient zum Analytiker immer genau das an Beziehung entwickelt, was mit seiner Problematik zu tun hat, berücksichtigt die *Übertragungsauslöser* nicht, die der Untersucher bietet: ob er ein Mann oder eine Frau, jung oder alt ist und wie sein Zimmer aussieht und das Haus, in dem sich dieses Zimmer befindet, die Straße, in der Haus steht, das Stadtviertel, in der die Straße liegt. Auch und gerade das *Verhalten* des Untersuchers kann Übertragungen auslösen. Hier spielen wieder die Vorinformationen eine Rolle. Ein Patient, der weiß, worauf es ankommt, wird durch Passivität des Untersuchers weniger verunsichert als jemand, der ein traditionelles Arzt-Patient-Gespräch erwartet, und er wird vielleicht ein anderes Objekt übertragen oder einen anderen Selbstanteil externalisieren als jemand, der unvorbereitet zum Interview kommt und auf einen abwartenden Untersucher trifft.

Die Patientin im Beispiel von MERTENS hatte Schwierigkeiten mit ihrem Mann. Im Verlauf des Interviews übertrug sie auch die Beziehung zur Mutter auf den Untersucher, vorwiegend aber die Beziehung zum Vater. Wie hätte das ausgesehen, wenn die Patientin zu einer Analytikerin gekommen wäre?

Das So-Sein, das Verhalten und das Umfeld des Untersuchers und die Vorinformationen des Patienten schränken die Objektivität eines Interviews ein. Dem kann man entgegenhalten, daß das Interview nicht objektiv sein *soll*. Es soll gerade zeigen, wie weit *Subjekte*, nämlich der Patient und der Analytiker, miteinander in Beziehung treten und ob sich etwas aus den konflikthaften Beziehungen in der inneren Welt des Patienten in der Beziehung zum Analytiker darstellt. Daß in einem Interview mehrere Objekte übertragen und Selbstanteile externalisiert werden können, paßt dazu, daß man auch in Therapien zunächst einen raschen Wechsel der übertragenen Objekte und externalisierten Selbstanteile beobachten kann. Es kommt zu fluktuierenden Übertragungsreaktionen, die später in eine stabile Übertragung münden. Dabei hängt es von den Übertragungs- und Externalisierungsdispositionen des Patienten, aber auch von den Auslösern des Analytikers ab, welches Objekt oder welcher Selbstanteil das sein wird. Folgt man der Annahme von WEISS und SAMPSON (1986), ein Patient stelle zum Therapeuten Beziehungen her, an denen er etwas ändern will, kann man erwarten, daß die Auslöser des Therapeuten eine geringe Rolle spielen. Es würde dann das Beziehungsmuster hergestellt, an dem der Patient am dringendsten etwas ändern will. Ist es aber die Absicht des Patienten, zunächst

Bekanntes und Vertrautes wiederzufinden, will er Familiarität (KÖNIG 1979, 1982, 1984, 1991) herstellen, so wird er das Objekt übertragen, das am besten mit den Übertragungsauslösern zusammenpaßt, die der Therapeut bietet, so daß sein basales Familiaritätsbedürfnis am meisten berücksichtigt wird.

In der unvertrauten Situation eines Erstgesprächs kann man eher davon ausgehen, daß der Patient Familiarität herstellen will; das heißt, daß er eine Beziehung zu inszenieren versucht, in der er sich auskennt, und weniger eine Beziehung, von der er hofft, daß sie anders verlaufen wird als gewohnt. Diese Annahme paßt auch zu der Hypothese von WEISS und SAMPSON, daß der Patient *dann* etwas ausprobiert, wenn er es in Sicherheit tun kann. Der Patient braucht eine gewisse Zeit, um ein Gefühl dafür zu bekommen, wie es um diese Sicherheit bestellt ist. Erst dann kann sein Gegenwarts-Unbewußtes (SANDLER und SANDLER 1985) unter den verschiedenen Beziehungsmöglichkeiten eine auswählen, die verändert werden soll. Eine freundlich-neutrale Einstellung des Therapeuten kann das Sicherheitsgefühl erhöhen, wahrscheinlich aber nicht so weit, daß von den Auslösern, die der Therapeut bietet, weitgehend abgesehen werden kann. Das Sicherheitsgefühl ist, wenn alle anderen Faktoren gleich sind, dann am größten, wenn sich der Patient vom Untersucher verstanden und akzeptiert fühlt.

Im ganzen halte ich es für berechtigt, es als positives Kriterium anzusehen, wenn sich zwischen dem Patienten und dem Analytiker eine interpretierbare Szene entwickelt, wobei der genetische Teil einer Interpretation, der sich auf diskrete Angaben des Patienten bezieht, naturgemäß der unsicherste ist. So können Teilaspekte der Beziehung zu einem Elternteil auf den Analytiker übertragen werden, etwa Ansätze der ödipalen Liebe oder Sympathie des Mädchens zum Vater, die unter dem Einfluß von Schuldgefühlen verdrängt wurde oder deshalb verdrängt wurde, weil sich die Beziehung zum Vater später verschlechtert hat, zum Beispiel in der Adoleszenz. Ein Analytiker, der unter mehreren Patienten auswählen muß, wird wohl am besten einen nehmen, bei dem sich im Laufe des Interviews eine interpretierbare Szene entwickelt.

Umgekehrt kann aber eine psychoanalytische Therapie auch dann möglich sein, wenn sich keine solche Szene entwickelt. Es kann sein, daß der Analytiker im Erstkontakt keine passenden Übertragungsauslöser liefert. Der Patient entwickelt dann vielleicht im Erstgespräch keine Motivation, mit dem Analytiker zusammenzuarbeiten und er inszeniert auch nichts Interpretierbares. In weiteren Gesprächen kann sich das aber ändern. Wir dürfen nicht vergessen, daß ein passives Verhalten für Angehörige eines helfenden Berufes zunächst einmal ungewöhnlich ist und daß der Patient mit diesem Ungewöhnlichen fertigwerden muß; vielleicht hindert ihn gerade die Passivität des Untersuchers daran, ein Objekt aus früherer Zeit zu übertragen. Vielleicht hat er passive Objekte in seiner Primärfamilie nicht erlebt oder er hat sich von einem solchen zurückgezogen. Wird der Analytiker im weiteren Verlauf etwas aktiver, entwickelt sich eine faßbare Beziehung.

Ich schlage also vor, das Entstehen einer interpretierbaren Szene im Erstinterview als positives Kriterium für die Möglichkeit einer psychoanalytischen Zusammenarbeit zu werten, aber keineswegs als einziges Kriterium, weder im negativen noch im positiven Fall. Es kann ja sein, daß die meist an das Erstinterview angeschlossenen strukturierenden Gespräche Informationen zutage fördern, die eine Psychoanalyse ausschließen oder gerade möglich erscheinen lassen. Ein Analytiker, der es sich leichtmachen will, kann sich schon im Interview gegen eine Therapie entscheiden. Ich meine aber, daß man es sich etwas schwerer machen und noch weitere Informationen bei der Entscheidung mitverwenden sollte.

Unter prognostischen Gesichtspunkten begnüge ich mich meist damit, darauf zu achten, ob die emotionale Verbindung zum Patienten im Laufe des Gesprächs intensiver wird. Ist das nicht der Fall, frage ich mich, ob der Patient vielleicht ein Objekt auf mich überträgt, vor dem er sich unbewußt in acht nimmt (zum Beispiel weil ich Übertragungsauslöser biete, die an ein solches früheres Objekt erinnern), oder ob der Patient generell Schwierigkeiten hat, eine Beziehung herzustellen.

Beides ist prognostisch für eine psychoanalytische Therapie *bei mir* nicht günstig, reicht aber noch nicht aus, um eine *schlechte Prognose* zu begründen, weder in einer Therapie bei einem anderen Therapeuten noch endgültig in einer Therapie bei mir.

Wenn ich merke, daß ein Patient im Interview Schwierigkeiten hat zu sprechen, warte ich nicht zu lange, bis ich selbst etwas sage; vor allem dann, wenn es sich um wenig informierte Patienten handelt. Manchmal kommt, wenn ich etwas aktiver werde, doch eine emotionale Beziehung in Gang - sogar eine interpretierbare.

Die Interpretierbarkeit einer Szene als ausschließliches Kriterium zu nehmen, ist gerade deshalb nicht angezeigt, weil es am Untersucher liegen kann, daß er keine Interpretation findet, entweder weil seine Kompetenz nicht ausreicht, weil er mehr Material bräuchte (auch in einer Langzeitanalyse wissen wir ja nicht in jeder Stunde sofort, was der Patient auf uns überträgt) oder weil der Patient gerade jene Informationen über aktuelle und vergangene Objektbeziehungen zurückhält, die eine Verknüpfung der Beziehung des Patienten zum Therapeuten, zu aktuellen anderen Beziehungspersonen und zu den Objekten der Primärfamilie ermöglichen würden. Das passiert oft gerade dann, wenn der Patient schon ahnt, daß aktuelle Objektbeziehungen durch frühere Beziehungen zu den Objekten in der Primärfamilie beeinflußt sein können. Ist eine solche Vorstellung noch weit weg, wird er vielleicht eher die entsprechenden Angaben machen. Schließlich kann ein Übertragungswiderstand es verhindern, daß sich eine interpretierbare Szene entwickelt. Dieser Übertragungswiderstand muß nicht unauflösbar sein.

Die BALINTsche Interviewtechnik

THOMÄ und KÄCHELE (1986) stellen das Interviewschema der psychosomatischen Universitätsklinik Heidelberg, wie MITSCHERLICH es in den späten fünfziger Jahren eingeführt hat und das auf das von BALINT eingeführte Schema der Tavistock-Klinik zurückgeht, zusammenfassend dar (Bd. 1, S. 181).

Wie entwickelt sich eine Arzt-Patient-Beziehung?

1. Wie behandelt der Patient den Arzt? Dabei irgendwelche Änderungen? Läßt sich daraus auf Verhaltensangewohnheiten oder auf sein Verhältnis zur Krankheit schließen?
2. Wie behandelt der Arzt den Patienten? Irgendwelche Änderungen während des Interviews?
   a) War der Arzt an den Problemen des Patienten interessiert?
   b) Hat er das Gefühl, etwas für ihn tun zu können?
   c) Spürte er am Patienten irgendwelche menschlichen Qualitäten, die er trotz all seiner Fehler schätzte?

Wichtige Augenblicke im Interview

Hier handelt es sich um die Entwicklung der Ereignisse innerhalb des Interviews, also um Ergebnisse von Übertragung und Gegenübertragung.

1. Überraschende Mitteilungen oder Gefühlsäußerungen des Patienten, Fehlleistungen, deutlich werdende Aussparungen von Lebensepochen oder Personen seiner Umwelt und ähnliches.
2. Welche Deutungen wurden im Laufe des Interviews gegeben, und welche Reaktionen kamen von seiten des Patienten?

Ergebnisse und Beurteilung

1. Wie äußert sich die Störung im Leben des Patienten? (Aufzählung der Symptome, die das Interview gezeigt hat, einschließlich dessen, was der Interviewer vorläufig nur vage ahnt).
2. Vermutliche Bedeutung der Störung, psychodynamisch ausgedrückt.
3. Therapiewahl:
   a) Eignung für Kurztherapie (Fokalpsychotherapie) mit Begründung,
   b) eventuelle Gegengründe,
   c) Eignung für Psychoanalyse; Begründung,
   e) Welche andere Behandlung kommt in Frage?
4. Nächste Ziele: Was hält der Arzt für das wesentliche Symptom, das er zunächst angehen will? Wie könnte sich dessen Behandlung auch auf weitere Symptome auswirken? Vorstellungen über Dauer und Häufigkeit der Behandlung.

Thomä und Kächele betonen, daß das Erstinterview auch eine therapeutische Funktion hat, gleichrangig mit der diagnostischen. Balints Interviewtechnik wurde ursprünglich für die Indikationsstellung zur Fokaltherapie entwickelt, sie wird von Thomä und Kächele aber »... für die Psychoanalyse schlechthin« (S. 182) empfohlen. Ob es gelingt, im Interview ein Stück Therapie zu machen, oder nicht, wird prognostisch ausgewertet.

Das Interview soll angemessen vorbereitet werden, wenn anzunehmen ist, daß der Patient an das Interview Erwartungen hat, die auf Informationsmängeln beruhen und mit den Erwartungen des Therapeuten an das Interview konfligieren.

Der Therapeut sollte sich darum bemühen, eine geeignete Atmosphäre zu schaffen, durch eine nicht überfordernde und nicht unterfordernde Gesprächsführung. Über die Reaktionen des Patienten kann man nur Aussagen machen, wenn man die vom Interview hergestellten situativen Bedingungen benennt, die als Reize wirken, auf die der Patient dann reagiert.

Der Interviewplan hängt davon ab, ob der Therapeut den Patienten in Behandlung nimmt oder nicht, und was gemacht werden könnte, wenn der Therapeut den Patienten nicht in Behandlung nimmt (Warteliste, Überweisung).

THOMÄ und KÄCHELE gehen auch besonders auf die Rahmenbedingungen ein, zum Beispiel auf den Zeitrahmen des Interviewers, der dem Patienten mitgeteilt werden sollte. THOMÄ und KÄCHELE empfehlen einen festen Zeitrahmen für die Gestaltung des Interviews.

Die Entscheidungen, die sich aus dem Interview ergeben, sollen nicht nur vom Therapeuten getroffen werden. Der Patient soll in die Lage versetzt werden zu entscheiden, ob er mit der Therapieform, die sich im Interview andeutet, umgehen will.

Auch nach Ansicht von THOMÄ und KÄCHELE kommt man im Erstinterview zu einer subjektiven Indikation (»ich 'kann' mit diesem Patienten«), nicht aber zu einer differenzierten und objektiveren Indikationsstellung, die weitere Aspekte berücksichtigen müsse.

Die biographische Anamnese

FREUD (1932), der vor einer Analyse anscheinend keine Anamnese erhob, ließ sich zu Beginn, das faßte er als Probebehandlung auf (eine Woche, 6 Sitzungen), zunächst die Krankengeschichte erzählen. Er achtete dabei auf Unstimmigkeiten, Widersprüche, Lücken. Diese machten ihn auf Material aufmerksam, das der Patient nicht mitteilen konnte oder wollte.

Auch im Erstinterview achtet der Analytiker auf solche Unstimmigkeiten, Widersprüche, Lücken; er fordert den Patienten allerdings in der Regel nicht auf, seine Krankheitsgeschichte zu erzählen, sondern überläßt es dem Patienten, was dieser erzählen will. Erhebt man eine biographische Anamnese, fordert man also auf, die Lebens- und Krankheitsgeschichte zu erzählen, empfiehlt es sich, ebenfalls darauf zu achten, was der Patient ausläßt, was widersprüchlich ist oder nicht zusammenstimmt. Allerdings wird man dann meist gleich oder später nachfragen und versuchen herauszubekommen, was sich klären läßt.

Viele Patienten fassen die Familiengeschichte nicht als zur Krankheitsgeschichte gehörend auf. Manche tun das natürlich; vor allem, wenn sie Vorinformationen über psychoanalytische Behandlungen haben. Wenn nicht, kann man den Patienten auffordern, über die Familie zu erzählen, in der er aufgewachsen ist, und dabei besonders auf Beziehungen der Familienmitglieder untereinander einzugehen. Daß es darauf besonders ankommt, kann der Patient nicht in jedem Falle wissen. Fordert man ihn auf, die Beziehungen zu beschreiben, wird sich schon herausstellen, ob er das nicht getan hat, weil er nicht wußte, daß es wichtig ist, oder aus anderen Gründen; das gilt auch für andere Bereiche wie Freizeit, Beruf, sexuelle Entwicklung.

In heutiger Praxis ist es meist die Funktion einer biographischen Anamnese, das Erstinterview zu vervollständigen, sowohl was erzählte Informationen angeht, als auch was Verhalten angeht. Es ist zum Beispiel wichtig, *wie* ein Patient von einem Familienmitglied aus der Primärfamilie spricht, das er vorher nicht erwähnt hat, *wie* er reagiert, wenn man nach der sexuellen Entwicklung fragt, und so weiter.

Manche Angaben werden *häufig* nicht von selbst gemacht. Viele Patienten erwähnen Zwänge oder Phobien nicht, wenn sie aus anderen Gründen in Therapie kommen; beides wird vom Patienten oft nicht als krankhaft eingestuft. So gut wie kein Patient macht spontan Angaben über Masturbation, schon gar nicht über Masturbationsphantasien. Auch eine Selbstschilderung wird selten spontan gegeben. Ebenso sprechen wenige Patienten spontan von ihrer ersten Kindheitserinnerung, die in nuce das enthalten kann, was einem (bei einer ödipalen Pathologie) heute unmöglich ist, weil es gefürchtet und deshalb abgewehrt oder vermieden wird; oder, bei einer präödipalen Pathologie, etwas, das noch heute problematisch ist.

Eine biographische Anamnese sollte sich auch mit der Zukunft beschäftigen. Die Lebensziele des Patienten sollten erfragt werden, ebenso seine kurz- und mittelfristigen beruflichen und privaten Pläne. Zum Beispiel ist es wichtig, zu wissen, ob ein Ortswechsel bevorsteht, wenn man zwischen einer Langzeit- und einer Kurzzeittherapie entscheiden will.

Sehr geübte Untersucher können Erstinterviews und Befragung des Patienten in einer Sitzung verbinden. Sie lassen das Gespräch sich zunächst spontan entwickeln, ergänzen Informationen, die sie erhalten haben, durch Fragen und achten sowohl auf die Initialszene, die sich oft schon in den ersten Interaktionszügen darstellt (vgl. z.B. FRIEDRICH 1984), als auch auf die Reaktionen des Patienten auf bestimmte Fragen. Dabei ist auch die Art und Weise wichtig, *wie* der Patient den erfragten Inhalt vermittelt. Geübte Untersucher kommen dann schon zu einer relativ sicheren Beurteilung. Eine solche Routine erlangt man in der Regel nicht, wenn man in einer Einzelpraxis Patienten behandelt, eher als Oberarzt oder Chefarzt einer psychotherapeutischen Klinik oder Poliklinik.

Auch Eignungsinterviews für die Aufnahme in den Weiterbildungsgang eines psychoanalytischen Institutes bringen Erfahrungen. Man kann sie nur nicht ohne weiteres auf Patienten übertragen. Wer sich zur psychoanalytischen Ausbildung bewirbt, weiß im Regelfall ungefähr, worauf es in einem Interview ankommen kann. Der Interviewverlauf und auch der Inhalt des Interviews sind natürlich durch das Motiv beeinflußt, für die Weiterbildung akzeptiert zu werden. Das ist etwas anderes, als wenn jemand für eine Therapie akzeptiert werden will. Wer für eine Therapie akzeptiert werden will, hat oft das Bestreben, dem Therapeuten darzustellen, wie krank er ist und wie nötig er eine Therapie braucht. Wer für eine Ausbildung akzeptiert werden will, möchte vermitteln, daß er zwar Konflikte und Probleme hat, daß er aber stark genug ist, um sie mit Hilfe einer Lehranalyse zu bewältigen. Deshalb stellen sich Bewerber für die Weiterbildung nicht selten gesünder dar, als sie sind, und Patienten kränker.

Ein »Erstinterview« bei einem Patienten, der schon beim gleichen Therapeuten in Behandlung war

Den Ausdruck »Erstinterview« benutze ich hier absichtlich, obwohl es sich doch um das zweite Interview handelt: das erste war ja zu Beginn der früheren Therapie. Ich will damit andeuten, daß sich der Analytiker am besten so einstellen soll wie bei einem wirklichen Erstinterview, nämlich zunächst mehr den Patienten sprechen lassen und darauf achten, was für eine Szene sich im Interview konstelliert. Sie hat dann meist etwas mit der akuten Konfliktlage zu tun, oft allerdings auch etwas mit den Übertragungen, die in der vorangegangenen Therapie nicht aufgelöst wurden und die nicht unbedingt etwas mit jenen aktuellen Konflikten zu tun haben müssen, die in *anderen* interpersonellen Beziehungen des Patienten vielleicht mobilisiert worden sind. Diagnostisch ist es daher hier besonders wichtig, die Beziehungskonstellation im zweiten Erstinterview mit den gegenwärtigen konflikthaften Beziehungskonstellationen im Leben des Patienten zu vergleichen.

Das zweite Erstinterview kann man gegen Ende stärker strukturieren, als wenn man den Patienten zum ersten Mal kennenlernt. In der Regel stellt sich alles rascher dar. Die Widerstände und die Toleranzgrenzen des Patienten kann man aufgrund der vorherigen Erfahrungen besser einschätzen. Gleichzeitig sollte der Analytiker im zweiten Erstinterview aber für Neues offen sein. *Zu Beginn* des Interviews sollte er sich so einstellen (natürlich nicht so verhalten), als ob er den Patienten vorher noch nie gesehen hätte. Bereiche, die man in der ersten Analyse übersehen hat, kann man so leichter entdecken, wenngleich die eigenen blinden Flecken auch jetzt wieder Grenzen setzen.

Wenn ich hier beschreibe, wie »man« es machen sollte, stelle ich ein Procedere dar, das ich selbst noch nicht häufig erprobt habe. Es ist bei uns seltener als zum Beispiel in den USA, daß ein Patient den Analytiker später wieder aufsucht. Diskussionen mit erfahrenen Kolleginnen und Kollegen haben meine eigenen Erfahrungen aber ergänzt.

Oft kann man an eine frühere Analyse eine Therapie anschließen, die sich auf die akut symptomrelevanten Hauptkonflikte konzentriert. Eine grundsätzlich andere Situation liegt vor, wenn man mit einem Patienten vorher eine Therapie mit begrenztem Behandlungsziel durchgeführt hat und das »Erst«interview jetzt ergibt, daß nunmehr eine Analyse angezeigt ist. Bei der Kostenübernahme für eine Analyse sind wenig Probleme zu erwarten, wenn man aus dem früheren Behandlungsverlauf und dem Verlauf der »nachtherapeutischen« Zeit schlüssig begründen kann, daß eine Analyse angezeigt ist, weil sie ein durchgreifenderes und stabileres Behandlungsergebnis verspricht. Hat der Patient erfahren, daß der Analytiker ihm in der zielbegrenzten Therapie helfen konnte, und erwartet er weitere Hilfe, ist er für eine Analyse meist leicht zu motivieren, wenn die äußeren Lebensumstände (Zeit, Wege) es ihm gestatten, mehrmals wöchentlich zu kommen, und wenn er voraussichtlich lange genug am Wohnort des Therapeuten oder in dessen Nähe verbleiben kann. Wenn nicht, wird man sich auf eine zweite zielbegrenzte Therapie beschränken müssen. In solchen Fällen empfiehlt es sich, dem Gutachter darzulegen, daß eine Analyse an sich angezeigt wäre, aus äußeren Gründen aber nicht durchgeführt werden kann. Man erleichtert so die Kostenübernahme für eine spätere Analyse, vielleicht an einem Ort, an den der Patient später hinziehen und an dem er einige Jahre lang bleiben wird. Hat der Patient die Wahl zwischen mehreren Orten, zum Beispiel wenn er eine Stelle sucht, sollte er über die Möglichkeiten, an den verschiedenen Orten einen Therapieplatz zu bekommen, aufgeklärt werden, damit er das bei der Entscheidung, wo er sich bewirbt, berücksichtigen kann. Hier handelt es sich um Informationen, die ein Patient sich in der Regel sonst nur schwer beschaffen kann. Der Analytiker sollte hier sein Insider-Wissen zur Verfügung stellen.

Wenn ein Patient den Analytiker nach Beendigung einer Therapie noch einmal aufsucht, wird der sich nicht nur freuen. Vielleicht wird er durch den Patienten mit der Tatsache konfrontiert, daß die Arbeit mit ihm nicht den gewünschten dauerhaften Erfolg gebracht hat. Vielleicht ergibt sich im »Erst«interview, daß wichtige Konfliktbereiche übersehen und deshalb nicht bearbeitet wurden. Andererseits können Konflikte, die während einer Analyse nicht aktiviert werden, der Bearbeitung entgehen (FREUD 1937).

Die Aktivierung von Konflikten hängt nicht nur vom Verhalten des Analytikers ab. Manche Konflikte hängen auch mit altersbedingten Schwellensituationen zusammen. Das gilt zum Beispiel für Patienten, die in die sogenannte Midlife-Crisis geraten oder die in höherem Alter mit einem Abnehmen ihrer körperlichen und geistigen Leistungsfähigkeit konfrontiert sind und das nicht ohne weiteres verkraften können.

In diesem Zusammenhang ist es auch wichtig, sich klarzumachen, daß ein älterer Mensch (über 50) mit größerer Wahrscheinlichkeit von einem analytisch-psychotherapeutischen Angebot profitieren kann, wenn er mit der Psychoanalyse schon in irgendeiner Form Bekanntschaft gemacht hat. In eindrucksvoller Weise sieht man das in Selbsterfahrungsgruppen mit älteren Kolleginnen und Kollegen.

Probetherapie

Probetherapien werden heutzutage zwischen dem Therapeuten und dem Patienten nur selten vereinbart. Sie finden meist auf Veranlassung eines Kassengutachters statt, der die vom berichtenden Arzt gestellte Indikation in Zweifel zieht, weil ihm die persönlichen Voraussetzungen für ein bestimmtes Behandlungsverfahren nicht ausreichend geklärt erscheinen. Hier geht es oft um Regressionsneigung und Regressionstoleranz. Meist reichen 25 Sitzungen Probetherapie aus, in manchen Fällen hält der Gutachter aber einen längeren Behandlungszeitraum für erforderlich, in dem die Prognose bei Anwendung eines bestimmten Behandlungsverfahrens geklärt werden soll. Eine Regressionsneigung bei eingeschränkter Regressionstoleranz, die den Behandler in seinen Möglichkeiten überfordert, die Regression in einem therapeutisch nutzbaren Rahmen zu halten, macht sich allerdings in den meisten Fällen schon während der ersten 10 oder 15 Sitzungen bemerkbar.

Für die Entwicklung einer Arbeitsbeziehung ist eine Probetherapie problematisch. Der Therapeut kann aber die Verunsicherung des Patienten, die eintritt, wenn der Gutachter eine Empfehlung zur Kostenübernahme auf eine Probetherapie begrenzt, dadurch vermindern, daß er den Patienten auf diese Möglichkeit aufmerksam macht. Nicht informierte Patienten befürchten sonst zum Beispiel, daß die gesamte Therapie nicht länger sein könnte als die vom Gutachter zur Kostenübernahme empfohlene Probetherapie. Falls sich in der Probetherapie herausstellt, daß etwa die Regressionstoleranz des Patienten für ein analytisches Verfahren im engeren Sinne nicht ausreicht, ist es für den Patienten aber weniger traumatisch, wenn auf ein anderes Verfahren umgestellt werden muß, als wenn der Patient den Eindruck hat, er sei in einer beabsichtigten analytischen Therapie gescheitert. Das spricht dafür, daß der Therapeut in zweifelhaften Fällen von sich aus eine Probetherapie vorschlägt. Seit der Einführung der Kurzzeittherapie außerhalb des Gutachterverfahrens scheinen Probetherapien häufiger geworden zu sein.

Patientenmerkmale

Symptome und Symptomerleben

Allgemein kann man sagen, daß Psychoanalytiker die Bedeutung der Symptome für Indikation und Prognose unterschätzen und ein genaues und möglichst vollständiges Erfassen der Symptomatik zu wenig anstreben. Sie interessieren sich mehr für die Psychodynamik eines Patienten als für deren Auswirkungen im Symptom. In Übereinstimmung mit HEIGL (1987[3]) messe ich aber der vollständigen Erfassung der Symptomatik, ihrer Entstehungsbedingungen und ihrer Funktionen erhebliche Bedeutung für das Verstehen eines Krankheitsfalles für Indikation und Prognose bei.

Die *Dauer* der Symptomatik, die Zahl der Symptome, vor allem natürlich auch ihre *Art* und der durch die Symptome erzeugte *Leidensdruck* spielen eine Rolle. Der Leidensdruck hängt wieder von der Persönlichkeit des Patienten ab, wie in diesem Buch (vgl. S. 56f.) noch weiter ausgeführt wird.

Dauert eine Symptomatik schon lange, ist sie wahrscheinlich in das Alltagsleben des Patienten eingebaut und kann deshalb nur schwer aufgegeben werden. So läßt sich eine frische schwere Neurose oft leichter behandeln als eine chronifizierte leichte.

Eine Sonderstellung unter den lange bestehenden Symptomatiken nimmt die sogenannte persistierende Primordialsymptomatik ein: eine Symptomatik, die in der Kindheit das erste Mal aufgetreten ist und bis ins Erwachsenenalter bestehen blieb. Es gibt ja viele kindliche Symptome, die in der Pubertät verschwinden. Die Persönlichkeitsstruktur wird während der Adoleszenz labilisiert und kann sich unter Umständen neu ordnen. Der sekundäre Krankheitsgewinn, den ein Kind von einem Symptom haben kann, verschwindet oft mit der Adoleszenz, in der sich das soziale Umfeld ändert, auch weil die Beziehungen zu Menschen außerhalb der Familie an Bedeutung zunehmen. Besteht ein Symptom dennoch fort, wird es auch therapeutischen Einflüssen gegenüber relativ resistent sein. Selbst wenn das persistierende Primordialsymptom nicht im Zentrum der Pathologie des Patienten steht, kann es doch darauf hinweisen, daß die gesamte Persönlichkeitsstruktur schwer veränderbar ist.

Eine wesentliche Rolle spielt, ob ein Symptom durch *Vermeidung* an seinem Auftreten gehindert werden kann. Ist eine solche Vermeidung ohne größere Nachteile möglich, ist der Leidensdruck meist gering. Bedingt die Vermeidung aber erhebliche Einschränkungen im täglichen Leben, ist der Leidensdruck stärker und die Prognose einer Behandlung, soweit sie vom Leidensdruck abhängt, natürlich besser; zum Beispiel bei einer Agoraphobie. Die Straßenangst kann vermieden werden, indem der oder die Betreffende nicht auf die Straße geht; das bedeutet aber erhebliche Einschränkungen.

Bezüglich der Beurteilung der Krankheitsdauer erscheint mir ein weiterer Hinweis von HEIGL (1987[3]) wichtig: Wenn ein Patient mit einer frischen Symptomatik in eine Therapie kommt, kann er fälschlich als »frischer Fall« aufgefaßt werden, obwohl das neue Symptom nur der Ausdruck einer seit der Kindheit fortbestehenden Neurose ist, die sich vorher schon in anderen Symptomen geäußert hat; in Symptomen, die inzwischen wieder verschwunden sind. Manchmal bestehen langdauernde Symptome auch fort und werden nicht spontan angegeben, weil der Patient sich schon an sie gewöhnt hat. Er kommt nur wegen des neu aufgetretenen Symptoms in Behandlung. Hier zeigt sich unter anderem, wie wichtig es ist, auch nach Symptomen zu fragen, die der Patient nicht spontan angibt.

Symptome können verschwiegen werden, weil der Patient unter ihnen wenig leidet; entweder weil sie an sich geringfügig sind oder weil der Patient Situationen, in denen sie auftreten, vermeiden kann oder weil er sich an sie gewöhnt hat. Manche Symptome werden aber auch deshalb nicht angesprochen, weil der Patient sie nicht als Symptome erkennt und sie vielleicht für eine merkwürdige oder schlechte Angewohnheit hält; dazu gehören manche Zwangssymptome. Andere Symptome wiederum verschweigt der Patient, weil er sich ihrer schämt. Besonders häufig ist das bei der Erythrophobie der Fall, auch bei der Miktionshemmung auf öffentlichen Toiletten. Wieder andere Symptome werden verschwiegen, weil der Patient fürchtet, der Psychotherapeut könnte ihn für »verrückt« halten. Das gilt für manche Formen der Zwangssymptomatik, zum Beispiel Zwangsrituale, Kontrollzwänge, Zwangsgedanken mit aggressivem oder sexuellem Inhalt, besonders auch Zwangshandlungen, deren Unsinnigkeit nicht bloß in der Wiederholung liegt, wie beim Kontrollzwang, sondern schon in der Art der Handlung. Manche Zwangsgedanken oder Zwangsimpulse, besonders die Tötungsimpulse, verurteilt der Patient moralisch, und er fürchtet, auch der Therapeut könne ihn wegen dieser Impulse moralisch verurteilen.

Bei manchen Symptomen ergibt sich eine schwere Behandelbarkeit schon aus deren *Art*. So sind *Perversionen, Süchte und Verwahrlosung* meist schwer zu behandeln; vielleicht auch deshalb, weil Perversion, Sucht und Verwahrlosung die Möglichkeit unmittelbarer Bedürfnisbefriedigung eröffnen, die zugunsten mittel- und langfristiger Behandlungsziele schwer aufgegeben werden kann. Die Patienten können sich oft auch nicht vorstellen, wie ein Leben ohne ihre Symptome aussehen könnte.

Bei einer Angstsymptomatik ist es wichtig, ob es sich um sogenannte freiflottierende Angst handelt oder ob sie objekt- oder situationsbezogen ist. Die Behandlungsmöglichkeiten bei einer freiflottierenden Angst sind deshalb schlechter, weil meist eine allgemeine ich-strukturelle Störung vorliegt, während die ich-strukturelle Störung bei Phobien sich auf das sogenannte innere steuernde Objekt (KÖNIG 1993[4]) beschränkt. Allerdings gibt es Patienten mit einer Borderline-Struktur, die eine multiple phobische Symptomatik aufweisen. Bei diesen ist die Prognose auch nicht günstig.

Bei einer *Monosymptomatik* ist die Abwehrstruktur meist rigide. Sie läßt nur eine Art der Symptombildung zu und bleibt sonst dicht. Bei einer *Polysymptomatik* handelt es sich meist um eine labile Ich-Struktur mit Zeichen allgemeiner Ich-Schwäche. Die Behandlung ist von daher erschwert. Prognostisch am günstigsten scheint eine *Oligosymptomatik* zu sein.

Erlebt ein Patient die Symptome als nicht zu seiner Person gehörig, sondern als etwas Fremdes, das von außen kommt wie eine Infektionskrankheit oder ein Unfall, den er nicht verursacht hat, wird ihn das wenig zu einer Psychotherapie motivieren. Ähnliches gilt für Charaktersymptome, bei denen nicht der Patient leidet, sondern die Umgebung, und der Patient allenfalls, wenn seine neurotische Weltbewältigung scheitert, weil die anderen sich ihm nicht anpassen wollen.

Zusammenfassend kann man bezüglich des Leidensdrucks sagen, daß der Symptomleidensdruck um so geringer ist, je weniger Unlustgefühle das Symptom verursacht, je besser es sich in das Alltagsleben einbauen läßt und je eher es als von der Persönlichkeit getrennt erlebt werden kann. HEIGL weist ferner darauf hin, daß ein und dasselbe Symptom von Menschen verschiedener Persönlichkeitsstruktur sehr unterschiedlich erlebt und eingeordnet wird. Die meisten erythrophoben Patienten leiden unter einem Erröten deshalb, weil sie vermuten, daß jemand, der sie errötend sieht, sich denken könnte, daß sie sich schämen und Grund hätten, das zu tun. HEIGL beschreibt aber den Fall einer Patientin, die von ihrem Erröten deshalb geheilt werden wollte, weil sie, wenn sie erröte, andere Menschen in Verlegenheit bringe: sie könnten denken, sie hätten sich ihr gegenüber taktlos verhalten. Das war die Qualität *ihrer* Errötungsfurcht.

Manche Charaktersymptome werden *ideologisiert*, zum Beispiel aggressive Hemmungen, aber auch Opfer- und Helferhaltungen. Die Opferhaltung ist ein depressives Charaktersymptom. Der Depressive opfert sich in der Beziehung zu anderen auf, um sich das Objekt zu erhalten und vom Objekt geliebt zu werden. Die Helferhaltung tritt bei zwanghaften Menschen auf. Sie helfen anderen, um ihnen überlegen zu sein, sie zu kontrollieren und zu beherrschen.

Prognostisch ungünstig sind ferner *fatalistische* erbgenetische, aber auch fatalistische umweltgenetische *Erklärungsmodelle* für eine Krankheit (»mit einer solchen Kindheit *kann* aus mir nichts werden«). Hat der Patient ein solches Erklärungsmodell, schätzt er seine eigenen Möglichkeiten, an der Krankheit in der Therapie etwas zu ändern, meist gering ein.

Manche Symptome lassen sich gut, andere weniger gut *beschreiben*. Zwangsgedanken und Zwangshandlungen, Phobien, aber auch depressive Verstimmungen kann der Patient, wenn er dazu motiviert ist und sich der Symptomatik nicht allzu sehr schämt, dem Therapeuten in der Regel gut beschreiben. Dagegen sind zum Beispiel die Symptome einer *narzißtischen Charakterneurose* wenig prägnant. Dysphorie, Mißempfindungen, Leeregefühle lassen sich schwer beschreiben. Diffuse Gefühle der Unzufriedenheit mit dem Leben, mit der Partnerschaft und mit dem

Beruf, ohne daß einleuchtende Gründe dafür angegeben werden können, sind einer Beschreibung ebenfalls schlecht zugänglich. Oft werden sie von Patienten auch nicht als Symptome, sondern als natürliche Reaktionen auf die Unzuträglichkeiten des Lebens eingeschätzt. Häufig werden dann gesamtgesellschaftliche Zustände für sie verantwortlich gemacht, die andere Menschen auch belasten, aber nicht in dem gleichen Maße. Eine persönliche Symptomatik wird so durch gesamtgesellschaftliche Zustände rationalisiert.

Auch die *gesellschaftliche Bewertung* von Charaktersymptomen kann verhindern, daß jemand sie als Symptome erkennt. Wer sich vom anderen nicht getrennt erleben kann und alles Leiden anderer in gleicher Intensität wie die anderen selbst mitempfindet, hält sich oft für besonders empfindsam im Sinne von sozialer Sensibilität. Es ist aber etwas anderes, ob jemand sich in andere Menschen aktiv einfühlt oder ob er nicht anders kann als alles, was die anderen empfinden, mitzuerleben. Freilich kann eine solche Symptomatik auch einmal zu einem sozial positiv zu bewertenden sozialen Handeln führen, zum Beispiel zu besonderem Engagement für leidende Menschen; allerdings oft bis zum Überschreiten der eigenen Toleranzgrenze, so daß es zu seelischen Zusammenbrüchen kommt.

Einen wesentlichen prognostischen Faktor stellt die *Risikobereitschaft* eines Patienten dar (KÖNIG 1974). Die Risikobereitschaft ist individuell verschieden. Sie nimmt mit dem Alter in der Regel ab. Auch soziale Bindungen und die für andere Menschen übernommene Verantwortung, zum Beispiel für Kinder oder für einen Betrieb, können die Risikobereitschaft einschränken. Das Risiko einer Behandlung bezieht sich meist auf Veränderungen der Persönlichkeitsstruktur. *Partnerschaften* können labilisiert werden, wenn der Partner sich den Veränderungen des Patienten nicht anpassen will oder kann. Manchmal gelangt ein Patient auch zu der schmerzlichen Erkenntnis, daß seine Partnerwahl überwiegend durch seine Neurose bestimmt war und nach Aufarbeitung der Neurose nichts Verbindendes mehr bleibt. Oft wird dann eine Paartherapie angestrebt, die den Erhalt der Partnerschaft bewirken soll. Besteht die Basis einer Beziehung nicht nur in neurotischen Charaktereigenschaften, kann eine Paartherapie die Partnerschaft erhalten; allerdings bleiben die individuellen Entwicklungsmöglichkeiten der Partner dann oft eingeschränkt. Hier müssen Kompromisse erwogen und eventuell eingegangen werden. Der Therapeut trägt in solchen Fällen einen hohen Anteil der Verantwortung, weil er die Entscheidung, ob eine Therapie weitergeführt werden soll oder nicht oder ob sie durch eine Paartherapie ergänzt oder ersetzt werden soll, nicht den Patienten allein überlassen kann, da es ihnen an Informationen fehlt, die eine rationale Entscheidung begründen könnten, und weil sie sich die möglichen Entwicklungsschritte, die voneinander weg oder aufeinander zu führen, meist schwer vorstellen können. Auch unterscheiden sich Menschen darin, ob sie Selbstverwirklichung oder die gemeinsame Verwirklichung in einer schon bestehenden Beziehung höher bewerten (vgl. KÖNIG und KREISCHE 1991, WILLI 1985).

Die Motivation zur Therapie, die Introspektionsfähigkeit und die Art des Leidensdruckes werden oft viel klarer, wenn man den Patienten zu einer *Selbstschilderung* auffordert. Eine Selbstschilderung ist auch Bestandteil des strukturellen Interviews von KERNBERG (KERNBERG 1988, BUCHHEIM et al. 1988). Es hat die Funktion, neurotische von Borderline- oder von psychotischen Patienten zu unterscheiden. Im strukturellen Interview verlangt der Untersucher auch eine Beschreibung der wichtigsten Beziehungspersonen.

Auslösende Situationen

Als auslösende Situation bezeichnet man die Lebenssituation eines Patienten, in der eine Symptomatik das erste Mal oder nach einer Pause erneut auftritt. Die auslösende Situation hat für das Verständnis der Psychodynamik einer neurotischen Erkrankung und auch für die Beurteilung der Neurosenschwere eine herausragende Bedeutung. Allgemein kann man sagen, daß die auslösende Situation zur bereitliegenden Neurosendisposition des Patienten paßt wie ein Schlüssel zum Schloß. Sie hat also eine hohe Spezifität, allerdings nicht in dem Sinne, daß eine bestimmte auslösende Situation bei einer bestimmten vorher beim Patienten vorhandenen Psychodynamik nur *eine* Symptomatik hervorrufen kann. Eine auslösende Situation steigert meist den Triebdruck, entweder indem ein Triebimpuls »gelockt« wird (Versuchungssituation) oder indem vorhandene Befriedigungsmöglichkeiten genommen werden oder verlorengehen (Versagungssituation). Welche Symptome entstehen, wenn der Triebdruck ansteigt, hängt nicht nur vom Impuls, sondern auch von der Art der Abwehr gegen diesen Impuls ab, ferner auch von der inneren Welt der Objekte. So kann sich der Verlust einer nahen Bezugsperson so auswirken, als ginge die Mutter verloren, von deren Vorhandensein die ganze Existenz abhängt. Es entsteht die Phantasie, »verhungern und verdursten« zu müssen, die sich ähnlich auswirken kann, als würden tatsächlich alle oralen Befriedigungsmöglichkeiten beschnitten. Dann entsteht vielleicht eine depressive Symptomatik. Sehr unterschiedliche auslösende Situationen mit einer analogen Struktur können zu einer Depression führen, zum Beispiel auch eine Erhöhung des oralen Triebdrucks durch eine Situation, in der das Leben genossen werden könnte, was aber wegen eingeschränkter Genußfähigkeit eines von seiner Grundstruktur her depressiven Menschen nicht geht. Die Frustrationswut richtet sich dann gegen die eigene Person.

Eine auslösende Situation kann so eine bereitliegende Neurosendisposition auch dann aktivieren, wenn es sich um alltägliche, überall auftretende Beziehungskonstellationen oder Lebensereignisse handelt.

Man unterscheidet auslösende Situationen für den Ausbruch einer Erkrankung und auslösende Situationen für das Auftreten von Symptomen, die nur in bestimmten Situationen oder Beziehungskonstellationen manifest werden. So ist es für einen Migräneanfall eine auslösende Situation, wenn jemand »seinen Kopf nicht durchsetzen kann«, für einen Agoraphoben ist es das Auf-der-Straße-sein, für einen Claustrophoben das Fahren mit dem Aufzug, für einen Akrophoben das Besteigen eines Aussichtsturms. LUBORSKY (1988) legt auf das Auftreten von Mikrosymptomen während einer Behandlungsstunde großen prozeßdiagnostischen Wert.

Die Diskussionen um die Frage, ob und in welchem Ausmaß es eine Spezifität der neurotischen Disposition bei psychosomatischen Erkrankungen gibt, scheint mir manchmal den Blick dafür zu verstellen, daß bestimmte, nicht beliebige Konfliktlagen und bestimmte, nicht beliebige Umgangsformen mit Konflikten auf bestimmte, nicht beliebige Formen des körperlichen Entgegenkommens stoßen können. ALEXANDER (1950) hatte angenommen, daß bestimmte Konfliktsituationen allein schon eine psychosomatische Krankheit hervorrufen können; er vernachlässigte die Spezifität des körperlichen Entgegenkommens. In letzter Zeit ist das Pendel zur anderen Seite ausgeschlagen. Man schreibt die Symptomwahl der Spezifität des körperlichen Entgegenkommens zu und meint, daß beliebige Konflikte bestimmte Körperreaktionen hervorrufen können, wobei das körperliche Entgegenkommen die Symptomwahl bestimmt. Ich selbst gehe davon aus, daß es bei den unbewußten krankmachenden Konflikten ebenso wie beim körperlichen Entgegenkommen Spezifitätsbereiche gibt, die sich überlappen können oder nicht. Überlappen sie sich, kommt es zum Auftreten einer Körpersymptomatik. Meine Einstellung zur Spezifitätsfrage deckt sich weitgehend mit den Annahmen von HOFFMANN und HOCHAPFEL (1991).

Die Hinwendung zur Objektbeziehungstheorie, meist in Kombination mit der Ich-Psychologie nach dem Modell von KERNBERG (1979), hat auch unsere Auffassungen von der auslösenden Situation verändert. Man sieht den Verlust einer nahen Beziehungsperson nicht mehr nur als den Verlust eines Objekts, das Triebbefriedigung ermöglichte. Das hat auch FREUD nicht wirklich getan, hier deckt die Metapsychologie seine Praxis nicht, wie man seinen Behandlungsberichten und seiner Korrespondenz entnehmen kann. Die Eigenschaften und die Bedeutung von Objekten werden heute differenzierter gesehen. Das gilt auch für ihre intrapsychischen Repräsentanzen. In einer steuernden Funktion haben sie Einfluß auf den Umgang mit Triebwünschen (z. B. KÖNIG 1993[4]). Sobald Objektkonstanz erreicht ist, geben die guten inneren Objekte Sicherheit (SANDLER 1960), ein gutes Lebensgefühl (KERNBERG 1979) und gute und schlechte Objekte ermöglichen in Beziehungen ein Gefühl von Familiarität (KÖNIG 1979, 1982, 1984, 1991).

Wegen der hohen Prävalenz diffuser Charaktersymptomatiken auf der Basis von Frühstörungen in der Inanspruchnahmeklientel aus der Mittelschicht, auf die sich die Aufmerksamkeit vieler Therapeuten heute bevorzugt richtet, wird die Bedeutung der auslösenden Situation für das Erkennen, Beurteilen und Behandeln von Psychoneurosen zur Zeit unterschätzt. Bei solchen Charakterneurosen handelt es sich oft um eine aus der Kindheit persistierende Symptomatik, für die eine auslösende Situation nicht auszumachen ist. Überhaupt kann man sagen, daß Entwicklungsstörungen Symptome bedingen, die zwar von der Umwelt abhängig sind, nicht aber in umschriebenen auslösenden Situationen auftreten wie psychoneurotische Symptome und wie auch viele psychosomatische Symptome.

Ich-Funktionen

Ob ein Patient mit einem psychoanalytischen Verfahren behandelt werden kann, hängt stark von seiner *Motivation*, seiner *Introspektionsfähigkeit*, seiner *Frustrationstoleranz* und seiner *Impulskontrolle* ab.

Welches psychoanalytische Verfahren geeignet ist - die Psychoanalyse im klassischen Setting in einer Frequenz von 2 bis 4 oder gar 5 Stunden, die Psychoanalyse mit einer Wochenstunde nach HOFFMANN (1983, 1991), die supportive analytische Psychotherapie nach LUBORSKY oder die dynamische Psychotherapie nach DÜHRSSEN, die psychoanalytisch-interaktionelle Einzeltherapie nach HEIGL-EVERS und HEIGL (HEIGL-EVERS, HEIGL und OTT 1993), oder nach einer Einteilung von KERNBERG (1979), die Psychoanalyse, die expressive Psychotherapie oder die supportive Psychotherapie -, wird oft aufgrund einer Ich-Funktionsdiagnostik entschieden. Introspektionsfähigkeit, Frustrationstoleranz, Affekttoleranz und Impulskontrolle sind Ich-Funktionen. Neben diesen für eine Psychotherapie wichtigen Funktionen sind noch weitere bei der prognostischen Einschätzung von Bedeutung (vgl. dazu BELLAK u. a. 1973).

Ich-Funktionen können *unentwickelt, untrainiert* oder durch Konflikte *geschwächt* sein. Wenn eine Ich-Funktion *unentwickelt* ist, heißt das, daß der Patient in seiner Entwicklung den Reifegrad nicht erreicht hat, der nötig wäre, um die entsprechende Ich-Funktion auszubilden. Er ist in seiner Entwicklung gleichsam stehengeblieben. Eine Ich-Funktion wird dann *nicht trainiert*, wenn die Gelegenheit dazu fehlt. So kann ein Mensch, der von der Reife seiner Persönlichkeitsstruktur her zur Entwicklung einer guten Frustrationstoleranz fähig wäre, in einem extrem verwöhnenden Umfeld oder in einem versagenden, das ihm keine längerfristigen Aufgaben stellt, zum Beispiel indem es ihm den Besuch höherer Schulen verweigert, oft keine gute Fähigkeit zum

Aufschub von Triebbefriedigung entwickeln. Damit ist die Fähigkeit eingeschränkt, auf unmittelbare Triebbefriedigung zu verzichten, um Ziele in der Zukunft zu erreichen.

Daß ein isoliertes Symptom erst auf dem Hintergrund anderer Informationen in seiner Bedeutung eingeschätzt werden kann, sieht man am Beispiel der Frustrationstoleranz. *Frustrationstoleranz* wird im Schulsystem, das spätere Angehörige der Ober- und Mittelschicht in der Regel durchlaufen, ausgesprochen trainiert. Der Schüler lernt, auf die Jahresnote oder auf das Abitur hin zu arbeiten und während dieser Zeit teilweise auf unmittelbare Befriedigungsmöglichkeiten zu verzichten. Stammt der Schüler zudem aus einer oberen Mittelschichtfamilie, ist die Bedeutung mittel- und langfristiger Ziele meist auch von den Eltern und sonstigen Verwandten betont worden. Dagegen wird jemand, der nur die Hauptschule abgeschlossen hat, weniger gelernt haben, auf mittel- und langfristige Ziele hinzuarbeiten. Stammt er aus einer Unterschichtfamilie, ist die unmittelbare Befriedigung von Bedürfnissen dort vielleicht eher propagiert worden als Triebaufschub zugunsten später zu erreichender Ziele. Man kann sagen, daß das Realitätsprinzip in der Unterschicht anders aussieht als in der Ober- und Mittelschicht. Das Realitätsprinzip richtet sich immer auch nach den sozialen Anforderungen und Möglichkeiten, auf die hin ein Kind sozialisiert wird.

Nun kann aber auch bei einem Mittelschichtangehörigen die Frustrationstoleranz gering ausgeprägt sein. Das kann damit zusammenhängen, daß in der Familie ein Laissez-faire-Erziehungsstil herrschte, der die Auseinandersetzung mit Geboten und Verboten erschwerte. Kinder aus solchen Familien scheitern dann oft in der Schule, der Universität oder im Beruf. In der Unterschicht würde ihre Frustrationstoleranz vielleicht ausreichen und als normal einzuschätzen sein.

Wer in seinem sozialen Umfeld die sprachlichen Mittel nicht zur Verfügung gestellt bekam, das in ihm selbst Wahrgenommene zu bezeichnen und auszusprechen, mag so wirken, als sei er nicht *introspektionsfähig*. Vielleicht fehlt ihm aber nur die Sprache zum Erfassen und Mitteilen dessen, was er vielleicht bildhaft wahrnimmt. Ähnliches gilt, wenn jemand in einem Umfeld aufwächst, wo zwar eine differenzierte Sprache gebraucht wird, man aber über das, was in einem vorgeht, nicht spricht.

Im allgemeinen werden Entwicklungsstörungen der Ich-

Funktionen zu häufig diagnostiziert. Mangelndes Training wird von Entwicklungsstörungen nicht unterschieden. Noch häufiger wird aber eine *konfliktbedingte Lähmung* von Ich-Funktionen als Entwicklungsdefizit aufgefaßt, obwohl die Person, um die es geht, früher schon einmal, zum Beispiel vor Ausbruch einer psychotischen Episode, über alle Ich-Funktionen verfügt hat, die der Untersucher jetzt vermißt. MENTZOS (1991) hat im deutschen Sprachraum die Diskussion über Entwicklungshemmung versus Konflikt bei Psychosen neu entfacht; er sieht im Konflikt eine Ursache selbst für sehr massive und auffällige Störungen der Ich-Funktionen, zum Beispiel für Störungen der Realitätsprüfung. Wahrscheinlich kann die Diskussion nur auf der Basis zusätzlicher empirischer Untersuchungen weiterkommen. Möglicherweise werden wir auch dann zwei verschiedene Zugangswege zu Störungen der Ich-Funktionen haben: mehr übende, wie zum Beispiel in der psychoanalytisch-interaktionellen Therapie nach HEIGL-EVERS und HEIGL (1973, 1985), siehe dazu auch HEIGL-EVERS, HEIGL und OTT (1993), und mehr konfliktbearbeitende, wie zum Beispiel in der Borderline-Therapie von KERNBERG et al. (1989).

Persönlichkeit, Alter, Begabung

Die Disposition zur Neurose ist Bestandteil der *Persönlichkeit*. Menschen mit Charakterneurosen haben immer als Neurosekranke gelebt; die Persönlichkeit *ist* hier die Neurose. Andere wirkten vor Beginn der Neurose relativ gesund; allenfalls der Fachmann hätte eine Disposition zur Neurose ausmachen können. Die Disposition zur Neurose war latent, und die Neurose kam erst in einer auslösenden Situation zum Ausbruch.

Auf die Entstehung von Charakterneurosen will ich hier nicht ausführlicher eingehen. Hier sei auf mein Buch *Kleine psychoanalytische Charakterkunde* verwiesen (KÖNIG 1992); dort ist beschrieben, wie man Charaktere erkennen kann. Unter Charakterneurose verstehe ich eine Charakterstruktur, die so einseitig ausgeprägt ist, daß der Mensch unter ihr leidet oder daß andere unter ihm leiden.

Die Persönlichkeit ist auch vom *Alter* abhängig. Der Wunsch, Neues kennenzulernen und auszuprobieren, erreicht in der

Adoleszenz ihren Höhepunkt und nimmt dann ab. Freilich ist die Grundmenge an Neugierde eines jeden Menschen wieder von seinem Erbgut und den Umwelteinflüssen abhängig, die auf ihn eingewirkt haben und weiter einwirken.

Daß Veränderung in höherem Alter eher gescheut wird, schränkt die Prognose einer Psychotherapie alter Menschen ein. Andererseits geraten Menschen über Fünfzig unter den Druck der erkennbar werdenden Begrenztheit der eigenen Lebenszeit. Ältere Menschen erkennen, daß sie eine Psychotherapie nicht aufschieben können, wenn sie noch eine Chance für ein besseres Leben haben wollen. Das Alter, in dem man noch Indikationen für eine Psychotherapie stellt, scheint immer höher zu werden, doch ist die Zahl der Psychotherapeuten, die sich speziell mit alten Menschen befassen, noch gering (z.B. RADEBOLD 1992). Dieses Buch beschäftigt sich vor allem mit der Indikation zur Psychotherapie bei Erwachsenen bis zum Alter von rund 55 Jahren. Das 23. Lebensjahr markiert im Durchschnitt das Ende der Spätadoleszenz, Mitte fünfzig kommt es bei den meisten Menschen schon zu körperlichen Einschränkungen. Frauen erreichen zwischen 45 und 55 das Klimakterium mit allen bekannten Folgen auch für die Selbsteinschätzung und die Fremdeinschätzung. Männer können bis ins höhere Lebensalter zeugungsfähig bleiben, doch stellt sich ihnen die Frage, ob sie noch erleben, daß die Kinder selbständig werden.

Daß ältere Männer sich ohne gesellschaftliche Sanktionen mit jungen Frauen zusammentun können, jüngere Männer aber selten motiviert sind, sich mit älteren Frauen zusammenzutun und gegebenenfalls auch eine negative gesellschaftliche Bewertung in Kauf nehmen müßten, ist allgemein bekannt; auch die Folgen der eingeschränkten Partnerwahlmöglichkeiten für Selbstachtung und Lebensgefühl einer älteren Frau kann man sich leicht ausmalen (vgl. auch KÖNIG und KREISCHE 1991). Eine Frau, die mit Mitte dreißig mit Partnerschaftsproblemen in die Analyse kommt, wird vielleicht schon zu alt sein, um noch Kinder bekommen zu können, wenn die Analyse beendet ist. Solche Überlegungen sind bei der Wahl eines Behandlungsverfahrens wichtig (vgl. auch KÖNIG 1991, 1993a). Man muß oft entscheiden, ob ein auf die symptom-relevanten Hauptkonflikte konzentriertes Vorgehen mit begrenztem Behandlungsziel nicht günstiger ist als eine Langzeitanalyse, die mehr erreichen kann, das aber zu spät.

Zur Persönlichkeit eines Menschen gehört auch seine Intelligenz und gehören seine *Begabungen*. Heute studieren schon 30 bis 40 Prozent der jungen Leute. Das zeigt unter anderem, daß das Intelligenzpotential unserer Bevölkerung bisher nicht ausgeschöpft wurde. Psychotherapeuten, die Unterschichtpatienten behandelten, wußten dies schon vor 20 oder 30 Jahren; die Erfolge bei intelligenten Unterschichtpatienten waren oft besser als bei Mittelschichtpatienten, die ihre Bildung und ihr Wissen zu Widerstandszwecken einsetzten. Daß Begabung und auch Schönheit das Leben leicht machen und einige Menschen davon abhalten können, das Arbeiten zu lernen, was später zu Schwierigkeiten führt, ist auch unmittelbar einsichtig.

Bei der Wahl des Behandlungsverfahrens wird man die Schul- und Berufsausbildung mit berücksichtigen müssen. Wer ein Gymnasium und eine Universität oder eine Fachhochschule absolviert hat, wird im allgemeinen besser in der Lage sein, in einer Therapie konsequent auf ferner liegende Ziele hinzuarbeiten als jemand, der das in seinem bisherigen Leben nicht tun mußte. Begabte Schüler und Studenten, die alles »mit links« erledigen konnten, stoßen oft erst im Beruf an ihre Grenzen.

Körperliche Mißbildungen, Behinderungen infolge eines Unfalls, chronische Krankheiten wirken sich je nach Primärpersönlichkeit unterschiedlich aus. Sie können lähmend wirken, aber auch Kräfte mobilisieren (vgl. KÖNIG 1993a). Ein besonderes Problem stellt die Häßlichkeit bei Frauen dar. Männer können Häßlichkeit durch beruflichen Erfolg kompensieren, der sie ungeachtet ihres Aussehens doch noch attraktiv macht, während Männer durch den beruflichen Erfolg von Frauen eher abgeschreckt werden; das ist auch heute noch oft so wie vor dreißig Jahren, zumindest in der Tendenz. Andererseits gilt aber auch das Sprichwort: »Auf jeden Topf paßt ein Deckel.« Der Therapeut darf seinen eigenen Geschmack nicht als Maßstab nehmen. Ich konnte immer wieder beobachten, daß äußerlich wenig attraktive Frauen dieses Hindernis durch Charme und Gemüthaftigkeit kompensierten und Partner fanden. Solche Überlegungen sind wichtig, wenn eine Frau mit Partnerschaftsproblemen in Therapie kommt. Man muß sich hüten, Partnerschaftsprobleme voreilig an der mangelnden Attraktivität festzumachen. HEIGL (1987[3]) beschreibt in seinem Buch über Indikationen einen Extremfall: Eine Frau mit Turmschädel, die ihre Schwierigkeiten in Beziehungen auf die entstellende Kopfform zurückführte, dann aber in einer Therapie entdeckte, daß eher ihr Verhalten verantwortlich war als ihr Aussehen; sie änderte sich in ihrem Verhalten wesentlich, wurde beliebter und fand schließlich auch einen Partner.

Entsprechendes gilt für den Umgang mit körperlich Behinderten, bei denen oft das Problem besteht, daß der Therapeut sich nicht vorstellen kann, wie sie den Alltag bewältigen. Auf die mit der Einschätzung solcher Patienten verbundene Problematik bin ich an anderer Stelle (König 1993a) ausführlicher eingegangen.

Zwillingsuntersuchungen (z.B. Schepank 1992) legen die Einschätzung nahe, daß ungefähr ein Drittel der zur Neurose führenden Faktoren im Erbgut zu suchen sind. Welche angeborenen Eigenschaften hier beteiligt sind und wie sie sich auswirken, ist weitgehend unerforscht. Hier wie überall gilt wohl, daß es von weiteren Faktoren abhängt, wie eine angeborene Persönlichkeitseigenschaft die Entwicklung eines Menschen beeinflußt.

Motivationsfördernde und motivationshemmende Faktoren

Je geringer die *Frustrationstoleranz* eines Patienten ist, desto größer muß sein *Leidensdruck* sein, damit er bei einer analytischen Therapie mitmacht und durchhält. Dem Symptomleidensdruck oder dem Leiden an neurotisch gestörten Beziehungen (letzteres ist prognostisch günstiger) stehen der primäre und der sekundäre Krankheitsgewinn entgegen.

Zu einer Therapie motiviert es auch, wenn der Patient sich ein gesundes Leben *vorstellen* kann. Das ist nicht bei allen Patienten der Fall. Manche Menschen kennen nur eine Form der Beziehung, zum Beispiel eine sado-masochistische, aus eigener Erfahrung. Daß es auch andere Beziehungsformen gibt, ist ihnen meist bekannt, aber sie können es sich nicht vorstellen und glauben es eigentlich auch nicht (»Die Botschaft hör ich wohl, allein mir fehlt der Glaube«). Es ist eine der Stärken der Gruppenpsychotherapie, daß sie es dem Patienten gestattet, andere Beziehungsformen in intimer Offenheit mitzuerleben. In einer Einzeltherapie gelingt es zum Beispiel gerade den sado-masochistischen Patienten oft, das Verhalten des Therapeuten so zu interpretieren, daß er ihre masochistischen Bedürfnisse befriedigt oder aber aus der sadistischen Position heraus den Therapeuten zu quälen; die Vorschriften der therapeutischen Rolle, die es ihm verbieten, sich in alltagsüblicher Weise zu wehren, nutzen solche Patienten aus.

Weiter oben wurde schon darauf hingewiesen, daß die *Ideologisierung* einer Charaktersymptomatik die Motivation zur Therapie sehr behindern kann. Die eigenen Verhaltensweisen werden durch eine Ideologie aufgewertet, die Verhaltensweisen anderer abgewertet. So kann eine neurotische Bescheidenheit als christliche Demut bewertet und aufgewertet werden. Wer aber dem Spruch GOETHES folgt: »Nur die Lumpe sind bescheiden, Männer freuen sich der Tat«, wird vom Demütig-Bescheidenen verachtet.

Eine Ideologie kann dazu dienen, eine Charaktersymptomatik zu rechtfertigen, ist aber nicht selbst in jedem Falle neurotisch. So können Ideologien es erleichtern, Anstrengungen und Entbehrungen in der Aufbauphase einer Gesellschaft zu ertragen und Kränkungen, zum Beispiel nach einem verlorenen Krieg oder nach dem Verlust eines allgemein akzeptierten Gedankengebäudes (z.B. des Kommunismus), leichter zu verarbeiten. Ideologien verherrlichen zwar oft einen Mangel, dieser Mangel muß aber seine Quelle nicht in jedem Fall in einer individuellen oder einer kollektiven Neurose haben. Manchmal hat eine Ideologie auch gesunde, adaptive Funktionen; selbst dann, wenn sie die Realitätswahrnehmung einschränkt.

Von herausragender Bedeutung für die prognostische Beurteilung ist das *narzißtische Regulationssystem* eines Patienten. Menschen, die auf Kritik mit Selbsthaß oder narzißtischen Wut- oder Rachegefühlen reagieren, die sich nicht selbst bestätigen können, sondern Bestätigung immer von außen brauchen, die nicht in der Lage sind, Bestätigung zu speichern, sondern auf eine kontinuierliche Zufuhr von Bestätigung angewiesen sind, werden sich in einer psychoanalytischen Therapie schwertun, weil diese ja unter anderem die Aufgabe hat, vorhandene, aber geleugnete Schwächen aufzudecken und so der Bearbeitung zugänglich zu machen. Besondere Probleme ergeben sich in einer Gruppentherapie, in der die Mitglieder sich ja nicht dauernd therapeutisch einfühlsam verhalten, sondern einander oft auch recht offen und affektgeladen kritisieren. Das Verhalten von Gruppenpatienten liegt irgendwo zwischen dem Alltagsverhalten, wo man Kritik ja oft verschweigt oder schonend verpackt, und einem offeneren Verhalten, welches ihnen die freie Interaktionsregel erlaubt; gleichzeitig gucken sie dem Therapeuten ab, daß man eine Kritik auch in einer verträglichen Form äußern kann, ohne sie zu verschweigen oder bis zur Unkenntlichkeit zu entstellen.

Mit HEIGL (1987[3]) stimme ich darin überein, daß mit aktiver Rache, die sich gegen andere richtet, meist leichter umgegangen werden kann als mit passiver Rache, die sich zunächst gegen den Rächer selbst richtet und dadurch erst andere moralisch unter Druck setzt. Im übrigen ist ja auch Sadismus in der Regel leichter zu therapieren als Masochismus. Der Sadist schädigt erst den anderen und dann sich selbst; der Masochist schädigt erst sich selbst und dann den anderen. Sadistische Angriffe wird der Therapeut, weil er ihr Zustandekommen versteht, meist aushalten können. Viel schwerer ist es, mit der Tendenz eines Patienten umzugehen, jede Intervention als sadistisch einzuordnen und sie auf masochistische Weise zu verarbeiten.

Die Art der zu erwartenden Arbeitsbeziehung

Ein Patient, der sich für die Therapie »zur Verfügung stellt«, alles mit sich machen lassen, aber selbst nichts tun möchte, ist im allgemeinen kein guter Kandidat für eine Therapie, die *Eigeninitiative* verlangt. Ein Patient, der sich durch sein Über-Ich zur Aktivität aufgefordert fühlt, diese aber nicht erbringen kann, weil seine Initiative gehemmt ist, hat im allgemeinen auch keine gute Prognose; weder in Einzel- noch in Gruppentherapie. In Gruppen lassen sich solche Patienten an die Wand drängen und als »totes Gewicht« mitschleppen. Sie werfen sich ihre Passivität aber vor. In Einzeltherapien sind sie zwar immer »dran«, weil sie aber nur unter Über-Ich-Zwang und nicht aus eigener Initiative handeln können, muß ihr Über-Ich die sonst vom Ich zur Verfügung gestellte Initiative ganz übernehmen. Jemand, der nur auf Über-Ich-Anforderungen hin arbeitet, arbeitet unter großem Energieaufwand, ermüdet rasch und hat das Gefühl, daß die Therapie mehr von ihm fordert, als sie ihm geben kann.

Depressive haben meist eine Verwertungsstörung für das Positive im Leben. *Passiv-feminine* Männer, die Energiezufuhr von einem starken Mann erwarten, und *hysterische* Frauen, die hoffen, alles würde gut, wenn sie nur den richtigen Mann gefunden haben, kommen meist auch in Schwierigkeiten mit den Aufgaben, die ihnen eine analytische Therapie stellt.

Zwanghafte Menschen, die Wesentliches von Unwesentlichem schwer unterscheiden können, die sich nur unter Zwang entscheiden, etwas fallenzulassen, was sie aufbewahren könnten, und die überall mehr die Unterschiede als die Gemeinsamkeiten sehen, was ihnen das Erkennen von Analogien oft schwermacht, tun sich in der psychoanalytischen Arbeit, soweit sie mit Analogien arbeitet, schwer; außerdem wirkt ihre Tendenz zur Immobilisierung dem therapeutischen Prozeß entgegen. Sie bremsen mehr, als daß sie fahren. Veränderung macht ihnen per se Angst. Die Passivität *schizoider* Menschen ist anderer Art. Sie erwarten Besserung allein durch Verstehen, haben Schwierigkeiten in der Umsetzung des intuitiv Verstandenen in konkreten Alltagssituationen und bekommen Probleme damit, Nähe und Distanz in der therapeutischen Beziehung zu regulieren, woran dann allerdings gearbeitet werden kann.

Narzißtische Patienten geraten in ein Dilemma. Der Therapeut soll ihnen helfen; sie bewältigen phantasiertes Nicht-Geachtet-Werden jedoch dadurch, daß sie sich selbst überschätzen und die Objekte unterschätzen, auch den Therapeuten, den sie bei jeder sich bietenden Gelegenheit entwerten. Nur in einer narzißtischen Zwillingsbeziehung zwischen zwei gleichwertigen und dann nach Möglichkeit genau gleichen Objekten können sie sich wohlfühlen. Den narzißtischen Menschen kränkt Ungleichheit, bei der er sich wertlos fühlen könnte, besonders, und er kann sich ja außerhalb einer Zwillingsbeziehung nur Beziehungen vorstellen, in denen der eine wertvoll, der andere nichts wert ist. Entweder ist der Patient wertvoll und der Therapeut nichts wert, dann kann der auch nicht helfen. Oder der Therapeut ist wertvoll, der Patient aber nichts wert; das kann der narzißtische Mensch schwer aushalten.

Ein narzißtischer Patient träumte einmal, mit mir zusammen auf einem Berg zu sitzen und eine schöne Landschaft zu betrachten. Der Patient und ich saßen im Traum nebeneinander, die Blickachsen liefen parallel ins Weite. Ein anderer narzißtischer Patient träumte als Initialtraum, mit dem Analytiker zusammen auf einer Matratze zu liegen, die wohl die Analysencouch darstellte, aber Platz für zwei Personen hatte. Wie es sich herausstellte, tat sich der Patient schwer, von mir Deutungen anzunehmen, weil das ja bedeutete, daß wir verschieden waren - ich gab Deutungen, er sollte sie annehmen. Nur ein symmetrischer Dialog zwischen Zwillingen hätte Kränkungen vermieden. Das Ergebnis dieser Analyse war unbefriedigend. Der Patient schlug mir am Ende der Therapie vor, über den Verlauf der Analyse zu sprechen, aber ohne daß er die Stunde bezahlte, und »von gleich zu gleich«. Vielleicht hätte ich auf den Wunsch des Patienten, die Beziehung solle symmetrisch sein, in der einen oder anderen Weise eingehen sollen, was aber schwierig ist, weil die Asymmetrie einer therapeutischen Beziehung nur vermindert, aber nicht aufgehoben, sondern allenfalls verleugnet werden kann.

Der Unterschied zwischen einer narzißtischen Zwillingsbeziehung und einem schizoiden Sich-Verstehen liegt darin, daß die Zwillinge getrennte Individuen sind, während das wortlose Sich-Verstehen von Menschen auf der gleichen Wellenlänge die interpersonellen Grenzen in der Phantasie aufhebt. Im allgemeinen sind schizoide Beziehungswünsche leichter zu bearbeiten; wie KOHUT (1971) schon beschrieben hat, kommt es zu unvermeidlichen Empathiefehlern, die, wenn sie vom Patienten toleriert werden, ihm mit der Zeit vermitteln, daß es sich bei ihm und dem Therapeuten wirklich um zwei verschiedene Menschen handelt, die sich aber doch verständigen können. Der Weg aus der narzißtischen Zwillingsbeziehung ist schwieriger zu gehen, weil die Zwillingsbeziehung einen Schutz gegen kränkende Ungleichheit darstellt.

Schizoide Patienten setzen Symmetrie in der Beziehung nicht voraus. Wer in einer Beziehung mehr oder weniger »wert ist«, halten sie für nicht so wichtig. Ein Schizoider kann sich durchaus einem Guru anvertrauen, den er für unendlich viel wertvoller hält als sich selbst, ohne sich deshalb entwertet zu fühlen.

Hysterische Menschen wollen sich meist nicht therapieren, sondern begeistern lassen, und sie wollen auch den Therapeuten begeistern. Die ideale Beziehung des hysterischen Menschen ist eine, wo jeder vom anderen begeistert ist. So etwas kommt im Alltagsleben im Zustand der Verliebtheit vor. Vielleicht ist das mit ein Grund, warum bei den Analysen hysterischer Frauen die Verliebtheit in den Therapeuten eine so große Rolle spielt. Sicher hängt auch damit zusammen, daß es mit hysterischen Patientinnen, aber auch Patienten, oft zu den sogenannten analytischen Flitterwochen kommt: einer Zeit zu Beginn der Analyse, in der alles wunderbar läuft und die dann von widerstandsbestimmten Perioden abgelöst wird, mit der Gefahr eines Abbruchs der Behandlung. Hysterische Menschen gehen ja auch sonst oft von Objekt zu Objekt und genießen bei jedem Menschen, den sie neu kennenlernen, die Anfangsbegeisterung.

Phobische Patienten lassen sich vom Therapeuten leicht leiten, im Unterschied zu zwanghaften Patienten wollen sie nicht nach »oben« kommen, sondern sie wünschen sich den Therapeuten als starkes steuerndes Objekt (KÖNIG 1991). Zwar ist die Beziehung zum steuernden Objekt auch ambivalent, die aversive Seite der Ambivalenz wird meist aber erst später in einer Therapie manifest, während zwanghafte Patienten oft schon in der ersten Stunde versuchen, nach oben zu gelangen oder sich (scheinbar) zu unterwerfen. Im Unterschied zu den narzißtischen Patienten geht es ihnen nicht um Wert oder Unwert, sondern um Macht oder Ohnmacht, darum, ob einer Herr oder Knecht ist.

Phobische Patienten arbeiten meist gut, wenn man sie vorsichtig »anleitet«. Die aggressive Seite der Ambivalenz in der Beziehung zum steuernden Objekt kann sich jedoch der Zusammenarbeit entgegenstellen. Zu Beginn einer Therapie bleibt sie in der Regel latent. Initiative macht phobischen Patienten Angst. In ihrem äußeren Verhalten können sie depressiven Patienten gleichen. Sie haben auch Arbeitsstörungen, die ähnlich aussehen wie die Depressiver.

Nach meinen Erfahrungen sind die Schwierigkeiten beim Etablieren und Unterhalten einer Arbeitsbeziehung bei allen *extrem ausgeprägten Charakterstrukturen* groß. Wenn man sich vor Augen hält, daß analytische Therapien unter anderem Initiative, Frustrationstoleranz, die Unterscheidung von Wichtig und Unwichtig und Aktivität beim Durcharbeiten erfordern, ferner die Fähigkeit des Patienten, die Asymmetrie einer therapeutischen Beziehung und die Unterschiede zwischen Patient und Therapeut zu akzeptieren, wird klar, daß dies jeder Struktur spezifische Schwierigkeiten macht und keine der Strukturen in der therapeutischen Arbeit problemlos ist.

Die Entwicklung der Arbeitsbeziehung wird nicht nur durch den Charakter bestimmt, sondern auch durch die *Übertragung*. Intensive und eindeutige *Elternübertragungen* zu Beginn einer Therapie können prognostisch ungünstig sein - vor allem dann, wenn der Patient ein aktives Elternteil überträgt und sich selbst in die Position eines passiven Kindes begibt, das alles mit sich machen lassen möchte, wenn es nur geliebt wird. Da ist es schon günstiger, wenn das »Kind« arbeiten will, um dem Vater oder der Mutter Freude zu machen. Daß es darum nicht geht, sondern in erster Linie darum, daß der Patient selbst profitiert, kann ihm dann im Lauf der Therapie vermittelt werden.

Wie auch HEIGL (1987[3]) schreibt, ist eine *»selbstvertrauende Einstellung«* (»Ich muß in der Analyse lernen, wie ich mir selbst helfen kann« - Analyse als Hilfe zur Selbsthilfe) bei Patienten selten (und auch bei Lehranalysanden nicht gerade häufig), von Lippenbekenntnissen abgesehen. Das ist auch verständlich: Eine solche Einstellung paßt zum Erwachsenen. Wer in allem auf der Erwachsenenebene »fixiert« ist, kommt kaum in die Therapie.

Selbst wenn eine selbstvertrauende Einstellung zu Beginn der Therapie vorhanden war, wird sie meist in der Regression durch eine kindlichere Einstellung abgelöst; Ausnahmen bilden niederfrequente Einzeltherapien bei nicht allzu schwer gestörten Patienten. Von einer gesund selbstvertrauenden Einstellung ist ein *narzißtisches Beziehungsangebot* natürlich zu unterscheiden. Narzißtische Patienten möchten oft von Anfang an alles selbst machen und den Therapeuten zu einem Helfer degradieren. Das sollte für den Anfang akzeptiert werden. In der Phantasie steht der Therapeut dann unter dem Patienten, ohne aber ganz entwertet zu sein. Seinen Wert bezieht er aus der Sicht des Patienten daraus, daß er ihm assistiert.

Problematisch ist eine analytische Therapie bei Patienten, die in ihrem Alltagsleben bisher keine *Ganzobjekt-Beziehung* hatten. Entwickelt sich eine solche Beziehung zum Therapeuten, ist es oft schwierig, die in der Analyse gemachten Erfahrungen ins Alltagsleben zu übertragen. Die Möglichkeiten zum *Durcharbeiten* sind hier eingeschränkt. Ich habe mir angewöhnt, darauf zu achten, ob ein solcher Patient oder eine solche Patientin im Berufsleben Umgang mit Menschen hat oder ob die zwischenmenschlichen Kontakte im Beruf sehr spärlich sind, wie zum Beispiel bei einem Konstrukteur oder einem Technischen Zeichner.

Die Lebenswelt des Patienten

Als Ziel einer Analyse gilt oft, daß es dem Patienten möglich werden solle, zu lieben, zu arbeiten und allgemein zu genießen. Unter Lieben und Arbeiten können sich die meisten Menschen etwas vorstellen; man kann sich auch meist gut darauf einigen, was mit Lieben und Arbeiten gemeint sein soll. Mit dem Genießen ist es eine andere Sache. HEIGL (1987[3]) sagt bezüglich eines Patienten: »Er konsumierte, aber er genoß nicht.« (S. 133). Diese Unterscheidung scheint mir sehr wichtig. Viele Menschen konsumieren, ohne zu genießen, andere genießen das Wenige, das sie konsumieren, so, daß sie mehr Freude daran haben als Menschen, die viel konsumieren. Wenn man einen Patienten fragt, ob er das genießt, was er tut, wird man vielleicht irgendeine Antwort erhalten. Man kann damit aber oft wenig anfangen. Besser ist es, sich den Tagesablauf, vor allem am Wochenende, schildern zu lassen und auf die Stimmung des Patienten zu achten, wenn er beschreibt, was er konsumiert und tut.

Wenn jemand aktive Hobbies hat (Musikhören allein ist eher problematisch), ist das im allgemeinen prognostisch günstig. Ein Hobby kann aber neurotische Funktion übernehmen und aus neurotischen Gründen gewählt werden. Menschen, die Schwierigkeiten im Beruf haben, weil sie ungern das tun, was man von ihnen erwartet, verlegen sich oft auf ein Hobby und entwickeln in diesem Hobby erstaunliche Kompetenzen - jedenfalls für einen Amateur. In der Regel bleiben sie unter der Kompetenz des Professionellen. Würden sie nun ihr Hobby zum Beruf machen, würden die Menschen, mit denen sie umgehen, von ihnen erwarten, daß sie die Arbeit leisten und die entsprechende Leistung bringen, die mit ihrem Hobby verbunden ist. Die Leistung würde dann abfallen. Die betreffenden Menschen würden sich dann vielleicht auch ein neues Hobby suchen.

Allgemein bekannt ist auch, daß Menschen, die Schwierigkeiten in der Familie haben, sich auf den Beruf konzentrieren, und Menschen, die Schwierigkeiten im Beruf haben, auf die Familie. Natürlich ist es besser als nichts, wenn sie wenigstens eines gut bewältigen, entweder die Berufsarbeit oder ihre Aufgaben in der Familie. Eine optimale Lösung ist ein solches Ausweichen aber nicht. Ich rate allerdings davon ab, ein solches Verhalten schon während der Anamnese in Frage zu stellen. Bei manchen Patienten kann man das machen, bei den meisten Menschen ist die Konfrontation mit einem ausweichenden Verhalten aber kränkend. Man sollte damit warten, bis eine gute Arbeitsbeziehung etabliert worden ist.

Überkompensationen neurotischer Defizite sind nicht immer prognostisch ungünstig. Zu einer Überkompensation, sofern diese im Leistungsbereich stattfindet, muß man ja überhaupt erst einmal in der Lage sein. Probleme ergeben sich in der Therapie aber dann, wenn die Überkompensation als solche erkannt wird. Der Patient entwertet dann das, was er überkompensatorisch leistet. Vielleicht hat er aber noch keine anderen Möglichkeiten, sein Selbstwertgefühl zu stabilisieren. Problematisch sind natürlich Überkompensationen, die keinen sozialen Gewinn bringen, sondern eher Ablehnung, zum Beispiel ein machohaftes Verhalten bei einem Mann, der die Phantasie hat, sein Genitale sei zu klein. Eine besser funktionierende Kompensation wäre dann berufliche Leistung.

Wichtige Informationen zum Patienten aus der Anamnese und dem Erstinterview

Zusammenfassend möchte ich aufzählen, worauf oft nicht geachtet wird und worauf ich bei der Anamnese und schon im Erstinterview zu achten empfehle: Man sollte sich eine Vorstellung über die Art und Weise verschaffen, wie das narzißtische Regulationssystem des Patienten funktioniert, wie er mit Kränkungen umgeht und welche Verhaltensweisen und Phantasien er einsetzt, um sein narzißtisches Gleichgewicht zu erhalten. Man sollte sich eine Vorstellung davon verschaffen, wie der Patient mit Menschen und wie er mit seiner Arbeit umgeht, was er in seiner Freizeit macht, welchen Stellenwert all diese Dinge in seinem Leben haben und warum der Stellenwert so und nicht anders ist.

Man sollte sich Klarheit darüber verschaffen, ob die Ich-Funktionen zur Verfügung stehen, die für ein Arbeiten in einem analytischen Verfahren notwendig sind, und wie charakterstrukturell und übertragungsbedingte Arbeitsstörungen und Fehlerwartungen an die Art der Hilfe, die der Therapeut geben kann, die Entstehung einer Arbeitsbeziehung beeinflussen würden. Man sollte sich Klarheit darüber verschaffen, wie der Patient mit seinen Symptomen umgeht, worin der primäre und sekundäre Krankheitsgewinn besteht und wie weit Ideologien eingesetzt werden, um die Symptomatik erträglich zu machen.

Bei Charakterneurosen sollte man versuchen, sich darüber klar zu werden, ob der Patient sich andere Beziehungen vorstellen kann als die, in denen er lebt. Man sollte etwas darüber wissen, ob und in welchem Umfang Suchtmittel eingesetzt werden, um unangenehme Gefühle zu dämpfen, zum Beispiel um Angst zu mindern oder Depression durch Euphorie zu überdecken. Man sollte auch etwas darüber wissen, wie ein Patient Beziehungen nach seinen inneren Bedürfnissen inszeniert, besonders im Bezug zum Therapeuten. Man sollte den Leidensdruck in Intensität und Qualität eingeschätzt haben, die Art der Erwartungen an den Therapeuten kennen und begründen können, warum man das Gefühl hat, mit diesem Patienten arbeiten zu können oder aber nicht. Wenn nicht, sollte man versuchen, durch Gegenübertragungsanalyse (vgl. KÖNIG 1993a u. b) etwas zu ändern. Gelingt das nicht, ist es besser, den Patienten weiterzuschicken, wenn das möglich ist.

Weiter ist es wichtig, sich einen Überblick über die aktuellen Beziehungen des Patienten zu verschaffen und sie mit den Beziehungen zu vergleichen, die der Patient in der Primärfamilie hatte. Man entdeckt zum Beispiel, welche Objekte aus der inneren Welt des Patienten in dessen aktuellem Beziehungsnetz vertreten sind und welche nicht. Das gibt unter anderem Hinweise auf die zu erwartende Übertragungsentwicklung. Der Patient wird vor allem innere Objekte übertragen, die in seinen aktuellen äußeren Beziehungen nicht ausreichend vertreten sind. Bei solchen Überlegungen ist aber zu beachten, daß immer nur ein Teil einer Objektrepräsentanz »erinnert« werden kann und dem bewußten Erleben zugänglich ist. Aktuelle Bezugspersonen, die mit den inneren Objekten nicht zur Deckung zu bringen sind, können unbewußte Anteile innerer Objekte oder aber Selbstanteile repräsentieren. Ebenso kann es sein, daß der Patient gerade unbewußte Aspekte innerer Objekte oder aber Selbstanteile auf den Therapeuten übertragen wird. Das schränkt die diagnostischen Möglichkeiten eines Vergleichs zwischen der inneren Welt der

Objekte und der aktuellen Außenwelt ein. Manchmal ist es sinnvoll, auch vergangene Beziehungen aus dem Erwachsenenalter in die diagnostischen und prognostischen Überlegungen mit einzubeziehen; vor allem dann, wenn sich bestimmte Beziehungskonstellationen im Leben des Patienten wiederholt haben.

Verknüpfungen

Welchen Einfluß hat die Prognose auf die Indikation?

Prognose und Indikation stehen in keinem einfachen, direkten Verhältnis. Sind die Behandlungsplätze knapp, kann man sich auf den Standpunkt stellen, daß man versuchen sollte, den Patienten zu helfen, die am meisten leiden, auch wenn man ihnen nur wenig helfen kann, oder aber, diejenigen in Therapie zu nehmen, denen man am meisten helfen kann.

Es handelt sich hier um Grundeinstellungen, die sehr persönlichkeitsabhängig sind. Nimmt ein Therapeut die Patienten in Behandlung, die am meisten leiden, denen er aber *mit seinen Mitteln* wenig helfen kann, verhindert er vielleicht, daß ein therapeutisches Verfahren, und sei es eine einfache psychiatrische Betreuung -, angewendet wird, das ihnen mehr von ihrem Leiden nehmen würde als eine psychoanalytische Behandlung. Nimmt ein Therapeut den Leidensdruck als alleinigen Maßstab für die Indikation, richtet er Schaden an. Hinter solchen Indikationen stehen oft Omnipotenzvorstellungen oder aber Schwierigkeiten, einen Leidenden abzuweisen. Ein schwer Leidender ist für manche Therapeuten eine narzißtische Versuchung. Mutter Theresa ist eben eine Figur, die man mehr bewundert als einen simplen Gemeindepfarrer, der es mit Leuten zu tun hat, denen es weniger schlecht geht als den Armen in Indien. Auf besondere Schwierigkeiten depressiver Therapeuten, Patienten wegzuschicken, die sie selbst nicht gut behandeln könnten, habe ich schon in der Einleitung hingewiesen.

Manchmal führt die Beschäftigung mit schwerkranken Patienten, denen man mit den vorhandenen Mitteln nicht helfen kann, dazu, neue Methoden zu entwickeln; daraus ergibt sich ein allgemeiner therapeutischer Fortschritt. Nun sind aber wenige

Therapeuten in der Lage, solche neuen Mittel zu entwickeln und sie an andere Therapeuten weiterzugeben; dazu gehören Erfindungsgabe, Konzeptualisierungsfähigkeit und manchmal auch ein gewisser Sinn für Public Relations. Andererseits gäbe es keinen Fortschritt, wenn wir immer nur das tun würden, was wir schon können und wozu unsere Mittel ausreichen. Die Möglichkeit, am Ende neue therapeutische Verfahren zu entwickeln, sollte aber immer mit dem Schaden verglichen werden, den eine ungeeignete Therapie beim Patienten anrichtet. Das gilt zum Beispiel und besonders auch für die Behandlung depressiver Zustände mit einer starken endogenen Komponente; besonders dann, wenn prinzipiell auf die Anwendung von Medikamenten verzichtet wird. Andererseits kann die Kombination von Psychotherapie und medikamentöser Behandlung selbst bei Borderline-Patienten ein besseres Ergebnis bringen als jedes dieser Verfahren allein (Kernberg et al. 1989, Rüger 1979, Zauner 1974).

Wenn ein Therapeut aber nur Patienten in Behandlung nimmt, bei denen sein Einsatz besonders große Wirkungen hat, seine Arbeit also besonders effizient ist, schränkt er vielleicht seine Indikationen so weit ein, bis es schließlich nur noch wenige Patienten gibt, mit denen er arbeiten will, und er führt vielleicht Patienten einer psychiatrischen Betreuung oder einer medikamentösen Behandlung zu, denen Psychotherapie oder eine Kombination anderer Verfahren mit Psychotherapie wesentlich mehr geholfen hätte.

Was die Verantwortlichkeit unter dem Versorgungsauftrag eines Psychotherapeuten angeht, erscheint es mir notwendig, daß man Indikationen nicht nur aus den eigenen Möglichkeiten heraus stellt - wozu durchaus das Maß der eigenen therapeutischen Kompetenz zur Behandlung bestimmter Patienten gehört -, sondern daß man daneben überlegt, was an Therapiemethoden außerhalb der psychoanalytisch orientierten noch zur Verfügung steht. Selbst zwischen den psychoanalytisch orientierten Tätigkeitsfeldern gibt es aber zu wenig Kommunikation. Therapeuten in freier Praxis wissen oft über die Möglichkeiten einer stationären Therapie wenig Bescheid und umgekehrt. Diese Verhältnisse sollten energisch beklagt und verändert werden.

Effiziente Therapien durchzuführen ist für die meisten am befriedigendsten, und diese Befriedigung erlangt man leichter, wenn man nicht nach den Möglichkeiten sieht, die links oder rechts von einem liegen; manche Therapeuten blicken auch nicht auf die Möglichkeiten vor ihrer Nase. So behandeln sie Patienten, mit denen ein Kollege besondere Erfahrungen hat, die sie selbst nie erlangen werden, statt diese Patienten an den »Spezialisten« zu überweisen.

Andere Therapeuten wieder probieren Neues aus, ohne sich bei denen Rat zu holen, die schon Erfahrungen mit einer bestimmten Therapiemethode und einer bestimmten Interventionsform haben.

Bequemlichkeit spielt oft auch eine Rolle. Erfahrene Therapeuten überweisen oft solche Patienten an jüngere Kollegen, die ihnen aus irgendeinem Grund zu beschwerlich sind. Das kann vernünftig sein; zum Beispiel dann, wenn der Analytiker meint, daß er die emotionalen Strapazen der Therapie mit einem bestimmten Patienten nicht ertragen kann. Andererseits kann es aber auch sein, daß der Therapeut sich das Leben nur leicht machen will; er könnte den Patienten aushalten, wenn er wollte.

An anderer Stelle (KÖNIG 1991) habe ich darauf hingewiesen, daß manche Therapeuten deshalb besonders schwer gestörte Patienten in Behandlung nehmen, weil diese nie ganz gesund werden können. Das ist für sie deshalb ein Vorzug, weil sie Rivalität fürchten, die sie von schwergestörten Patienten weniger zu befürchten haben; Rivalität, die auch in einer Begegnung außerhalb der therapeutischen Situation vom Therapeuten phantasiert werden kann.

Andererseits gibt es Therapeuten, die nur Patienten nehmen, von denen sie meinen, daß sie sicher gesund werden. Sie empfinden den Umgang mit Menschen, die ihnen nicht, zumindest potentiell, »gleichwertig« sind, als persönliche Kränkung. Solche, meist narzißtische, Therapeuten haben auch besondere Probleme mit Mißerfolgen. Alle Statistiken zeigen im Rahmen der psychoanalytischen Therapie, aber auch bei anderen Therapieformen, die sich mit Störungen von Krankheitswert befassen, eine Nichtheilungsquote von 20 bis 30% oder mehr. Wenn es einen kränkt, einem Patienten nur wenig oder auch gar nicht geholfen zu haben, sollte ein Arzt deshalb am besten nicht Psychotherapeut werden, sondern vielleicht ein Fach wählen, in dem die Erfolge insgesamt höher sind, zum Beispiel Geburtshilfe, oder als Psychologe eine diagnostische Tätigkeit.

Der Einfluß der langen Behandlungsdauer auf die Indikationsstellung

Psychotherapien können mehrere Jahre dauern. Die Therapie eines Diabetes oder eines chronischen Gelenkrheumatismus dauert nicht mehrere, sondern viele Jahre, nämlich so lange, wie der Patient beim Arzt bleiben will. Kein Arzt verwendet aber pro Jahr so viel Zeit auf einen Patienten wie ein Psychotherapeut. Selbst wenn es sich um eine Psychotherapie handelt, die nur einmal pro Woche, ja nur alle vierzehn Tage einmal stattfindet, ist die Kontaktzeit zwischen Therapeut und Patient meist länger als in irgendeinem somatisch-medizinischen Fach. Wer nach seiner somatischen Klinikzeit als Arzt nur noch Psychotherapie gemacht hat, verliert diese Tatsache leicht aus dem kritischen Blick. Psychologen, die immer nur Psychotherapien gemacht haben, kennen es nicht anders.

Ich halte es aber für wichtig, sich die Ausnahmestellung der Psychotherapie klar zu machen, weil sie einige Besonderheiten der Indikationsstellung erklärt oder zumindest hilft, sie zu verstehen.

Psychotherapeuten haben weniger Patienten als somatisch tätige Ärzte, woraus resultiert, daß jeder Patient für den Therapeuten mehr an möglichem Erfolg, aber auch mehr an der Möglichkeit eines Scheiterns repräsentiert als in der Regel ein Patient eines somatisch tätigen Arztes.

Dem steht freilich gegenüber, daß der somatisch tätige Arzt es oft mit lebensgefährlichen Zuständen zu tun hat, der Psychotherapeut aber selten. Glücklicherweise passiert es ja nicht häufig, daß ein Therapeut einen Patienten durch Selbstmord verliert. Das hat aber auch eine Kehrseite. Bei vielen lebensbedrohlichen Erkrankungen ist eine hohe Letalität bekannt, was es dem somatisch tätigen Arzt erleichtert, ein Versagen seiner Therapie dem unausweichlichen Gang der Krankheit zuzuschreiben.

Es geht aber nicht nur um die geringe Zahl der Patienten und die langen Kontaktzeiten. Schon durch die offenen Mitteilungen des Patienten und weil der Therapeut sich selbst als therapeutisches Instrument einsetzt, in anderer und tieferer Weise als somatisch tätige Ärzte das in der Regel tun, entsteht eine sehr persönliche Beziehung. Der Therapeut »lebt« mehr mit jedem einzelnen seiner Patienten. Jede Indikationsstellung bedeutet so auch eine Entscheidung darüber, wie der Therapeut einen erheblichen Teil seiner Zeit leben wird.

Hält man sich das vor Augen, wird es vielleicht verständlicher, daß Therapeuten großen Wert darauf legen, mit ihren Patienten zu »können«, daß Sympathiewahl eine große, leider oft unreflektiert große und zu ausschließliche Rolle spielt. Manche Therapeuten machen es sich nicht ausreichend klar, daß eine Sympathiewahl auch mit analysierbaren Faktoren zusammenhängt; nämlich mit initialen Übertragungen des Therapeuten und mit dem derzeitigen Zustand des Beziehungsfeldes des Therapeuten. So kann es sein, daß ein Patient eine Lücke im Beziehungsfeld des Therapeuten füllt, wenn der Therapeut ihn annimmt, was den Therapeuten dazu bringen kann, Faktoren zu übersehen oder zu bagatellisieren, die er sonst als Kontraindikation gewichten würde.

Depressive Therapeuten stellen ihre Indikation weniger als andere danach, wie es ihnen *mit dem Patienten* gehen wird. Es ist ihnen wichtiger, wie es *dem Patienten* gehen wird. Depressive Therapeuten überlasten sich leicht mit Patienten, mit denen sie sich schwertun und die sie vielleicht besser an einen Kollegen überwiesen hätten, der müheloser mit ihnen zurecht käme.

Andererseits sollte der Therapeut nicht nur und wohl auch nicht überwiegend nach seinem persönlichen Wohlbefinden gehen. Es kann sonst sein, daß er seine Indikation immer mehr auf Patienten einschränkt, die ihm angenehm sind und alle anderen weiterschickt.

Bis zu einem gewissen Grade nützt es dem Patienten immer, wenn der Therapeut ihn danach auswählt, ob er mit ihm voraussichtlich gut »auskommt«. Die Frage ist nur, was mit Patienten geschieht, die der Therapeut nicht nimmt, weil er initial den Eindruck hat, mit ihnen nicht zu »können«. Besonders in therapeutisch unterversorgten Gebieten finden solche Patienten vielleicht keinen Therapeuten; zumal die meisten Therapeuten es nicht als eine Empfehlung auffassen, wenn ein Patient ihnen erzählt, daß ein anderer Therapeut ihn nicht genommen hat. Es kommt leider dazu, daß Therapeuten, die mit einem Patienten nicht gut zu »können« meinen und bei denen das der Hauptgrund war, den Patienten zurückzuweisen, ihre Ablehnung des Patienten einem Kollegen gegenüber nicht immer auch so begründen, sondern daß sie nach objektiven Kriterien suchen, die ebenfalls vorhanden sein mögen, die sie aber zu stark gewichten, weil sie den persönlichen Faktor auslassen; was aus dem persönlichen Faktor resultiert, wird objektiven Kriterien aufgepackt. Es gibt aber auch Therapeuten, die offen sagen, daß sie mit den Patienten nicht gut »könnten«, und sogar imstande sind, das rational aus den Besonderheiten ihrer eigenen Persönlichkeit heraus zu begründen. So offen äußert man sich in der Regel aber nur einem Kollegen gegenüber, den man gut kennt.

Natürlich gibt es auch Patienten, die in allen Therapeuten aversive Gefühle hervorrufen, meist durch projektive Identifizierung. Das ist einer der Gründe, warum ich eine gute Kenntnis des Mechanismus der projektiven Identifizierung und seiner Auswirkungen für so wichtig halte (vgl. KÖNIG 1993b). Ein Therapeut, der sich mit projektiver Identifizierung auskennt, wird ein breiteres Spektrum von Patienten behandeln können als ein anderer, bei dem es nicht der Fall ist.

Ich habe schon anderswo (z.B. KÖNIG 1993a, 1993b) darauf hingewiesen, daß Therapeuten, die längere Zeit in Kliniken gearbeitet haben, wo sie sich die Patienten nicht aussuchen konnten, Fähigkeiten entwickeln, mit Patienten umzugehen, auf die sie sich sonst nicht eingelassen hätten. Hier spielt wieder die Kontaktzeit eine wichtige Rolle: man kommt initial eher mit einem unangenehmen Patienten zurecht, bei dem man weiß, daß die Behandlungszeit begrenzter ist als in einer ambulanten Langzeittherapie, und das ist in Kliniken ja in der Regel der Fall, wo Behandlungszeiten von einem Jahr die Ausnahme und Behandlungszeiten von sechs Wochen bis zu einem halben Jahr die Regel sind.

Wohnort und Indikation

Während in den Ballungsgebieten zum Teil schon eine ausreichende psychotherapeutische Versorgung, stellenweise sogar eine Überversorgung besteht, gibt es außerhalb der Ballungsgebiete noch weite Landstriche mit völlig unzureichender psychotherapeutischer Versorgung. Die Patienten müssen, wenn sie überhaupt einen Platz erlangen, oft weit fahren, um zu einem Psychotherapeuten zu kommen. Bei einem hohen Wegeaufwand tritt das Motiv, diese Wege zu vermeiden, in Konflikt mit dem Motiv, eine Therapie zu machen. Viele Therapeuten meinen, wer nicht bereit sei, eine Stunde hin und eine Stunde zurück zu fahren, sei eben nicht ausreichend motiviert, und eine Psychotherapie würde bei ihm ohnehin keinen Erfolg haben. Psychotherapeuten fahren während ihrer Ausbildung oft lange Strecken zur Lehranalyse. Patienten sind aber über die Umstände einer Psychotherapie wenig informiert. Ein Arztbesuch im Monat kommt ihnen vielleicht schon viel vor, zwei oder drei Arztbesuche die Woche können sie sich nur für die akute Phase einer Erkrankung vorstellen. Haben solche Patienten aber erst einmal erfahren, daß Psychotherapie ihnen helfen kann, nehmen sie auch größere Unbequemlichkeiten und größeren Zeitaufwand in Kauf.

Bei solchen Patienten kann es sich empfehlen, eine Therapie zunächst niederfrequent zu beginnen, etwa in Form einer sogenannten Kurzzeittherapie. Die Kostenträger geben dazu die Möglichkeit.

Die initiale Motivation zu einer Psychotherapie scheint in Universitätsstädten, vor allem dort, wo es Psychoanalytische Institute gibt, am höchsten zu sein. Andererseits wurde mir von Psychoanalytikern, die eine Praxis in einer Großstadt eröffneten, wo es kein Institut und keine Universität gab, berichtet, daß sie anfangs nicht nur von den Ärzten viele ganz ungeeignete Patienten überwiesen bekamen, weil die Ärzte eben die Indikation nicht kannten, sondern daß auch die Selbstüberweisungen von Patienten zunächst sehr spärlich waren. Ein Psychoanalytiker, der als einziger Psychotherapeut vor zwanzig Jahren seine Praxis in einer Großstadt von über dreihunderttausend Einwohnern eröffnete, hatte zunächst ganz wenig zu tun. Fast regelhaft kommen in unterversorgten Gebieten, wo Psychotherapie noch wenig bekannt ist, nur die ganz schweren und deshalb oft nicht mehr behandelbaren Fälle; sei es durch Überweisung, sei es durch Selbstüberweisung.

In psychotherapeutischen Kliniken spricht man von einer »geographischen Indikation« besonderer Art: Patienten, die an ihrem Wohnort keinen Psychotherapeuten finden, werden in Kliniken eingewiesen - oft zu einer Therapie in Form mehrerer stationärer Aufenthalte. Solche Therapie ist in der Regel suboptimal, die erreichbaren Besserungen rechtfertigen aber auch eine solche Form der Therapie, wenn es keine Alternative gibt.

Angehörige und andere wichtige Bezugspersonen

Im ersten Band ihres Lehrbuches der Psychoanalytischen Therapie gehen THOMÄ und KÄCHELE (1986) auf den Umgang mit Angehörigen ausführlich ein. THOMÄ und THOMÄ (1968) haben zu den Schwierigkeiten im Umgang mit Angehörigen ja schon relativ früh Stellung genommen. Sie wiesen darauf hin, daß Angehörige durch die Therapie beeinflußt werden und daß die Therapie in den Vorstellungen und Phantasien der Angehörigen eine große Rolle spielt - schwierige Tatsachen, mit denen Analytiker und analytische Therapeuten auch heute oft noch so umgehen, daß sie Kontakt mit Angehörigen möglichst vermeiden. Zu einem Vermeiden des realen Kontakts kommt oft auch ein Nicht-Hinsehen bezüglich der realen Verhältnisse und Vorgänge. Auch THOMÄ und KÄCHELE (S. 196) vertreten, daß die Einbeziehung der Angehörigen im allgemeinen nicht erforderlich sei: »Der Psychoanalytiker verläßt sich auf seine Beobachtungen in den Sitzungen. Es wird davon ausgegangen, daß ein Patient innerhalb der Analyse ähnliche Beziehungskonflikte mit dem Analytiker wiederholt, wie sie sich mit seinen nächsten Beziehungspersonen inszenieren. Der Analytiker kann auf den Kontakt mit den Angehörigen verzichten, weil er spätestens mit der Entwicklung der Übertragungsneurose an sich selbst erfahren kann, wie der Patient mit seinen Bezugspersonen umgeht und Handlungen und Einstellungen gegen oder für sich unbewußt provoziert.«

Und weiter: »Das interaktionelle Verständnis von Übertragung und Gegenübertragung bringt es mit sich, daß der Analytiker sich einerseits in die Sichtweise des Patienten einfühlen, andererseits auch die Verhaltensweisen der Angehörigen nachvollziehen kann, weil diese Verhaltensweisen Ähnlichkeit mit seinen Gegenübertragungsreaktionen haben können. Seine Einfühlung in die eine und das Nachvollziehen der anderen Seite hat mindestens noch eine weitere Dimension, nämlich die des Analytikers mit seinem professionellen Wissen über zwischenmenschliche Interaktionen.« THOMÄ und KÄCHELE fahren dann fort: »Aus der psychoanalytischen Methode ergeben sich spezielle Fragen hinsichtlich des Umgangs mit den Angehörigen des Patienten. Die Methode ist auf die dyadische Beziehung angewiesen. Technisch gesehen wird die Modellsituation, das 'reine, aseptische Operationsfeld', durch das tatsächliche Eintreten einer dritten Person kompliziert.« »Ein Dritter« sei immer anwesend, auch wenn kein Angehöriger an der Behandlung teilnehme. Sowohl die reale Anwesenheit des Dritten als auch seine virtuelle Anwesenheit hätten »erhebliche Konsequenzen« für alle Beteiligten.

Für den widersprechenden Umgang mit Angehörigen sehen THOMÄ und KÄCHELE zwei Ursachen: Den Wunsch, das Arbeitsbündnis mit dem Patienten zu schützen und zweitens persönliche Reaktionen des Analytikers auf das Bestreben der Angehörigen, sich in die Dyade Patient/Analytiker hineinzudrängen, worauf der Analytiker dann mit ausschließenden Einstellungen und Aktionen reagiert. Andererseits sehen THOMÄ und KÄCHELE das Interesse der Angehörigen als durchaus legitim an; schon deshalb, weil es in einer Therapie nicht nur beim Patienten zu Veränderungen kommen wird, sondern auch bei ihnen selbst.

In ihren Entscheidungen im Umgang mit den Angehörigen orientieren sich THOMÄ und KÄCHELE »... an dem Grundsatz, daß es ja, was immer wir tun, darum geht, für den Patienten »die für die Ich-Funktionen günstigsten Bedingungen« (FREUD 1937, S. 96) herzustellen« (S. 200). Im Einzelfall könne die Hinzuziehung eines Angehörigen oder der Familie prozeßfördernd sein, etwa einer Stagnation des psychoanalytischen Prozesses entgegenwirken. Dabei geht es nicht nur um die Erweiterung der Beobachtungsbasis durch mehr Informationen, sondern auch um Beobachtungen auf der interpersonalen Ebene zwischen Patient und Angehörigen. Die Beobachtung der Interaktion dient diagnostischen Zwekken (z.B. kann das Ausmaß der realen Abhängigkeitsverhältnisse eingeschätzt werden, aber auch der therapeutischen Beeinflussung).

Steht ein Partnerkonflikt im Vordergrund, kann es sein, daß der Partner mit dem Analytiker vor Beginn der Therapie sprechen will. Das kann schwierig werden, andererseits sollte aber auch beachtet werden, daß es wichtig ist, ob ein Patient den Partner aus der Therapie von vornherein ausschließen möchte, oft unter der Vorstellung 'ich lasse mich reparieren, damit ich mit dem Partner wieder gut umgehen kann', oder ob der Partner eine entsprechende Erwartung hat 'ich lasse meinen Partner reparieren, damit er wieder besser mit mir umgehen kann'. Zu Notsituationen, in denen ein Gespräch mit Angehörigen in Betracht kommt, zählen THOMÄ und KÄCHELE Unfall, Suizidgefahr, stationäre Einweisung. Im Laufe einer Behandlung können Angehörige den Kontakt mit dem Analytiker aus verschiedenen Gründen von sich aus wünschen. Der Fortschritt einer Behandlung zum Beispiel kann auch im Angehörigen etwas mobilisieren, womit beide, der Patient und der Angehörige, nicht zurechtkommen. Der Patient oder der Angehörige bitten dann den Analytiker um Hilfe.

Die meisten Analytiker, auch THOMÄ und KÄCHELE, halten es für wichtig, daß ein Gespräch mit einem Angehörigen in Anwesenheit des Patienten geführt wird - spezielle Notfallsituationen ausgenommen.

Komplikationen im Umgang mit Angehörigen sehen THOMÄ und KÄCHELE in zwei Bereichen: Manche Konflikte werden nicht in die Übertragungsbeziehung eingebracht (ich würde hinzusetzen: sie können aus der Übertragungsbeziehung auf Angehörige verschoben werden). Patienten können aber auch Schuldgefühle haben, wenn sie sich verändern und der Angehörige nicht. Der Angehörige fühlt sich, meine ich, oft an den »Gaben« der Analyse nicht entsprechend beteiligt, auch in diesem Sinne als ausgeschlossener Dritter.

Hier könnte man noch viele weitere Überlegungen anschließen. Der Analytiker, der sich in den Patienten einfühlt und eigene Interessen zurückstellt, kann deshalb nicht nur *unrealistisch* idealisiert werden. Er verhält sich nämlich *tatsächlich* in einer Art und Weise, wie er sich im Alltagsleben nicht verhalten könnte, und der Patient kann den Fehlschluß ziehen, ein idealer Partner müsse sich so verhalten wie ein Analytiker, ebenso einfühlsam und selbstlos (vgl. auch ROHDE-DACHSER 1981). Fortschritte in der Analyse können im Sinne der Selbstverwirklichung eines Patienten sein, gleichzeitig aber die Beziehung zum Partner gefährden, weil der Partner seine Partnerwahl auf den Patienten gerichtet hat, wie er ihn ursprünglich kennenlernte. Umgekehrt können Patienten, die sich weiterentwickeln, entdecken, daß der Partner freigesetzte emotionale Wünsche nicht erfüllen kann (vgl. auch KÖNIG und KREISCHE 1991).

THOMÄ und KÄCHELE weisen darauf hin, daß es einen großen Unterschied macht, ob der Patient die Einbeziehung von Angehörigen wünscht oder ob die Angehörigen das wünschen. Der Patient kann sich in eine infantile Dyade zurückziehen wollen. Das kann vorübergehend sein, es kann aber auch so lange dauern, daß der Partner das nicht aushält; umgekehrt kann ein Patient Konflikte mit einem Partner inszenieren, um den Partner immer wieder in die analytische Stunde als virtuell anwesendes Objekt einbringen zu können und die von ihm geahnte und gefürchtete Konzentration des Prozesses auf die Beziehung Patient/Therapeut zu verhindern.

Wünscht der Angehörige nicht ein Gespräch mit dem Therapeuten seines Partners, sondern eine eigene Therapie, kann das nach THOMÄ und KÄCHELE »Ausdruck von Eifersucht, Hilflosigkeit, Rache« sein. Andererseits kann es aber auch sein, daß bislang unterdrückte, ernstzunehmende Wünsche nach therapeutischer Hilfestellung geweckt worden sind.

THOMÄ und KÄCHELE erwähnen die Möglichkeit, eine Einzeltherapie in eine Paartherapie umzuwandeln, die sich mit der interpersonellen Beziehungsthematik beschäftigt. Ich selbst empfehle gelegentlich Paargespräche bei einem Kollegen. Es ist nämlich schwierig, eine Paartherapie zu machen, wenn man einen von beiden Patienten schon länger kennt. Dieser Patient *erwartet* meist, daß der Therapeut ihn besser versteht als den Partner und daß er mehr seine als die Interessen des Partners vertritt; der Partner *befürchtet* meist das gleiche. Freilich will eine jede Indikation zur Paartherapie im Laufe einer Behandlung wohl überlegt sein; besonders dann, wenn man vermuten muß, daß eine Konzentration des therapeutischen Prozesses auf die Beziehung Patient/Therapeut vermieden werden soll und der Patient die Konflikte in der Paarbeziehung aus diesem Motiv heraus inszeniert. Entstehen die Konflikte aber infolge der Weiterentwicklung des Patienten und werden sie nur sekundär zu Widerstandszwecken genutzt, spricht das eher für eine Paartherapie. Eine Schwierigkeit ist sicher, daß die Krankenkassen-Richtlinien gestatten, einen Partner zu Stunden mit dem Patienten hinzuzuziehen, es aber nicht vorsehen, daß ein anderer Therapeut die Paargespräche macht. Polikliniken mit anderen Finanzierungsmodi (z.B. über Pauschalverträge auf Krankenschein) haben diese Probleme nicht, solange die Paartherapie an der eigenen Institution stattfindet.

Am Ende des Abschnitts über den Umgang mit den Angehörigen weisen THOMÄ und KÄCHELE darauf hin, daß auch bei Einzeltherapien Familie und Umwelt immer stärker ins Blickfeld kommen, was die Autoren offenbar nicht nur auf Veränderungen in der Entwicklung der Technik, sondern auch auf Veränderungen in der Klientel zurückführen, die andere Techniken und Umgehensweisen erfordern.

Es erscheint mir nützlich, hier herauszustellen, daß die Einstellungen von Therapeuten zum Umgang mit den Angehörigen sehr stark variieren. Es gibt immer noch Therapeuten, die sich prinzipiell weigern, Angehörige zu sehen und davon allenfalls in einem Notfall abweichen. FÜRSTENAU (1991) wiederum propagiert eine »progressionsorientierte psychoanalytisch-systemische Therapie«, die verschiedene *Settings* als prinzipiell gleichwertig ansieht, der Einzeltherapie keine Priorität einräumt und die Differentialindikation bezüglich eines breiten Spektrums von Behandlungsverfahren nur nach Zweckmäßigkeitsüberlegungen ausrichtet. Expressive (konfliktbearbeitende) und supportive Interventionen sollen in verschiedenen Mischungsverhältnissen angewandt werden. Das Therapiesetting soll veränderungsoptimal gestaltet werden, und zwar unter Berücksichtigung systemischer Gesichtspunkte.

Die Ausrichtung der Indikation auf das Optimum erreichbarer Veränderung steht der ursprünglichen FREUDschen Auffassung einer »tendenzlosen« Psychoanalyse (FREUD 1919, S. 194) diametral entgegen, was aber nicht heißt, daß es sich hier um Unvereinbarkeiten handelt. Eine »tendenzlos« durchgeführte Psychoanalyse kann durchaus veränderungsoptimal sein; andererseits gibt es wohl kaum Psychoanalytiker, die eine Psychoanalyse anbieten, ohne sich wenigstens Gedanken über das bei dem betreffenden Patienten damit Erreichbare zu machen. Selbst wenn ein Therapeut von mehreren Verfahren, die er selber beherrscht, das geeignetste anbietet, kann es ein anderes Verfahren geben, das besser geeignet wäre. Das gilt zum Beispiel für die Differentialindikation zwischen Einzel- und Gruppenpsychotherapie. In Deutschland gibt es unter den Psychoanalytikern keine, die nur Gruppentherapie anbieten. Es gibt aber Psychoanalytiker, die nur Einzeltherapie anbieten. Dennoch überweisen wenige Einzelanalytiker, die sich für einen Patienten interessieren und ihn gut behandelbar finden, diesen Patienten an einen Gruppentherapeuten, auch wenn sie bei Kenntnis der Indikation für Gruppentherapie annehmen könnten, daß er von diesem noch besser behandelt würde. Die Zahl der Psychoanalytiker, die Paartherapie anbieten, scheint wiederum kleiner zu sein als die Zahl derer, die Gruppentherapie anbieten. Daraus dürfte sich ergeben, daß

Patienten, für die eine Paartherapie optimal wäre, oft Einzel- oder Gruppentherapie angeboten bekommen.

Für manche Patienten ist es am besten, wenn eine Kombination verschiedener therapeutischer Verfahren von vornherein abgesprochen wird. An der Abteilung für klinische Gruppenpsychotherapie der Universität Göttingen hat sich eine Kombination von Paargesprächen mit Gruppentherapie bewährt, dergestalt, daß 6 bis 12 einleitende Paargespräche erfolgen und dann die beiden Partner in verschiedene Gruppen kommen, in denen sie ihre partnerschaftsspezifischen Konflikte, die sie auch in den Gruppen inszenieren, leichter bearbeiten können als in Gegenwart des Partners (KREISCHE 1986).

Aus psychoanalytischer Sicht beschäftigen sich die psychoanalytischen einzel-, gruppen- und paartherapeutischen Behandlungsverfahren in erster Linie mit dem inneren Konflikt und dem damit verbundenen primären Krankheitsgewinn; erst in zweiter Linie mit dem interpersonellen Konflikt, der aus dem inneren Konflikt erwächst. Im interpersonellen Feld ist der sekundäre Krankheitsgewinn aber sehr wichtig. Er kann so groß sein, daß er Symptome stabilisiert, die sonst schon von selbst verschwunden wären. Die systemischen Therapiemethoden beschäftigen sich in erster Linie mit dem sekundären Krankheitsgewinn. Das Handeln des Therapeuten in einer Familientherapie wirkt sich oft auch auf den inneren Konflikt und damit auf den primären Krankheitsgewinn aus. Beispielsweise werden veränderte Beziehungserfahrungen mit Männern und Frauen, die durch eine Bearbeitung des sekundären Krankheitsgewinns ermöglicht werden, das innere Bild vom Mann und von der Frau verändern, was wiederum Erwartungen und Befürchtungen in der inneren Welt verändern kann.

Dem orthodoxen Psychoanalytiker, der mit Angehörigen nur im Notfall in Verbindung tritt, steht heute der radikale systemische Familientherapeut gegenüber, der es für einen Fehler hält, einen Patienten ohne seine Angehörigen zu behandeln. Doch nähern sich Psychoanalytiker und Familientherapeuten in ihrem Verhalten gegenüber den Angehörigen, von den Vertretern der extremen Positionen abgesehen, einander an. Psychoanalytiker beachten die Auswirkungen einer Psychoanalyse im Beziehungsfeld des Patienten mehr als früher, was mir oft noch wichtiger erscheint, als mit den Angehörigen zu sprechen. - Hier stimme ich mit THOMÄ und KÄCHELE darin überein, daß man dabei viel falsch machen kann. Es ist nie mit Sicherheit abzusehen, wie ein Gespräch mit einem Angehörigen, den man vorher nie gesehen hat, verlaufen wird. - Manche Familientherapeuten machen Einzelsitzungen oder arbeiten nur mit einem Elternpaar oder der Dyade Mutter/Sohn oder Mutter/Tochter oder der Dyade Vater/Sohn oder Vater/Tochter. Sie tun dies allerdings meist erst dann, wenn sie sich einen Überblick über das Familiensystem verschafft haben.

Schließlich möchte ich nicht versäumen darauf hinzuweisen, daß die meisten Menschen auch in Systemen außerhalb ihrer zentralen Bezugssysteme leben, auch außerhalb ihrer Ursprungsfamilien - besonders am Arbeitsplatz oder in der Ausbildung. Bei der Behandlung von Kindern ist es schon lange selbstverständlich, daß auch Gespräche mit Lehrerinnen und Lehrern stattfinden; Gespräche mit Arbeitgebern finden extrem selten statt. Sie werden vom Patienten auch selten gewünscht. Hier ist ein wesentlicher Unterschied zwischen Schule und Arbeitsstelle zu beachten. Wenn es sich nicht um Angehörige des öffentlichen Dienstes oder um Schwerbehinderte handelt, ist ein Arbeitgeber meist versucht, sich von einem Mitarbeiter zu trennen, der die erwartete Leistung nicht erbringt oder zwischenmenschliche Probleme macht. Dagegen kann eine Schule sich heutzutage nicht so leicht von einem Kind trennen, das die erwarteten Leistungen aus Gründen seiner Neurose nicht erbringt oder interpersonelle Probleme verursacht. Die Motivation, an der Behandlung des Kindes mitzuwirken, ist schon deshalb größer. Auch sind die Lehrer an einer Schule von ihrem Berufsethos her nicht nur dem Leistungsergebnis verpflichtet, das sich zum Beispiel in den durchschnittlichen Abiturnoten ausdrücken kann, sondern auch der Entwicklungsförderung eines jeden einzelnen Schülers. Arbeitgeber richten sich stärker nach dem Betriebsergebnis; sie müssen das auch tun, wenn sie die Existenz des Betriebes und damit auch die Arbeitsplätze erhalten wollen. Die Entwicklung der einzelnen Mitarbeiter wird gefördert, und das oft nicht nur aus betrieblichem, sondern auch aus persönlichem Interesse; hinter das Betriebsergebnis als Grundlage der Existenz des Betriebes muß die entwicklungsfördernde Einstellung aber zurücktreten, soweit sie sich auf Einzelpersonen bezieht. Sie richtet sich in der freien Wirtschaft mehr auf die Entwicklung des Betriebes als auf die Entwicklung von Einzelpersonen.

Aus all diesen Gründen sind Interventionen von Therapeuten in Betrieben zugunsten eines einzelnen Patienten von vornherein schwierig und wären oft auch wenig aussichtsreich. Dagegen lassen sich Betriebe heutzutage nicht selten darauf ein, gruppendynamische Trainer einzuladen, um interpersonelle Konflikte zu vermindern, und dysfunktionale, interpersonelle Konflikte generierende und das Arbeitsergebnis verschlechternde Organisationsstrukturen zu verbessern.

Ob ein psychoanalytischer Therapeut mit Angehörigen spricht, hängt unter anderem natürlich auch davon ab, ob er im Umgang mit mehreren Personen gleichzeitig Erfahrungen hat. Gruppentherapeuten und besonders auch Paartherapeuten, ganz bestimmt natürlich psychoanalytische Familientherapeuten, werden weniger Angst davor haben, daß ihnen ein Gespräch mit einem Angehörigen in Gegenwart des Patienten entgleiten und dies dann unübersehbare Folgen haben kann. Freilich fürchten auch solche Therapeuten die schlechtere Übersehbarkeit eigenen Tuns in einer Mehrpersonen-Situation. Hier hilft, sich vor Augen zu halten, daß ein jeder Therapeut, der eine einzelne Person behandelt, auch in dessen Beziehungsfeld interveniert, und er wird die Folgen seines Intervenierens um so weniger einschätzen können, je weniger er die Angehörigen des Patienten kennt. Die Einstellung 'ich kümmere mich um den Patienten, er hat mich um Hilfe gebeten, auf den kommt es in erster Linie an', eine Position, auf die viele Therapeuten sich gerne zurückziehen, greift zu kurz. Es ist ja auch im Interesse des Patienten, daß in seinem Beziehungsfeld nicht mehr Schaden entsteht, als unvermeidlich ist, und soviel Nutzen wie möglich.

Offensichtlich hat die Einstellung des Therapeuten gegenüber den Beziehungen seines Patienten auch etwas damit zu tun, welchen Stellenwert in seiner Einschätzung Beziehungen gegenüber Selbstverwirklichung haben. *Narzißtische Therapeuten* neigen dazu, Selbstverwirklichung gegenüber den Beziehungen zu überschätzen; *depressive* neigen dazu, Selbstverwirklichung gegenüber Beziehungen zu unterschätzen. Wünschenswert ist wohl, daß Menschen sich in Beziehungen verwirklichen. Nur auf die eigene Selbstverwirklichung zu achten und Beziehungen zu vernachlässigen, läßt sich wohl am ehesten rechtfertigen, wenn die Selbstverwirklichung es sekundär möglich erscheinen läßt, daß sie anderen Menschen nützt. Die Partnerinnen und Partner großer

Menschen ließen sich anscheinend viel gefallen, um deren Selbstverwirklichung zu ermöglichen und zu erleichtern. Es gibt aber auch narzißtische Menschen ohne sonderliches Talent, die sich für ein Genie halten und entsprechende Ansprüche stellen.

Ziele einer Therapie

Die Ziele des Patienten und die Ziele des Therapeuten

Es ist eher die Regel als die Ausnahme, daß sich in einer psychoanalytischen Therapie, anders als bei der Verhaltenstherapie, die Behandlungsziele von Patient und Therapeut unterscheiden. Allerdings schließt sich zum Beispiel LUBORSKY (1988) der in der Verhaltenstherapie üblichen symptombezogenen Vereinbarung von Verhandlungszielen an. Oft kann man mit einem Patienten tatsächlich nur vereinbaren, daß die Symptome besser werden sollen. Was dazu sonst noch nötig und eine Voraussetzung ist, kann man einem Patienten schwer klarmachen. Die Vertreter therapeutischer Verfahren, die sich auf das Erreichen einer Symptombesserung beschränken, haben es da leichter. Ihre Ziele dekken sich von vornherein mit denen des Patienten. Allerdings kommen auch Patienten in Verhaltenstherapie, die an eine Therapie Glückserwartungen haben und nicht nur Symptome loswerden wollen. In noch höherem Maße gilt das für die sogenannte humanistischen Therapieformen. Es gilt sicher auch für die Psychoanalyse.

Der Therapeut muß entscheiden, ob er neurotische, übersteigerte Erwartungen an eine Therapie von vornherein anspricht und in Frage stellt, was die initiale Motivation eines Patienten soweit schwächen kann, daß er die Therapie gar nicht erst beginnt, oder ob er die neurotischen Erwartungen stehenlassen und für eine spätere Bearbeitung aufheben soll. Die meisten Analytiker tendieren zum letzteren. Depressive Therapeuten, die Angst davor haben, daß der Patient sie überfordern wird und sie ihn enttäuschen müssen, stellen öfter als andere die neurotischen Erwartungen an die Therapie in Frage. In der Regel *bedienen* sich psychoanalytische Therapeuten aber der neurotischen oder der nur symptombezogenen Motivation, wenn sie den »echten« Leidensdruck unterstützt oder wenn ein »echter« Leidensdruck zunächst gar nicht auszumachen ist.

Über die ethische Begründung eines solches Vorgehens kann man streiten. Gerade die Vertreter der sogenannten »tendenzlosen«, also nicht primär auf Symptombesserung gerichteten Analyse gleichen im tatsächlichen Umgang mit den Patienten oft einem Missionar, der den Eingeborenen unbestimmte Vorteile in Aussicht stellt, um sie zu bekehren. Der Analytiker stellt mehr Lebensglück in Aussicht, was den Jenseitserwartungen der vom Missionar Bekehrten entsprechen könnte.

Tatsächlich sind die wenigsten Patienten in der Lage, sich unter dem, was eine Analyse tatsächlich leisten kann, etwas Konkretes vorzustellen; das gilt auch für viele Lehranalysanden. Allerdings sind die meisten Analysanden am Ende ihrer Therapie für das dankbar, was über eine reine Symptombesserung hinaus erreicht wurde - nicht nur, weil es eine Voraussetzung für die Symptombesserung war, sondern weil es für sich wertvoll ist.

Oft haben Analytiker übersteigerte Erwartungen an das Ergebnis am Ende der Behandlung und an die Stabilität des Ergebnisses. In diesem Zusammenhang ist ein Vergleich mit somatischen Fächern nützlich, wo die Heilungsquote meist viel geringer ist als in der Psychotherapie; die meisten somatischen inneren Krankheiten zum Beispiel kann man nur kompensiert halten, nicht heilen (Diabetes, Gelenkrheumatismus, Leberzirrhose, Arteriosklerose etc.) Viele Psychoanalytiker sind sich in einem Winkel ihres Herzens mit den Somatikern einig, daß eine »nur« psychogene Erkrankung eigentlich geheilt werden müßte, wenn man es nur richtig anfängt. Statistiken helfen da nicht; ein versteckter Anspruch kann durch eine Statistik nicht widerlegt werden. Wenn zwanzig bis dreißig Prozent der Patienten nach einer Psychotherapie nicht oder nur wenig gebessert sind, ist das die eine Sache; ob sie gebessert sein sollten, ist eine ganz andere Frage.

Daß Psychotherapeuten an der Illusion hängen, eigentlich könne jeder Patient geheilt werden, wenn er nur auf den richtigen Analytiker trifft, hat verschiedene Gründe. Einmal ist es wirklich so, daß manchen Patienten von dem einen Analytiker geholfen werden kann, von dem anderen nicht. Zum zweiten kann die Beziehung eines Psychotherapeuten zu seinem Patienten tatsächlich sehr persönlich sein bei langen Kontaktzeiten. Dann können Vorwürfe eines Patienten, dem man nicht geholfen hat, sehr treffen, mehr, als wenn man jemanden nur flüchtig kennt. Und in den letzten Stunden, gegen Ende einer Behandlung hat der Patient viel Zeit, seine Vorwürfe anzubringen. So ist verständlich, daß ein Psychotherapeut die Erfolglosigkeit einer Behandlung in der Regel mehr fürchtet als ein somatisch tätiger Arzt.

Normalitätsbegriff und Behandlungsziele

In der Psychotherapie sind der Gesundheitsbegriff und der Normalitätsbegriff besonders eng verknüpft. Man muß hier zwischen einer Idealnorm und der Durchschnittsnorm unterscheiden. Es ist normal, daß Menschen plombierte Zähne haben. Das entspricht der Durchschnittsnorm, es gibt (jedenfalls in Westeuropa) kaum Menschen ohne. Die Idealnorm wäre ein Gebiß ohne Karies, das nicht plombiert werden muß.

SCHULTZ-HENCKE (1973) ging von einer Durchschnittsnorm aus. Er sprach von einem »mittleren Menschen«. Der sogenannte »genitale Charakter« entspricht einer Idealnorm. Er bezeichnet einen psychisch ideal reifen Erwachsenen.

Ein jeder Therapeut sollte sich Gedanken darüber machen, wie für ihn die Durchschnittsnorm und die Idealnorm bezüglich der Eigenschaften und Verhaltensweisen eines Menschen aussieht und wie weit ein Patient seiner Meinung nach am Ende einer Therapie von diesen beiden Normen abweichen darf.

Idealnormen im Bereich der Psychotherapie sind immer subjektiv gefärbt und hängen vom sozialen Umfeld des Patienten und des Therapeuten ab. Der Begriff der Durchschnittsnorm ist deshalb problematisch, weil unsere arbeitsteilige Gesellschaft gar nicht funktionieren könnte, wenn es nicht Menschen mit verschiedenen Persönlichkeitsstrukturen und damit auch verschiedenen Interessen gäbe. Man kann eigentlich nur von Normalität innerhalb einer bestimmten Persönlichkeitsstruktur oder einer Mischung von Persönlichkeitsstrukturen sprechen. Ein Mensch mit völlig gleichmäßig verteilten Interessen könnte sich vielleicht nie für eine bestimmte Berufstätigkeit entscheiden und sich darin engagieren.

Idealnormen in der Psychotherapie sind besonders bezüglich

der Geschlechterrolle problematisch. Wie ein idealer Mann oder eine ideale Frau eigentlich sein sollte, ist äußerst kontrovers und sehr kulturabhängig. Gerade was die Idealvorstellungen von Frau und Mann angeht, geraten Psychotherapeuten oft in Konflikt mit Normen und Wertvorstellungen ihrer Patientinnen und Patienten; und zwar sowohl mit den Normen und Werten aus deren Ursprungsfamilien wie mit denen aus ihren aktuellen Bezugsgruppen, Normen, die ein jeder Patient ja in verschiedenen Mischungsverhältnissen und Überarbeitungen internalisiert hat; manche Menschen passen sich den Normen ihrer Bezugsgruppe nur scheinbar an, innerlich lehnen sie diese ab. Richten sie sich nicht nach ihnen, haben sie Sanktionen zu erwarten. Entsprechendes gilt auch für den Therapeuten.

Analytiker und Analytikerinnen finden es oft schwierig, sich in das Leben von Patienten und Patientinnen der Unterschicht hineinzuversetzen (natürlich auch in das Leben der Oberschicht). Gilt es etwa, die Fortführung einer Berufstätigkeit neben Familie und Haushalt zu erwägen, macht sich der Mittelschichtanalytiker oftmals nicht klar, daß zum Beispiel die Arbeit einer Fließbandarbeiterin oder Hilfsköchin meist weniger Raum für Selbstverwirklichung gibt als die Arbeit mit Kindern und im eigenen Haushalt. Das heißt nicht, daß alle Fließbandarbeiterinnen und Hilfsköchinnen ihre Arbeit aufgeben wollen; sie würden dann vielleicht den Umgang mit Menschen außerhalb der Familie vermissen. Ihr Motiv ist aber nicht, eine differenzierte Berufstätigkeit beizubehalten, wie es oft das Motiv von Akademikerinnen ist, die fast immer in einen Konflikt geraten, wenn es darum geht, ob sie Kinder haben und dann einige Zeit zu Hause bleiben wollen oder nicht.

Ähnliche Konflikte entstehen bezüglich der normengeleiteten Erwartungen an einen Mann: Er soll beruflichen Erfolg haben, aber auch zu Hause mithelfen. In manchen Berufskarrieren schließt sich beides weitgehend aus. Zwar gibt es Männer, die zu Hause helfen; wenn man genau hinsieht, tun sie dies aber oft mehr als eine Art Hobby, sie tun, was ihnen Spaß macht. Würden sie etwa fünfzig Prozent der Hausarbeit und Kinderbetreuung übernehmen, kämen sie rettungslos in Rückstand gegenüber den Kollegen, die das nicht tun.

Die Erwartungen an Männer und Frauen sind natürlich auch übertragungsbedingt. Eine Frau kann wünschen, daß ihr Ehemann im Haushalt hilft, weil sie ein Mutterobjekt vermißt; der Mann soll mehr so sein wie eine Mutter. Das gilt besonders für Frauen, die nicht außer Haus arbeiten. Eine Arbeitsstelle kann durchaus Mutterfunktion übernehmen; Entsprechendes gilt natürlich auch für den Mann, der dazu meist noch den Vorteil hat, eine Frau mit mütterlichen Funktionen zu Hause anzutreffen.

In meiner bisherigen Praxis und auch im Bekanntenkreis habe ich gefunden, daß eine volle Berufstätigkeit von Mann und Frau dann, wenn Kinder da sind, meist nur zu realisieren ist, wenn so viel Geld verdient wird, daß Hilfspersonen bezahlt werden können. In der Unterschicht fällt so etwas natürlich meist fort.

»Weise« Beschränkungen

Das therapeutische Angebot sollte der Lebenssituation des Patienten angepaßt sein. Interpersonelle Konflikte dürfen nicht alle Kräfte des Patienten beanspruchen und ihn daran hindern, sich für seine inneren Konflikte und seine Vergangenheit zu interessieren. Es kann auch notwendig sein, daß der Patient Entscheidungen trifft oder Leistungen erbringt, die nur in allernächster Zeit getroffen oder erbracht werden könnten; zum Beispiel wenn die Frage ansteht, ob jemand den Beruf wechseln soll oder ob er ein Examen besteht.

In solchen Fällen kommt ein therapeutisches Angebot mit begrenztem Behandlungsziel in Betracht, zum Beispiel eine Therapie, die sich auf das Verhalten des Patienten in aktuellen Objektbeziehungen oder gegenüber seiner Arbeit beschränkt.

Mit Analysepatienten wird heute in der Regel nicht mehr vereinbart, daß sie während einer Analyse keine lebenswichtigen Entscheidungen treffen sollen. Das war sinnvoll, als die Analysen noch viel kürzer währten als heute. Wen man mit einem Patienten vereinbart, daß er während drei oder fünf Jahren keine solchen Entscheidungen treffen sollte, schadet man ihm vielleicht. Nicht-Entscheiden ist auch Handeln. Heute wird der Patient in der Regel aufgefordert, alle wichtigen Entscheidungen zu besprechen. In einer drei- oder fünfjährigen oder noch längeren Analyse erwirbt der Patient vielleicht erst gegen Ende die Fähigkeit, sinnvolle realitätsbezogene Entscheidungen, etwa bezüglich einer Partnerwahl, zu treffen oder zum Beispiel eine bestimmte Examensleistung zu erbringen. Der analytische Prozeß hat seine Eigengesetzlichkeiten und richtet sich nicht nach den aktuellen Bedürfnissen des Patienten. Oft versuchen Patienten, die wichtige Entscheidungen zu treffen oder wichtige Leistungen zu erbringen haben, die Therapie darauf zu fokussieren. Geht der Therapeut darauf ein, macht er keine Analyse, sondern eine Fokaltherapie in einem ungeeigneten Setting, mehrstündig im Liegen, statt ein- bis zweistündig im Gegenübersitzen.

Der Patient regrediert in einer Analyse und verliert dadurch vielleicht sogar wichtige Ich-Funktionen, die er bräuchte, um die aktuelle Lebenssituation zu bewältigen. Eine dringend zu bewältigende äußere Lebenssituation sollte im Sitzen bearbeitet werden; die Anamnese sollte mehr als bei einer Analyse darauf gerichtet sein, die symptomrelevanten Hauptkonflikte herauszufinden. Darauf sollte sich die Therapie dann konzentrieren.

Ähnliche Überlegungen gelten, wenn Lebensetappen bewältigt werden sollen, die an das Alter gebunden sind. Das gilt für Berufsausbildungen, aber auch für das Eingehen einer Partnerschaft. Es gibt Probleme in der Kontaktaufnahme und partnerschaftliche Beziehungsprobleme, die am besten mit einer auf die symptomrelevanten Hauptkonflikte konzentrierten Therapie zu bearbeiten sind. KLÜWER (1974) gab einmal ein gutes Beispiel für die Fokalbehandlung einer Frau, die »immer sitzenblieb«. Sie engagierte sich nicht in Beziehungen zu Männern, weil sie an den Vater gebunden war. Das ist in der Regel ein schwerwiegendes und nicht leicht zu bearbeitendes Problem; man kann es aber doch in kürzerer Zeit bearbeiten, wenn man sich darauf konzentriert.

In solchen Fällen ist weniger oft mehr. GRODZICKI (1967) hat darüber berichtet, daß er in einem bestimmten Fall darauf verzichtete, eine hypomanische Charakterabwehr gegen eine Depression zu bearbeiten, weil er voraussah, daß es dem Patienten beruflich bis zur Existenzvernichtung geschadet hätte, wenn seine Depression manifest geworden wäre. Der Patient war ein Handelsvertreter, dem wahrscheinlich auch nicht erst das Manifestwerden der Depression geschadet hätte, sondern schon das Verschwinden der hypomanischen Abwehr. Hohe Aktivität und gute Laune waren Grundbedingungen seines beruflichen Erfolges. Hier wäre vielleicht eine Psychotherapie mit begrenztem Behandlungsziel in Frage gekommen. Sie hätte es vielleicht ermöglicht, die hypomanische Abwehr nur soweit zu reduzieren, daß ihre Nachteile verschwunden wären, ohne daß die Vorteile, auf die der Patient seine berufliche Existenz aufgebaut hatte, verlorengegangen wären.

Generell finde ich es unerläßlich, sich zu überlegen, ob der Patient eine vorübergehende Symptomverstärkung oder das Auftreten bisher durch Abwehr niedergehaltener Symptome aushalten kann, ohne in seinem Beruf oder seiner Familie Schaden zu erleiden. Manchmal wird man das Risiko eingehen müssen. Immer ist aber zu bedenken, ob eine Therapie, die bestimmte Konfliktbereiche unangetastet läßt, nicht besser wäre. Eine ähnliche Ansicht vertritt übrigens auch LUBORSKY (1988).

Auch die aktuellen Objektbeziehungen des Patienten sind für die Einschätzung der Prognose wichtig. Patienten, für die der Therapeut das einzige wichtige Objekt ist, können sich oft schwer vom Therapeuten trennen. Dann kann es sein, daß die Therapie nur durch das Auslaufen der Kostenübernahme durch eine Krankenkasse beendet wird; es gibt aber auch Patienten, die von Therapeuten noch jahrelang zu reduziertem Honorar behandelt werden, ohne daß sich der Zustand des Patienten bessert.

Oft ist es notwendig, dem Patienten nicht eine Stundenfrequenz vorzuschlagen, mit der eine maximale Umstrukturierung erreicht wird, sondern eine, die dieser Patient in seiner speziellen Lebenssituation tolerieren kann, auch hinsichtlich des Zeitaufwandes und der Folgen der Regression. Die Institute sollten darauf achten, daß Therapeuten schon während der Ausbildung Erfahrungen mit verschiedenen Behandlungsfrequenzen machen, damit sie später ihr Angebot bezüglich der Frequenz nach den Bedürfnissen des Patienten ausrichten können.

Die Rehabilitation psychisch Kranker konzentriert sich auf die psychotherapeutische und sozialpsychiatrische Behandlung und Betreuung von Patienten, die ihren Arbeitsplatz verloren haben, zu verlieren drohen oder wegen ihrer Krankheit noch keinen gefunden haben, zum Beispiel weil sie durch einen erheblichen Mangel an interpersonellen Kompetenzen aufgrund einer psychischen Krankheit behindert sind. Diese Patienten werden oft mit einer Kombination psychoanalytisch-psychotherapeutischer Therapie und sozialpsychiatrischer Maßnahmen behandelt.

Nimmt ein Therapeut in freier Praxis einen solchen Patienten in Behandlung - nicht in Kombination mit stationären Aufenthalten, sondern ohne -, behandelt er ihn suboptimal, wenn er nicht mit einer Institution zusammenarbeitet, die Sozialarbeiter beschäftigt. ANNEMARIE DÜHRSSEN (1988) hat in ihrer dynamischen Psychotherapie ein Behandlungsverfahren entwickelt, das, wenn man so will, Aspekte der psychoanalytisch orientierten Therapie und der sozialpsychiatrischen Beeinflussung in der Person eines Psychotherapeuten zusammenführt. Das bringt natürlich Vorteile; auf Nachteile, die sich daraus ergeben, daß die aggressiven Seiten der Beziehung zwischen Patient und Therapeut wenig in Bearbeitung kommen, bin ich an anderer Stelle (KÖNIG 1993a) ausführlich eingegangen.

Andere Behandlungsmöglichkeiten sind die in einer Tagesklinik oder in einer Universitätsambulanz, die auch Sozialarbeiter beschäftigt. Aus einer solchen Ambulanz, wo neben Psychotherapeuten auch Sozialarbeiter und Pharmakotherapeuten arbeiten, berichten KERNBERG et al. (1989)

Sozialpsychiatrische Behandlungsmöglichkeiten stehen nicht immer zur Verfügung. Weder ist es immer möglich, daß ein Patient stationär aufgenommen wird, zum Beispiel wenn berufliche Gründe dem entgegenstehen oder es sich um eine Mutter von kleinen Kindern handelt, die anderweitig nicht untergebracht werden können, oder wenn eine Tagesklinik bzw. eine Universitätsambulanz in der Nähe des Wohnortes des Patienten nicht vorhanden ist. Man muß sich dann als Therapeut manchmal dazu entschließen, in einer Einzelpraxis ein suboptimales Behandlungsangebot zu machen. Dabei sollte die eigene Motivation kritisch geprüft werden. Die Übernahme einer solchen suboptimalen Behandlung rechtfertigt sich aus dem allgemeinen Versorgungsauftrag der Psychotherapeuten unter Berücksichtigung aller realen Umstände.

Ungünstig sind Indikationsstellungen unter dem Einfluß des Pygmalion-Komplexes: Aus jedem Patienten muß *mit den Mitteln des Therapeuten* das in seiner Vorstellung »Beste« herausgeholt werden, auch wenn das angestrebte Beste de facto unerreichbar ist. Solche Therapeuten nehmen dann Patienten in alleinige Behandlung, die in Kooperation mit anderen besser behandelt werden könnten.

Eigenschaften des Therapeuten

Die Kompetenzen des Therapeuten und der Behandlungserfolg

In der Arbeit mit dem Patienten setzt der Analytiker sein Arbeits-Ich (FLIESS 1942, KÖNIG 1993a) ein, seine persönliche therapeutische Kompetenz, zu der es gehört, daß der Analytiker seine Reaktionen auf den Patienten zunächst beherrscht, sie dann analysiert und dadurch abmildert und daß er sie diagnostisch nutzt. Die Primärpersönlichkeit des Analytikers hat Einfluß darauf, welche Art von Arbeits-Ich er entwickeln kann. Dem Patienten gelingt es auch immer wieder, die Primärpersönlichkeit des Analytikers anzusprechen und das Arbeits-Ich an die Grenzen seiner Belastbarkeit zu bringen.

Im großen und ganzen kann man sagen, daß die Kompetenz von Psychoanalytikern ähnlich stark variiert, wie ich es während meiner chirurgischen Assistenzzeit bei Chirurgen beobachten konnte, von denen einige beim gleichen Krankheitsbild bei Patienten gleichen Alters und ähnlicher Konstitution gute bis hervorragende, andere mittelmäßige bis schlechte Operationsergebnisse hatten.

Manchmal gewinne ich den Eindruck, daß die Spiegelmetapher von den Nachfahren FREUDS dazu mißbraucht wurde, Kompetenzunterschiede zu verdecken: Ein Spiegel ist ein Spiegel ist ein Spiegel. Die zunehmende Beschäftigung mit der Gegenübertragung hat gezeigt, daß die Spiegelmetapher nicht zutrifft. Der Einfluß der Primärpersönlichkeit auf den therapeutischen Prozeß wird durch das Arbeits-Ich des Analytikers begrenzt. Die Fähigkeit zur Empathie, das Interesse am Patienten, das Engagement, der Takt und die Intuition eines Therapeuten; kurz, seine therapeutische Begabung und die daraus entwickelte therapeutische Kompetenz entstehen aus Anlage und Umwelt.

An unseren psychoanalytischen Instituten sind wir bemüht, eine Minimalkompetenz zu vermitteln, die relativ hoch ist. In wenigen Ausbildungsgängen wird der einzelne Auszubildende so gründlich überwacht. In wenigen Ausbildungsgängen ist der Supervisionsaufwand so groß wie in der Psychoanalyse. Ein Psychoanalytiker, der an einem deutschen Institut Examen gemacht hat, wird in der Regel leichte bis mittelschwere Fälle mit ausreichendem bis gutem Erfolg behandeln können. Schwerer gestörte Patienten können von manchen Psychoanalytikern ausreichend oder gut, von anderen gar nicht behandelt werden; dabei kommt es wesentlich auf die Art der Störung an. Ich meine, daß die Freiheit des Therapeuten, die Behandlung eines Patienten zu übernehmen oder nicht, auch im Interesse des Patienten gewahrt bleiben soll. Das schließt natürlich nicht aus, daß es gerade auch beim Stellen einer Behandlungsindikation für schwergestörte Patienten neurotische Einflußfaktoren gibt; in den entsprechenden Abschnitten in diesem Buch gehe ich darauf ein.

Die Tatsache, daß die Kompetenz von Analytikern stark variiert, macht Sorgen; vor allem denen, die in der Ausbildung tätig sind. Für mich persönlich kann ich aber sagen, daß mich ein Vergleich mit den Chirurgen tröstet, wenn auch hoffentlich nicht einschläfert. In allen medizinischen Fächern, wo das Handwerkliche eine große Rolle spielt, variieren die Behandlungsergebnisse abhängig von dem, der die Behandlung macht, sehr stark, und Psychoanalyse ist in einem übertragenen Sinne auch ein Handwerk, ähnlich wie die Chirurgie.

Nur liegen in der Psychoanalyse und analytisch orientierten Psychotherapie die Verhältnisse noch komplizierter als in der Chirurgie, weil in eine Psychotherapie die Kompetenzen zweier Personen eingehen: die Kompetenz des Therapeuten, aber auch die des Patienten, der sich am analytische Prozeß aktiv beteiligen muß; zumindest an der Umsetzung des in diesem Prozeß Erlebten und Erfahrenen.

Wir wissen aber auch, wenn Tennisspieler im Doppel spielen, machen zwei gute Leute noch kein gutes Team. Die beiden müssen sich persönlich verstehen. Wenn zwei im Doppel spielen, kommt es auch darauf an, welche Ziele sie haben, etwa den gemeinsamen Erfolg, oder daß der eine sich dem anderen Spieler als überlegen erweist.

Der Chirurg hat es da einfacher - der Patient befindet sich in

Narkose, wenn er operiert. Allerdings spielt die psychische Einstellung des Patienten zur Operation für das Überstehen der Operation und den postoperativen Heilungsvorgang sicher eine Rolle. Das Endergebnis wird auch davon abhängen, ob ein Patient zum Beispiel die nach der Operation verordneten Übungen macht, all das ist aber relativ einfach zu überblicken.

In einer Psychoanalyse oder Psychotherapie wird der einzelne Therapeut, wenn er ein gewisses Maß an Erfahrung gesammelt hat, meist recht gut dazu in der Lage sein, nicht nur einzuschätzen, »mit welchen Patienten er kann«, sondern auch, bei welchen Patienten er was kann. Das heißt, der Therapeut, der die Behandlung durchführt, kann im allgemeinen die Prognose eines Patienten besser einschätzen als jemand, der die Vorlieben und Kompetenzen eines Therapeuten nicht kennt, sondern lediglich nach den Merkmalen des Patienten urteilt. An verschiedenen Stellen dieses Buches wird aber andererseits deutlich, wie sehr Persönlichkeitseinflüsse des Therapeuten sein prognostisches Urteil und seine Indikationsstellung trüben können - auch und gerade dann, wenn er selbst es ist, der die Therapie durchführt.

Persönlichkeitsbedingte Spezialisierung

Im Fach Chirurgie gibt es Allgemeinchirurgen und Chirurgen, die auf bestimmte Bereiche spezialisiert sind; das drückt sich in Teilgebietsbezeichnungen aus, zum Beispiel Thorax- und Kardiovaskularchirurgie, plastische Chirurgie und so weiter.

Entsprechend gibt es Psychotherapeuten, die zum Beispiel im Umgang mit Frühstörungen, mit Phobien, mit psychosomatischen Krankheiten besondere Erfahrungen erworben haben. Eine »offizielle« Spezialisierung, die sich in Teilgebietsbezeichnungen ausdrücken würde, ist aber noch lange nicht in Sicht. Erst 1992 wurde die Gebietsbezeichnung »Psychotherapeutische Medizin« beschlossen. Die Krankheiten, mit denen der Psychotherapeut es zu tun hat, sind weniger voneinander abgrenzbar als in der Chirurgie. Die Behandlung einer Frühstörung kann in die Behandlung einer Übertragungsneurose übergehen (vgl. KERNBERG et al. 1989). Fast alle psychoneurotisch Kranken haben auch irgendwelche körperlichen Symptome, und die Therapie eines psychosomatisch Kranken bewirkt oft, daß er sich in einen »Psychoneurose-Kranken« umwandelt.

Es wird in der Psychotherapie sicher nie dazu kommen, daß es Spezialisten für einzelne Krankheitsbilder gibt. Dennoch sagen manche Therapeuten von sich, daß sie besonders gut mit depressiven Patienten umgehen können, andere mit hysterischen, wieder andere mit Symptomneurosen, oder mit Charakterneurosen. Hier wird die Kompetenz mehr von der Persönlichkeit des Therapeuten bestimmt als durch seine Ausbildung.

Interessanterweise gibt es wenig Therapeuten, die gerne Patienten mit sehr ausgeprägten *Zwangsstrukturen* behandeln, was wohl mit der Mühseligkeit einer solchen Therapie und mit den bescheidenen Erfolgen zusammenhängt. Zwanghafte Patienten versteht man häufig besonders gut, man kann aber oft wenig an ihnen verändern. Die Psychodynamik liegt nicht offen zutage, läßt sich aber leicht erschließen; wegen der Isolierung vom Affekt und aus dem Zusammenhang fehlen aber die Voraussetzungen einer erfolgreichen psychoanalytischen Behandlung. Das Herstellen von Zusammenhängen wird durch die Isolierung aus dem Zusammenhang behindert, die emotionale Erfahrung durch die Isolierung vom Affekt.

Welche Persönlichkeitsmerkmale die persönlichen Präferenzen und Kompetenzen bestimmen, ist noch nicht systematisch untersucht worden; RIEMANN (1959) und später auch ich (1991, 1993b) sind auf der Basis von Eindrücken aus Praxis und Supervision auf die vermutlichen Gründe eingegangen.

Besondere Fähigkeiten und Interessen eines Therapeuten können wohl dann am ehesten zum Tragen kommen, wenn er von so vielen Patienten aufgesucht wird, daß er sich die Behandlungsfälle aussuchen kann. Auf die Nachteile dieser Situation bin ich bereits eingegangen (S. 70ff.). Eine andere Möglichkeit, Patienten überwiesen zu bekommen, mit denen man persönlichkeitsbedingt besonders gut umgehen kann, ist die, daß Psychotherapeuten in Arbeitsgruppen Fälle vorstellen und darüber informieren, welche Patienten sie besonders interessieren und mit welchen sie besonders gut umgehen können. Eine weitere Möglichkeit ist, daß man über ein bestimmtes Krankheitsbild publiziert und sich so als Experte ausweist.

Im Grunde ist aber jeder Psychotherapeut heute noch ein Generalist. Kommt er mit einem Patienten nicht gut zurecht, sollte er einen Kollegen konsultieren, von dem er weiß, daß er über besondere Erfahrungen mit diesem Typ von Patienten verfügt. Tatsächlich finden solche Konsultationen selten statt; sie sind oft auch praktisch nicht gut durchführbar, vor allem wenn der Spezialist in einer anderen Stadt wohnt.

Ausbildungsbedingte Indikationen

Für ein jedes psychotherapeutisches Verfahren lassen sich Indikationen nennen und auch aus den Merkmalen des Therapieverfahrens heraus begründen; zum Beispiel die Differentialindikation zwischen Einzel- und Gruppenpsychotherapie. Die Indikationen für diese überlappen sich, es gibt aber auch eindeutige Indikationen für das eine oder das andere Verfahren.

Daß es noch wenig vergleichende statistisch-empirische Untersuchungen bezüglich der Indikationen gibt, kann uns nicht davon abhalten, Differentialindikationen zu stellen. In der somatischen Medizin stellt man auch viele Differentialindikationen aus der klinischen Erfahrung heraus, ohne daß eindeutige statistische Befunde vorliegen.

Überall in der Medizin gibt es aber auch ausbildungsbedingte Differentialindikationen. Es ist bekannt, daß Ärzte ohne Operationsmöglichkeiten Patienten, denen eine Operation helfen könnte, erst einmal längere Zeit konservativ behandeln, ehe sie sie dem Operateur überweisen; umgekehrt behandeln Ärzte mit Operationsmöglichkeiten auch Patienten operativ, bei denen eine konservative Behandlung bessere Ergebnisse brächte.

BLOMEYER (1990) hat darauf hingewiesen, daß Therapeuten meist eine Indikation für das Behandlungsverfahren stellen, das sie am besten beherrschen. Das kann natürlich dazu führen, daß die Indikationen überdehnt werden. *Wer aufgrund seiner Ausbildung und der damit verbundenen Abrechnungsmöglichkeiten einen Patienten mit einer niederfrequenten Therapie über ein oder zwei Jahre behandelt, dem mit einer Analyse besser geholfen würde, schädigt den Patienten, wenn die Überweisung an einen Analytiker möglich wäre. Umgekehrt schädigt ein Analytiker einen Patienten, dem er eine Analyse anbietet, obwohl eine niederfrequente Therapie über kürzere Zeit mit begrenzten Therapiezielen für ihn günstiger wäre.* Zu Therapeuten mit einem Psychotherapietitel kommen alle denkbaren Patienten ebenso wie zu einem Therapeuten mit Psychoanalysetitel oder mit beiden. Ein Psychotherapeut mit Psychotherapietitel hat nicht die Möglichkeit, eine Psychoanalyse zu machen. Ein suboptimales Behandlungsangebot rechtfertigt er meist damit, daß der Patient schon Vertrauen zu ihm gefaßt hat. Analytiker sind oft in niederfrequenten Therapien unzureichend ausgebildet. Es würde sie aber kränken, einen Patienten zu einem Psychotherapietitel-Inhaber zu überweisen, der doch insgesamt eine viel kürzere Ausbildung durchlaufen hat als sie selbst, aber mehr Erfahrungen mit der niederfrequenten Therapieform erworben haben kann; sie bieten dann eine Psychoanalyse an.

Hier sind die psychoanalytischen Institute gefordert. Entsprechend einer Empfehlung von KERNBERG (1982) sollte niederfrequente Psychotherapie mit begrenztem Behandlungsziel an den Instituten mehr gelehrt werden. Manche Institute stellen sich aber auf den Standpunkt des Londoner Psychoanalytikers SANDLER (1982), der empfohlen hat, daß Psychoanalytiker während ihrer Ausbildung und auch einige Jahre nach Abschluß ihrer Ausbildung nur hochfrequente Psychoanalysen machen sollten. Wenn sie erst eine psychoanalytische Kernidentität und Grundkompetenz erworben haben, können sie dann modifizierte Verfahren anwenden.

Gegen einen solchen Standpunkt ist einzuwenden, daß ein Analytiker, der nur in Langzeitanalysen ausgebildet ist, nicht ohne weiteres niederfrequente Therapie mit begrenztem Behandlungsziel machen kann, denn das will gelernt sein. Enttäuschende Behandlungsergebnisse von Psychoanalytikern in Kurzzeittherapien (z.B. MEYER 1981) sind oft darauf zurückzuführen, daß Kurzzeittherapien von Analytikern so durchgeführt werden, als seien sie Fragmente einer Langzeitanalyse. In meinem Buch über Einzeltherapie außerhalb des klassischen Settings (KÖNIG 1993a) habe ich schon darauf hingewiesen, daß eine Kurzzeittherapie nicht eine Bauruine sein sollte, sondern ein fertiggestelltes kleines Haus. Nicht jeder kommt mit einem kleinen Haus aus, nicht jeder braucht aber ein großes.

Es kommt noch hinzu, daß in England nur ganz wenige Analytiker in psychotherapeutischen Kliniken oder Abteilungen arbeiten. Die meisten arbeiten an psychiatrischen Kliniken, wo sie Neurosenkranke *nicht über längere Zeit* mit Psychotherapie behandeln. In Deutschland gibt es viele psychotherapeutische Kliniken, die einen Großteil der Ausbildungskandidaten stellen. Diese Ausbildungskandidaten müssen Psychotherapie machen, und dann ist es wohl besser, das an einem Institut zu lehren, als von der Fiktion auszugehen, die tägliche Arbeit des Ausbildungskandidaten könne von der Ausbildung zum Psychoanalytiker getrennt gesehen werden. Querverbindungen bestehen, auch wenn man sie leugnet.

Außerdem ist die Zahl der Psychoanalytiker in England klein. Sie konzentrieren sich fast alle auf London, wo Patienten, für die eine Analyse nicht geeignet ist, leicht weiterverwiesen werden können; umgekehrt gibt es anscheinend genug Patienten, für die eine Analyse geeignet ist. Schließlich stellen englische Psychoanalytiker für eine Psychoanalyse weitere Indikationen als zum Beispiel französische, wohl auch als die meisten deutschen Analytiker. Sie behandeln selbst Patienten mit einem erheblichen ich-strukturellen Störungsanteil hochfrequent im Liegen. Anscheinend haben sie ihre Technik darauf eingestellt, und wahrscheinlich werden Patienten, die man in Deutschland stationär über längere Zeit behandeln würde, durch die hohe Stundenfrequenz in einer Therapie gehalten, für die sie sonst zu wenig Frustrationstoleranz aufbrächten. Ein Nachteil scheint allerdings zu sein, daß solche Therapien sehr lange dauern - 10 Jahre sind keine Ausnahme. Daß die Krankenkassen in Deutschland das bezahlen würden, erscheint zur Zeit unwahrscheinlich. Eine 10-jährige hochfrequente Psychoanalyse kann in Deutschland also nur durchgeführt werden, wenn der Patient sie selbst bezahlt oder wenn der Analytiker auf einen großen Teil seines Honorars verzichtet.

Unter den gegebenen Umständen erscheint es mir zweckmäßig, in Fällen mit ich-strukturellen Störungen nicht hochfrequent und nicht im Liegen zu behandeln, zumal KERNBERG et al. (1989) ein erprobtes alternatives Behandlungskonzept empfehlen können. Freilich schließt dieses Behandlungskonzept eine Mitwirkung von Sozialarbeitern und bei Bedarf auch Pharmakotherapeuten ein, wenn sehr schwergestörte Patienten behandelt werden. Bei *solchen* Patienten dauern die Behandlungen oft ebenfalls ziemlich lange.

Sadistische und masochistische Indikationen

Bietet ein Analytiker einem Patienten ein Behandlungsverfahren an, dessen Ansprüchen dieser voraussichtlich nicht gewachsen sein wird, kann das etwas mit einem »Pygmalion-Komplex« des Analytikers zu tun haben. Der Analytiker phantasiert, aus jedem »Material« einen gesunden Menschen machen zu können. Es handelt sich da um eine *narzißtische Omnipotenzphantasie.*

Natürlich entdecken solche Analytiker mit der Zeit, daß sie nicht können, was sie zu können erwarten. Entweder entwerten sie dann den Patienten, unterstellen ihm, den Analytiker getäuscht zu haben, halten den Patienten für überhaupt nicht therapierbar, obwohl er bei einem Angebot, das an seine Möglichkeiten adaptiert gewesen wäre, von einer Therapie profitiert hätte. Manchmal täuschen sie sich aber auch über die erzielten therapeutischen Erfolge, sie überschätzen diese, um nicht gekränkt zu werden, oder sie halten es sich zugute, etwas sehr Schwieriges, fast Unmögliches, wenigstens versucht zu haben. Man spricht ja auch von »heroischen« Indikationen.

Ein therapeutisches Angebot, das den Patienten überfordert, kann der Therapeut aber auch aus einem latenten *Sadismus* heraus machen. Die Passivität eines Therapeuten empfinden manche Patienten als Freiräume schaffend, andere empfinden sie als Im-Stich-Lassen, »Zappeln-Lassen«, sie empfinden die Passivität eines Therapeuten als quälend.

Sadismus kann bei der Indikationsstellung dann eine Rolle spielen, wenn der Therapeut damit rechnet, daß er in der Analyse so passiv sein wird, daß es den Patienten quält. Natürlich kann man auch eine Analyse im klassischen Setting den Bedürfnissen eines Patienten anpassen, der nicht in der Lage ist, den Analytiker als Objekt zu nutzen, auf den er übertragen und mit dem er gleichzeitig zusammenarbeiten kann. Es gibt aber Patienten, für die eine Analyse im klassischen Setting auf jeden Fall eine Überforderung darstellen würde.

Die Empfehlung von MENNINGER und HOLZMANN (1977), der Analytiker solle viel schweigen, damit der Patient regrediert, kann bewirken, daß der Analysand unnötig leidet und dabei einen latenten Sadismus des Analytikers befriedigt. Latenter Sadismus ist noch gefährlicher als manifester, der eher kontrolliert werden kann.

Masochistische Indikationen stellen Analytiker, die von vornherein erwarten, daß der Patient ihnen große Schwierigkeiten machen wird, und solche Schwierigkeiten »irgendwie« genießen, statt sie nur zu ertragen. Eine solche Einstellung »lockt« den latenten Sadismus eines Patienten. Das wäre an sich etwas Gutes, wenn der Sadismus in der Psychopathologie des Patienten eine wesentliche Rolle spielte und er nun bearbeitet werden könnte. Das Problem ist aber, daß der masochistische Analytiker unbewußt dagegen wirkt, daß der Patient seinen Sadismus wirklich bearbeitet mit dem Ziel, ihn aufzulösen und alternative Beziehungsformen zu finden. Es kommt dann zu einem unproduktiven sado-masochistischen Clinch, ähnlich wie es zwischen einem sadistischen Analytiker und einem masochistischen Patienten zu einem solchen Clinch kommen kann. Beide haben sich auf die Beziehungsform eingependelt, die ihnen am meisten liegt. Der Analytiker entwickelt eine Gegenübertragungsneurose oder, wenn man so will, eine Gegenübertragungsperversion. Analytiker und Patient finden Triebbefriedigung in einer therapeutisch unfruchtbaren Interaktion.

In Supervisionen bleiben sadistische und masochistische Tendenzen eines Ausbildungskandidaten oft unkonfrontiert, besonders wenn es dem Kontrollanalytiker gelingt, den Ausbildungskandidaten durch substituierende Hinweise dazu zu bringen, die therapeutische Interaktion doch fruchtbar zu machen. Bleiben solche Ausbildungskandidaten nach Beendigung ihrer Ausbildung sich selbst überlassen, fehlt dieser korrigierende Faktor, und es entwickeln sich die beschriebenen Interaktionsformen. Sadismus oder Masochismus sollte der Kontrollanalytiker deshalb immer konfrontieren. Die Annahme, es seien sadistische oder masochistische Triebbedürfnisse im Spiel, dem Kontrollanalysanden zu vermitteln, ist allerdings eine schwierige Aufgabe, die viel Takt und gelegentlich auch Mut erfordert.

Der Therapeut als Retter der Bedrängten

Männliche Therapeuten, die *ödipal fixiert* geblieben sind, behandeln mit Vorliebe Frauen, denen es mit Männern schlecht ergeht. Das entspricht der ödipalen Phantasie, die Mutter vor dem Vater zu retten, der sie (zum Beispiel in der Urszene) scheinbar oder aber tatsächlich schlecht behandelt. Solche Therapeuten geraten in eine unfaire Konkurrenz mit dem Partner einer solchen Patientin, indem sie auf die Patientin besonders einfühlsam und liebevoll eingehen und den Partner direkt oder implizit schlechtmachen. Oft arbeiten sie dann auf eine Trennung vom Partner hin. Die unbewußte Phantasie ist, die Patientin für sich zu gewinnen; bewußt streben solche Therapeuten meist an, daß die Patientin sich vom jetzigen Partner trennt und mit Hilfe des Therapeuten einen anderen, besseren findet, mit dem der Therapeut sich dann identifizieren kann und mit dem er einverstanden sein kann, weil er ihn quasi mit ausgesucht hat. Der Therapeut befindet sich dann in der Rolle des Vaters der Patientin, der ihr einen guten Partner findet.

Dies alles braucht noch nicht schädlich zu sein, wenn der Partner tatsächlich schlecht ist und der neugefundene Partner gut. Meist ist es aber so, daß der Analytiker die guten Seiten des Partners der Patientin ausblendet und die schlechten Seiten des neugewählten Partners ebenfalls. Damit schadet er der Patientin und natürlich auch deren ursprünglichem Partner. Auch dem neugefundenen Partner tut er keinen Gefallen, wenn er in den Beschreibungen durch die Patientin die Persönlichkeitsmerkmale ausblendet, die eine Beziehung der Patientin zu diesem Mann labilisieren können.

Gerne nehmen solche Analytiker Frauen in Behandlung, deren Therapie bei einem anderen Therapeuten gescheitert ist. Sie wollen sich als der bessere Partner erweisen. Während anders strukturierte Therapeuten eher zu skeptisch sind, wenn es darum geht, eine zweite Therapie zu machen, und dann vielleicht unberechtigterweise voraussetzen, der erste Therapeut habe es schon richtig gemacht, das Scheitern der Therapie liege wahrscheinlich doch an der Patientin, glauben ödipal fixierte Therapeuten der Patientin gern alles Schlechte, was sie über den vorangegangenen Analytiker erzählt.

Die dargestellte Problematik sehe ich am häufigsten bei solchen Analytikern, deren Lehranalyse sich auf den Frühstörungsfall ihrer Pathologie konzentriert hat; zum Beispiel aus der Zeit, als die Technik der meisten Lehranalytiker durch die KOHUTschen Grundannahmen beeinflußt war: Zunächst solle der Frühstörungsanteil bearbeitet werden, und zwar unter Aussparung der negativen Übertragung, die nicht mobilisiert, sondern eher niedergehalten werden solle. Später könne sich dann eine Bearbeitung der ödipalen Problematik anschließen. Nicht wenige Lehranalysen der damaligen Zeit sind aber in der Bearbeitung des Frühstörungsanteils steckengeblieben, besonders wenn sie in niedriger Frequenz durchgeführt wurden und relativ kurz waren. Eine Überschätzung des Frühstörungsanteils und der durch KOHUT beeinflußte Umgang mit ihm ließ manche Analytiker hoffen, mit den ödipalen Konflikten würde der Analysand später allein fertigwerden. Tatsächlich sind die Voraussetzungen für eine spätere Bearbeitung der ödipalen Pathologie selbst in Zusammenarbeit mit einen Therapeuten bei Analysen nach dem KOHUTschen Muster aber eher ungünstig. Weil die aggressive Übertragung wenig oder nicht bearbeitet wird, können aggressive Impulse auch nicht gemäßigt und sozialisiert werden. Der aggressive Anteil der ödipalen Konfliktdynamik behält deshalb archaische Qualitäten, was den Umgang mit ihr natürlich schwer macht. Manche Analytiker, deren Lehranalyse in die damalige Zeit fällt, haben ihre ödipalen Konflikte später im beruflichen Feld ausagiert; mit Patientinnen und Patienten, aber auch mit Kolleginnen und Kollegen.

Indikationen und die Toleranzgrenzen des Therapeuten

Mit Toleranzgrenze meine ich die Grenze dessen, was ein Therapeut in einer therapeutischen Situation ertragen kann - an kränkender oder entwertender Kritik oder Unterstellungen, an den verschiedenen Formen des Agierens innerhalb und außerhalb der Stunde, aber auch an idealisierender Bewunderung oder überhaupt jeder Art von narzißtischer Zufuhr (daß man davon auch einmal zuviel bekommen kann, leuchtet wohl nur dem Laien nicht unmittelbar ein), ganz allgemein an Geliebtwerden oder Gehaßtwerden, an Schweigen des Patienten, monotonem Verhalten, Zurückweisen von Deutungen, negativen therapeutischen Reaktionen. Die eigene habituelle Belastbarkeitsgrenze sollte bei der Indikationsstellung eine Rolle spielen. Ich empfehle einem jeden Analytiker, einmal ausführlich darüber nachzudenken, wieviel von dem Genannten - und es werden ihm sicher noch ein paar Dinge mehr einfallen - er gut, weniger gut oder schlecht verträgt.

Ein Therapeut, der Entwertung und Kränkung schlecht aushalten kann, tut gut daran, die Zahl der Patienten, bei denen so etwas zu erwarten ist, zu begrenzen, auch damit diese Patienten ihn nicht so belasten, daß seine Arbeitsfähigkeit mit anderen Patienten darunter leidet. Manche Therapeuten können positive Äußerungen eines Patienten leichter von sich fernhalten, andere negative. Die Schwierigkeiten, mit idealisierenden Übertragungen umzugehen, hat zum Beispiel KOHUT (1971) plastisch beschrieben. Die Schwierigkeit im Umgang mit extrem idealisierenden Übertragungen liegt im ganzen gesehen darin, daß man merkt, nicht eigentlich gemeint zu sein. Die Eigenschaften, die ein Patient einem zuschreibt, sind offensichtlich unrealistisch, und es besteht keine Verbindung des Patienten zur realen Person des Therapeuten; manchmal soll gerade sie durch eine Idealisierung vermieden werden. Andere idealisierende Patienten sehen etwas Richtiges an dem, was der Analytiker kann oder wie er ist, bauschen das aber auf, was ihn zunächst erheben mag, schließlich aber belastet. Narzißtische Therapeuten bauen den idealisierenden Patienten in ihr narzißtisches Regulationssystem ein und fühlen sich dann auf ihn angewiesen.

Es gibt negative Äußerungen des Patienten, die man ohne weiteres als übertragungsbedingt erkennt und von sich fernhalten kann, und andere, die sich auf reale Fehler oder Schwächen beziehen, die dann vom Patienten auch wieder aufgebauscht und übertrieben werden. Der reale Kern einer Äußerung des Patienten macht es schwer, sich nicht persönlich treffen zu lassen.

Der Therapeut sollte sich zwar anrühren lassen (vgl. z.B. THOMÄ und KÄCHELE 1986), gleichzeitig aber sollte er wohl zwischen einer Zuschreibung und seinen tatsächlichen Eigenschaften und Handlungen unterscheiden können. Das ist natürlich schwieriger und anspruchsvoller, als wenn man sich als »Kleiderpuppe der Übertragung« (FLIESS 1953) sieht, die nichts mit den Gewändern zu tun hat, mit denen der Patient sie behängt.

Nähert sich ein Therapeut seiner globalen Toleranzgrenze, zieht er sich vielleicht persönlich aus der therapeutischen Interaktion zurück und flüchtet sich in die Grundeinstellung: »Alles ist Übertragung, hat also mit mir nichts zu tun.« Das muß er nicht bewußt so denken, er kann sich so einstellen, ohne daß er das merkt und denkt.

Die Entscheidung für einen bestimmten überlastenden Patienten betrifft alle anderen Patienten mit, die bei dem betreffenden Therapeuten in Behandlung sind. *Depressive Therapeuten* verlieren das manchmal aus dem Blick. Sie können einen Patienten nicht abweisen und machen sich nicht klar, daß es besser wäre, der Patient fände einen anderen Therapeuten, der weniger belastet ist. Besser eben nicht nur für diesen Patienten, sondern auch für die anderen, die der stark belastete Therapeut sonst noch in Behandlung hat. Auch *dyadisch fixierte Therapeuten* (KÖNIG 1991, 1992, KÖNIG und KREISCHE 1991) verschiedener Struktur neigen dazu, die gerade nicht Anwesenden aus den Augen zu verlieren, es kann immer nur eine Person ein wichtiges Objekt sein.

Zwanghafte Therapeuten denken in Compartments oder Schubladen, jeder Patient befindet sich in einer Schublade, scheinbar haben die einzelnen Patienten nichts miteinander zu tun. Die Vorstellung, alle Patienten seien säuberlich voneinander getrennt, ist aber eine Illusion. Verbindungen bestehen und machen sich bemerkbar, ohne daß der Therapeut beispielsweise weiß, warum ihn ein Patient, mit dem er sonst ganz souverän umgehen kann, durch irgendeine Äußerung an die Grenze seiner Toleranz bringt, nämlich weil diese Äußerung zu einer anderen von einem anderen Patienten hinzukommt, die in die aktuelle Stunde hineinwirkt, ohne daß der Therapeut dessen gewahr wird.

So wie depressive Therapeuten als die guten Menschen dastehen möchten, die im Extremfall alles Leid der Welt zu ihrem Verantwortungsbereich zählen, möchten *narzißtische Therapeuten* als die großen Heiler dastehen, *hysterische Therapeuten (und Therapeutinnen)* glauben an die heilende Funktion ihrer Geschlechtseigenschaften, wie sie in sublimierter Form in einer Therapie eingesetzt werden können.

Vielleicht laufen narzißtische Therapeuten am wenigsten Gefahr, sich zu überlasten; vorausgesetzt, sie nehmen nicht zu viele Patienten, die ihre Schwächen herausfinden und sie kränken oder entwerten. Solche Therapeuten fördern die Entwicklung einer idealisierenden Übertragung. Sie gliedern die Patienten in das »Reich« ihrer Selbstobjekte ein, und dieses Reich kann eigentlich nie groß genug sein. Da sie Patienten nur eingeschränkt als ganze Personen in ihrer Individualität wahrnehmen, im Extremfall gar nicht, sind sie persönlich in ihren Therapien wenig involviert. Manche überlasteten Therapeuten vergessen die Namen ihrer Patienten. Narzißtische Therapeuten vergessen die Namen, aber auch sonst, nämlich weil die einzelne Person doch nicht so wichtig ist.

Auch *schizoide Therapeuten* finden die einzelne Person nicht so wichtig, und zwar deshalb, weil sie in ihren Therapien phantasieren, es mit dem »Allgemein Menschlichen« oder »der Frau«, »dem Mann« zu tun zu haben. Durch die Oberfläche der Patienten, die sich an der Oberfläche des Therapeuten reiben könnte, sehen sie hindurch. Sie blicken auf bestimmte Grundkonflikte allgemein menschlicher Natur, wobei sie die neurotischen Grundkonflikte den allgemein menschlichen zurechnen, indem sie sie auf eine existentielle Wurzel zurückführen. Das kann es ihnen auch ermöglichen, mehr Patienten »auszuhalten« als andere Therapeuten.

Manche narzißtische Therapeuten, die »am Tropf« der narzißtischen Zufuhr der Patienten hängen, packen sich den Tag voll, weil sie Zeiten ohne narzißtische Zufuhr schlecht aushalten können. *Phobische Therapeuten* dagegen packen sich den Tag voll, um ihn zu strukturieren. Das gilt besonders für alleinstehende phobische Therapeuten, die nur mit wenigen Menschen außer ihren Patienten Umgang haben. Ähnliches gilt für depressive Therapeuten, die schlecht allein sein können und jemanden brauchen, der etwas von ihnen verlangt.

Alle Therapeuten, die ihre Patienten zur Aufrechterhaltung ihres seelischen Gleichgewichts benötigen, haben an den Wochenenden Schwierigkeiten und belasten manchmal ihre Bezugspersonen, indem sie an sie Ansprüche stellen, die sonst von den Patienten erfüllt werden.

Wenn ein Therapeut aus charakterneurotischen Gründen mehr Patienten nimmt, als er aushalten und gut behandeln kann, kommt es zum sogenannten Burnout oder zum schützenden inneren Rückzug von den Patienten. Das schränkt die Behandlungskompetenz ein. Manche überlastete Therapeuten erlernen auch andere Behandlungsverfahren, von denen sie insgeheim hoffen, daß sie weniger strapaziös sind als die bisher von ihnen angewandten Therapieformen.

Der Therapeut und das Geld

Wie ein Analytiker sein Einkommen empfindet, als gut, ausreichend, zu gering, hängt von seinem Grundberuf ab. Als Arzt in einem somatischen Fach kann man im allgemeinen mehr verdienen denn als Psychoanalytiker, die meisten Psychoanalytiker verdienen aber mehr als die meisten Psychologen, die nicht innerhalb der Kassenregelungen arbeiten. Für einen Arzt bedeutete die Entscheidung, Analytiker zu werden, zumindest bis zum Auftreten der Ärzteschwemme, einen lebenslangen finanziellen Verzicht. Zwar braucht ein Psychoanalytiker wenig Geld, um eine Praxis zu eröffnen; dies im Unterschied zu den meisten somatisch tätigen Ärzten, was die Ausbildungsaufwendungen schon wieder hereinbringt, er verdient aber auf Dauer weniger, auch unkostenbereinigt.

Die Unkosten einer Praxiseinrichtung und die Personlkosten spielen eine große Rolle, wenn ein Analytiker eine sogenannte gemischte Praxis betreiben will - zum Beispiel Psychiatrie und Psychotherapie oder Innere Medizin und Psychotherapie, Gynäkologie oder Urologie und Psychotherapie. Die Mischung somatischer und psychotherapeutischer Tätigkeit kann die Arbeit interessanter machen, wenngleich sie natürlich den Arzt mit dem Aufwand einer doppelten Fortbildung belastet. Aber während er Psychotherapie macht, amortisieren sich seine Apparate nicht. Ein psychotherapeutisch und somatisch tätiger Mediziner sagte mir einmal: »Ich habe die Wahl, ob ich 50 Minuten Psychotherapie mache und DM 110,- verdiene oder ob ich 15 Minuten auf drei Ultraschalluntersuchungen verwende und 150,- DM verdiene.«

Aber auch in einer rein psychotherapeutischen Praxis geht es bei Entscheidungen manchmal um Geld. Ein Beispiel ist die Zahl der Patienten in einer analytischen Gruppe. In Deutschland wurden die Richtlinien der Krankenkassen dahingehend geändert, daß die Honorare für Einzeltherapie erhöht wurden, die Honorare für Gruppentherapie aber gleich bleiben. Als Kompensation stellte man den Gruppentherapeuten anheim, statt acht nunmehr neun Patienten in eine Gruppe zu nehmen. Nun steigt aber die kognitive und in gewissem Grade auch die emotionale Anspannung des Therapeuten mit der Zahl der Gruppenmitglieder steil an. Eine Gruppe mit neun Patienten belastet deutlich mehr als eine Gruppe mit acht Patienten. Zur Selbsterfahrung nimmt man oft noch mehr Patienten in eine Gruppe; das läßt sich aber leichter bewältigen, da Kolleginnen und Kollegen in den Selbsterfahrungsgruppen eben nicht nur eine persönliche, sondern auch eine professionelle Motivation haben. Sie sind in der Regel gesünder als die Patienten und meist von vornherein mehr als die Patienten an den anderen Gruppenmitgliedern interessiert. Weil eine größere Vielfalt von Strukturen und Konfliktarten, die eine höhere Mitgliederzahl mit sich bringt, ihre Sichtweise erweitert, erleben sie die Gruppenmitglieder auch nicht in dem Maße als Konkurrenten um die Aufmerksamkeit des Therapeuten, wie Patienten dies tun.

Ein Gruppentherapeut, der mit Patienten arbeitet, muß sich fragen, ob die Versorgungslage am Ort und sein Wunsch, mehr Honorar zu bekommen, beide die zusätzliche Anstrengung rechtfertigen, die ein weiterer Patient mit sich bringt. Die Entscheidung hängt natürlich auch von dem Konzept ab, nach dem der Therapeut arbeitet. Wer der Gruppe mehr therapeutische Arbeit überläßt, wird sich weniger angestrengt fühlen als jemand, der alles in der Gruppe selbst machen muß.

Ein anderes finanzielles Problem ist die unterschiedliche Honorierung bei AOK und Ersatzkassen-Patienten.

Wenn der Psychotherapeut einen Patienten zur Therapie annimmt, entscheidet er über 25, 50, 80, 160, 240 oder 300 Stunden seiner Arbeitszeit. Könnte es da Wunder nehmen, wenn die Art der Krankenversicherung Einfluß darauf hätte, ob ein Behandlungsplatz an einen AOK-Patienten oder an einen Ersatzkassenpatienten vergeben wird, wenn alle anderen Faktoren gleich sind?

Tatsächlich sind sie aber nicht gleich. Wenn jemand - zumindest als Arzt - einen Beruf gewählt hat, der weniger Geld einbringt als ein anderer, hat das etwas mit einer Grundeinstellung zu tun. Man möchte zwar gut leben und für eine Familie sorgen können; was man tut, wiegt aber schwerer, als was man verdient. Wenn ein Psychotherapeut zwischen zwei Patienten wählen muß, wird er meist in erster Linie doch davon ausgehen, mit welchem der beiden Patienten er voraussichtlich besser arbeiten kann und welcher der beiden Patienten eine Behandlung nötiger braucht.

Es ist ein Vorteil des Krankenversicherungssystems der Bundesrepublik Deutschland, daß die Honorarunterschiede erheblich kleiner sind als in anderen Ländern, wo die Kosten nicht von den Krankenversicherungen übernommen werden und die Patienten für ihre Psychotherapie ganz oder zu einem viel größeren Teil als in Deutschland selbst aufkommen müssen.

Wenn auch Psychoanalytiker weniger verdienen als andere Ärzte (wenn sie Psychologen sind, hingegen mehr als die meisten anderen Psychologen) und wenn die Kostenübernahmeanträge auch lästig sind, kann man mit dem bundesdeutschen Versicherungssystem im ganzen doch zufrieden sein. Die Lösung ist nicht optimal, aber besser als viele andere, die in anderen Ländern praktiziert werden oder die man sich denken könnte. Dennoch möchte ich hier auf eines hinweisen: Meist ist es schwieriger, Patienten aus der Unterschicht für eine Psychotherapie zu motivieren als Patienten aus der Mittelschicht. Der Blinddarm eines ungelernten Arbeiters ist nicht schwerer zu entfernen als der Blinddarm eines Universitätsprofessors, bei der Psychotherapie eines Hilfsarbeiters tun sich viele Mittelschichttherapeuten aber oft schwerer. Das hängt nicht nur mit verschiedenen Sprachcodes zusammen - das wäre eine Schwierigkeit, die zu überwinden Aufgabe des Therapeuten sein könnte -, sondern mit den unterschiedlichen Erwartungen eines Patienten aus der Unterschicht, die er an das Leben und an jede Art von Arbeit hat. In der Unterschicht kommt es auf das Befolgen von Anordnungen und auf Monotonie-Toleranz an, in der Mittelschicht auf selbständige Arbeit, Umstellungsfähigkeit und Eigeninitiative. Psychoanalytische Therapien erfordern aber gerade die letzteren Eigenschaften. Von manchen Seiten wird den psychoanalytischen Therapeuten vorgeworfen, sie würden Patienten, die in einer AOK oder Betriebskrankenkasse versichert sind, mit kürzeren Therapien »abspeisen« als Patienten der Ersatzkassen, die meist einen höheren Bildungsgrad aufweisen. Als Grund wird genannt, daß die Psychotherapeuten Patienten mit einem höheren Bildungsgrad interessanter finden.

Therapeuten, die aus der Unterschicht stammen, tun sich mit Angehörigen der Unterschicht oft schwer, vielleicht aus einem Abgrenzungsbedürfnis heraus. Sie fühlen ihre neue Identität als Angehörige der Mittelschicht gefährdet, wenn sie sich mit Unterschichtspatienten einlassen. Andernorts (KÖNIG 1991) bin ich auf diese Problematik eingegangen, ich halte sie für wichtig. Das Verständigungsproblem und die Aufgabe, die Normen und Werte der Unterschicht kennenzulernen, kann man nicht wegdiskutieren, es handelt sich aber um etwas, das ein Therapeut sich aneignen kann.

Variationen des Honorars entfallen in Deutschland bei Patienten der RVO- und Ersatzkassen. Bei Privatkassen können Analytiker im Prinzip den 2,3-fachen Satz der GOÄ liquidieren; die DGPT hat seinerzeit aber dazu aufgefordert, sich bezüglich des Steigerungssatzes zu beschränken, um die Kostenübernahmeregelung durch die Privatversicherungen nicht zu gefährden. Analytiker können mehr Stunden abrechnen als Inhaber des Psychotherapietitels. Die Kosten für eine psychoanalytische Therapie mit 2 oder 3 oder gar 4 Wochenstunden sind erheblich höher als die Kosten für eine einstündige Behandlung über kürzere Zeit, wie Inhaber des Psychotherapietitels sie durchführen. Wir haben jetzt die auf den ersten Blick paradoxe Situation, daß gründlicher ausgebildete Psychoanalytiker von Privatpatienten pro Stunde weniger verlangen als Inhaber des Psychotherapietitels mit einer weniger gründlichen Ausbildung, die sich oft nicht scheuen, den vollen Steigerungssatz zu nehmen. Man kann aber einwenden, daß eine Therapie mit einer Wochenstunde mehr Zeitaufwand zwischen den Sitzungen erfordert als eine höherfrequentige Therapie (vgl. z.B. KÖNIG 1991, 1993a). Freilich gilt das auch für Psychoanalytiker. Ich würde es für gerechtfertigt halten, daß Psychoanalytiker bei einer Therapie nach 875 (tiefenpsychologisch fundierte Psychotherapie) den vollen Steigerungssatz ansetzen.

Von Patienten, die bei einer RVO-, Betriebs- oder Ersatzkrankenkasse versichert sind, wird im allgemeinen das sogenannte Bereitstellungshonorar gefordert, wenn der Patient eine Stunde versäumt. Manche Analytiker verlangen für versäumte Stunden nur das halbe Honorar. Ich halte es aber für ungünstig, dem Patienten die andere Hälfte des Honorars quasi zum Geschenk zu machen und ihm so die Möglichkeit zu geben, den Analytiker durch Fernbleiben finanziell zu schädigen. Andererseits finde ich, daß man bei der Vereinbarung der Umstände, unter denen ein Bereitstellungshonorar gezahlt werden muß, Spielraum hat. Der Analytiker sollte vor allem eine Vereinbarung treffen, die er guten Gewissens vertreten kann (vgl. dazu auch KÖNIG 1991). Mir hat sich die 24-Stunden-Regel bewährt: Sagt der Patient 24 Stunden vor der Stunde aus Gründen ab, die vorher benannt werden sollten (Krankheit, berufliche Verpflichtungen), trägt den

Verlust der Analytiker, wobei er die Stunde so kurzfristig meist nicht besetzen kann; bei Absagen, die später erfolgen, muß der Patient für die Stunde, zu der er nicht gekommen ist, bezahlen. Es handelt sich hier um eine Risikoverteilung, bei der zu berücksichtigen ist, daß der Analytiker in der Regel nichts an den Analysanden bezahlt, wenn er eine Stunde absagt; auch nicht innerhalb der 24-Stunden-Frist. Ich mache es so, daß ich Kosten für Fahrt und Babysitter bezahle, wenn ich - was selten vorkommt - eine Stunde kurzfristig absagen muß. Den etwaigen Verdienstausfall des Patienten während dieser Zeit bezahle ich nicht. Es gibt Kolleginnen und Kollegen, die engere Regelungen treffen (z.B. Berning 1991). Bei einer engeren Regelung sollte beachtet werden, daß man innerhalb des gesetzlichen Rahmens bleibt (dazu Schildt 1991). Es bringt den Analytiker auch in Gegenübertragungsschwierigkeiten, wenn er gegenüber dem Patienten eine Position vertritt, die vor Gericht keinen Bestand hätte.

Bezüglich der Urlaube des Patienten gibt es engere oder weitere Regelungen. Ich selbst bitte den Patienten, seine Urlaube möglichst so zu legen, daß sie mit meinen zusammenfallen oder sich mit ihnen wenigstens überlappen, was die meisten auch tun, weil es in ihrem Interesse ist, daß die Therapie kontinuierlich verläuft. Freilich ist es nicht *immer* möglich; zum Beispiel wenn ein Patient oder eine Patientin schulpflichtige Kinder hat und an die Ferien gebunden ist, während ich außerhalb der Schulferien Urlaub mache. Dann bin ich damit einverstanden, daß der Urlaub der Patientin oder des Patienten außerhalb meines eigenen liegt. Freilich akzeptiere ich nicht mehr als 6 Wochen Urlaub; es wäre für den Analytiker unzumutbar und für die Therapie ungünstig, etwa einen Studenten während der Semesterferien zwei oder drei Monate Urlaub von der Therapie machen zu lassen.

Besondere Verhältnisse hat man in Gruppen. Ein Gruppenplatz, der vorübergehend nicht wahrgenommen wird, kann anderweitig besetzt werden. Dennoch vereinbare ich auch hier die 24-Stunden-Regel im Sinne einer Risikoverteilung.

Da an der Abteilung für klinische Gruppenpsychotherapie der Universität Göttingen infolge einer besonderen Vereinbarung mit den Kassen (die Behandlung erfolgt auf Krankenschein) bei Kassenpatienten kein Bereitstellungshonorar vereinbart werden kann, habe ich eine gute Vergleichsmöglichkeit bezüglich der Auswirkungen einer solchen Vereinbarung. In den Gruppen an der Abteilung für klinische Gruppenpsychotherapie kommt es häufiger vor, daß Patienten wegbleiben, wenn sie sich nicht gut fühlen oder wenn ihre Familie Anforderungen an sie stellt. Das stärkt natürlich meine innere Position, wenn es darum geht, in meiner Privatpraxis Bereitstellungshonorare zu vereinbaren. Sie bewirken eine Kontinuität der Behandlung, die sonst nicht erreichbar zu sein scheint. Schon FREUD (1912b) hat darauf hingewiesen, daß Stunden seltener ausfallen, wenn der Patient für sie bezahlen muß.

Entscheidungen während - und nach einer Therapie

Entscheidungen über das Setting

Wichtige Entscheidungen fallen, ehe der erste Patient kommt. Sie betreffen die Einrichtung des Behandlungszimmers. Soll der Patient, wenn er sitzt, den gleichen Sessel haben wie der Analytiker, was die Symmetrie der Beziehung zwischen zwei Erwachsenen betont, oder soll der Analytiker einen größeren und bequemeren Sessel haben? »Schließlich sitzt er länger.«

Viele Analytiker verwenden zur Diagnostik und zur Einzeltherapie im Sitzen andere Sitzgelegenheiten als für die Analyse im klassischen Setting. In den Einzeltherapiesesseln sitzen sie aufrecht, Analysen werden vom Therapeuten schon eher einmal halb liegend gemacht. Für das Etablieren eines klassischen analytischen Settings ist es nicht wesentlich, ob der Therapeut aufrecht sitzt, wobei die Füße den Boden berühren oder ob er halb liegt und die Beine auf einen Schemel legt. Konstituierend für das analytische Setting ist vielmehr, daß der Patient den Analytiker nicht sehen kann, der Analytiker aber den Patienten, von hinten oder seitlich (vgl. KÖNIG 1991, 1993a).

Manche Analytiker bieten eine hartgepolsterte Couch an, weil sie fürchten, der Patient könnte sonst zu stark regredieren. Ob jeder Patient sein eigenes Kissen haben soll oder nicht und ob man eine Papierserviette auf das Kopfkissen legt, kann unter Analytikern Gegenstand heißer Diskussionen sein. Manche Analytiker legen eine Decke auf die Couch, mit der sich die Patienten zudecken können. Das soll früher in England besonders verbreitet gewesen sein, als die Räume dort noch schlecht geheizt waren. Heute neigt man dort eher zum Überheizen.

Auf der Couch zu liegen und den Therapeuten nicht zu sehen bedeutet für verschiedene Patienten Verschiedenes. Nicht immer läßt sich einschätzen, was es für den einzelnen Patienten bedeutet. Verborgene Bedeutungen können den Angstpegel so weit steigern, daß man den Patienten aufsitzen lassen muß. Angstbesetzte Objekte, die während des Erstinterviews und der Anamnese weder erinnert wurden, noch die Beziehungen des Patienten zum Analytiker noch die Beziehungen des Patienten zu anderen Personen bestimmen, können in der Regression aktiviert werden und Angst hervorrufen, die das Maß des Erträglichen überschreitet.

Eine Patientin entwickelte während ihrer Analyse die Phantasie, ich säße hinter ihr mit einer Pistole und wolle auf sie schießen. Das passierte im Rahmen einer Vaterübertragung. Während der Anamnese war nicht deutlich geworden, wie problematisch die Beziehung zum Vater war. Die Patientin war auch nicht darauf zu sprechen gekommen, daß der Vater eine Waffensammlung besaß, von der für die Patientin eine gewisse Faszination ausging, die ihr aber auch Angst machte.

Ich habe die Patientin damals aufsitzen lassen. Heute würde ich sie vielleicht weiterhin liegen lassen, weil ich mehr Erfahrung darin gewonnen habe, mit Angstzuständen, die in der Analyse auftreten, unter Beibehaltung des Settings umzugehen, zum Beispiel, indem ich mir die Angst genau beschreiben lasse und auch die Befürchtungen. Was es für die Patientin bedeutet, daß ich in ihrer Phantasie auf sie schießen wollte, hätte zum Beispiel analysiert werden können: meine Motive und die Auswirkungen auf die Patientin wie auch die Symbolbedeutung des ganzen Vorgangs auf einer sexuellen Ebene.

Sitzt der Patient erst einmal, ist die nächste Entscheidung, ob man ihn sich wieder hinlegen lassen will, und wann. Patienten, die ich während einer Stunde aufsitzen lasse (was selten ist), lasse ich auf der Couch sitzen. Biete ich einen Sessel an, tue ich das mit dem Bemerken, daß dies vorübergehend sein soll. Man hat es sonst schwer, die Analyse auf der Couch weiterzuführen. Entsprechendes gilt, wie andernorts schon dargelegt (KÖNIG 1991), für Patienten, die Angst bekommen, ehe sie sich das erste Mal hinlegen. Ich lasse sie auf der Couch sitzen und nicht von vornherein in einem Sessel.

Soll man sich bemühen, mit der negativen Übertragung zu arbeiten?

Langzeittherapie unterscheidet sich von Kurzzeittherapie unter anderem dadurch, daß in der Langzeittherapie der Widerstand gegen das Manifestwerden einer negativen Übertragung besser bearbeitet werden kann. In der Kurzzeittherapie hat man oft nicht die Zeit dazu. Positive Beziehungsangebote greift man auf, auch dann, wenn sie eine Reaktionsbildung gegen negative Beziehungsansätze darstellen. LUBORSKY (1988) betont die Wichtigkeit einer helfenden positiven Beziehung, was auch FREUD (1914) tut, wenn er von der milden positiven Übertragung und der Notwendigkeit spricht, den Patienten an den Analytiker zu attachieren. In der Langzeittherapie hat man die Zeit, auf der Basis positiver Beziehungserfahrungen auch negative Aspekte früherer Beziehungen, die sich in der Beziehung zum Therapeuten (oft gegen einen Widerstand) manifestieren beziehungsweise manifestieren möchten, in die manifeste Beziehung zu heben und ins Gespräch zu bringen.

In diesem Zusammenhang sei auf die indirekte Antwort FREUDS auf einen Vorwurf FERENCZIS verwiesen. FREUD wies in der »endlichen und unendlichen Analyse« (1937) darauf hin, eine negative Übertragung könne nicht bearbeitet werden, wenn sie nicht manifest sei. In der von GILL (1982) für die Langzeitanalyse vorgeschlagenen Behandlungstechnik spielt die Bearbeitung der Widerstände gegen das Manifestwerden von Übertragung eine große Rolle, und das bezieht sich eben auch auf die negative Übertragung.

In den Kurztherapien dürfte ein ruhig-freundlicher Umgang mit von vornherein manifester negativer Übertragung therapeutisch wirksam sein. Der Therapeut zeigt mehr Toleranz als frühere Bezugspersonen, ohne aber zu vertuschen, daß negative Übertragung vorliegt.

Durch eine »gleichmäßige Freundlichkeit« des Analytikers kann die negative Übertragung aber auch daran gehindert werden, sich überhaupt zu manifestieren. Das wird bei Kurztherapien in Kauf genommen. Man arbeitet oft nur dann mit der negativen Übertragung, wenn sie sich spontan manifestiert.

Von einem Kurztherapeuten könnte der Satz stammen: »Kaum, daß über eine Sache Gras gewachsen ist, kommt ein Kamel, das es wieder runterfrißt.« Offenbar gibt es zwei therapeutische Wege. Man kann auch in einer Langzeitanalyse die negative Übertragung durch Bearbeiten der Widerstände gegen sie manifest machen, um »bis in die Tiefe« therapeutisch wirksam zu werden oder aber (vgl. z.B. KOHUT 1971) das darübergewachsene Gras düngen und pflegen - in der Hoffnung, das Negative werde auf immer verborgen bleiben oder gleichsam durch das Positive an die Wand gedrängt werden, ähnlich wie ein Fetus Papyraceus, also ein Fetus bei einer Zwillingsschwangerschaft, der durch den anderen Fetus an die Wand gedrängt wird und abstirbt.

Bei Patienten, die negative Übertragung sofort in die Beziehung bringen und bei denen, zum Beispiel motiviert durch den Leidensdruck und die Hoffnung auf Heilung, dennoch eine Arbeitsbeziehung zustande kommt, ist mit langdauernden Therapien zu rechnen. Eine Bearbeitung der negativen Übertragung, die einer helfenden Person gegenüber an der Oberfläche manifest wird, braucht ihre Zeit, und das Aufnehmen von Signalen, die dem Patienten positive Erfahrungen der Therapie vermitteln, ist durch die negativen Aspekte seiner Übertragung eingeschränkt.

Schließlich ist noch, worauf auch besonders LANGS (1976, 1978) hingewiesen hat, zu beachten, daß negative Beziehungsaspekte nicht immer nur aus der Übertragung kommen, sondern auch durch das Verhalten des Therapeuten hervorgerufen sein können. Nicht alles Negative ist Übertragung, ebensowenig wie alles Positive Übertragung ist. Ebenso wie der Patient auf freundliche Beziehungsangebote des Therapeuten mit Zutrauen und Hoffnung reagieren kann, kann er auf ein aversives Verhalten des Therapeuten (Vorwürfe, Entwertung, Gleichgültigkeit) aggressiv (oder resignativ) reagieren.

Bei allen Diskussionen um den Umgang mit latenter oder manifester Übertragung ist Übertragung von charakterbedingtem Reagieren abzugrenzen. Die Übergänge sind hier fließend. Beziehungserfahrungen in der Primärfamilie, die später die Qualität von Übertragung bestimmen, können im Charakter mehr oder weniger stark fixiert und durch Abwehrmechanismen verändert sein. Die Beziehungserfahrungen bestimmen unter anderem auch die Selektionen der am häufigsten verwandten Abwehrmechanismen, zum Beispiel die Wahl des Abwehrmechanismus Reaktionsbildung, der häufig Verwendung findet, wenn eine negative Übertragung nicht manifest werden soll.

Die entscheidende Frage, ob man sich *bemühen* sollte, die negative Übertragung manifest werden zu lassen, hängt wesentlich davon ab, wie man die Widerstände dagegen einschätzt, wieviel Zeit man hat; ob man eine Langzeittherapie anbieten kann und wieviel Zeit auch vor allem der Patient hat, Zeit für die Therapie und überhaupt Lebenszeit.

In einer nicht verlängerbaren Kurzzeittherapie wird man meist versuchen, die negative Übertragung durch ein freundlich zugewandtes Verhalten niederzuhalten. Sonst besteht die Gefahr, daß die Therapie zu Ende ist, ehe eine tragfähige Arbeitsbeziehung entwickelt werden konnte. Zeigt sich negative Übertragung nicht, wird man die Widerstände gegen sie nicht bearbeiten. *Steht negative Übertragung von vornherein im Vordergrund, besteht in der Regel keine Indikation für eine nicht verlängerbare Kurzzeittherapie.*

Die Frage, ob man die negative Übertragung in die Therapie mit einzubeziehen versucht, wird so auch unter Berücksichtigung der Finanzierungsmöglichkeiten zu überlegen sein. Nicht umsonst hat man sich in den USA mit ausgesprochenen Kurzzeittherapien intensiver beschäftigt als etwa bei uns in Deutschland. In den USA bezahlen viele Versicherungen nur eine Therapie von 20 oder 30 Stunden, während niederfrequente Therapien bei uns mit 50, 80 oder, in Ausnahmefällen, 100 Sitzungen (höherfrequente mit bis zu 240, in Ausnahmefällen bis zu 300 Stunden und mehr) durch die Kassen finanziert werden. Dem Vorteil, der darin liegt, daß man mit einer niederfrequenten Langzeittherapie über ein besonders wirksames therapeutisches Verfahren verfügt (ich urteile hier auf der Basis klinischer Eindrücke aus eigener Praxis und Supervision), scheint mir der Nachteil gegenüberzustehen, daß einzelne Patienten, denen man mit einer gut geführten Kurzzeittherapie helfen könnte, länger behandelt werden als im Prinzip nötig wäre. Die Möglichkeit, neuerdings bis zu 25 Sitzungen Einzeltherapie außerhalb des Gutachterverfahrens zu beantragen, könnte das Interesse an Kurzzeittherapie zunehmen lassen.

Ich möchte schließlich noch betonen, daß ein *besonders freundliches* Verhalten des Therapeuten bei den ersten Anzeichen einer negativen Übertragung das Manifestwerden einer solchen Übertragung hemmt, was dann gefährlich sein kann, wenn der Patient die in ihr enthaltene Aggressivität gegen sein Selbst richtet.

Umgekehrt wird ein beurteilendes, entwertendes oder gleichgültiges Verhalten, das der Therapeut meist nicht intendiert, das ihm aber unterlaufen kann, die Entwicklung der *Arbeitsbeziehung* hemmen und die *Bearbeitung* der negativen Übertragung erschweren oder unmöglich machen. Vieles scheint mir für eine Grundposition freundlich zugewandter Neutralität (nicht Gleichgültigkeit) zu sprechen. Das Verhalten des Patienten, insbesondere auch der interaktionelle Anteil seiner projektiven Identifizierungen (KÖNIG 1993b) kann den Therapeuten aus seiner Grundposition herausbringen.

Soll man mehr an der Übertragung auf den Therapeuten arbeiten oder mehr an deren Verschiebung auf Außenbeziehungen?

Übertragung wurde von FREUD (1912a) ursprünglich als eine Verschiebung infantiler Wünsche vom infantilen Objekt auf den Analytiker gesehen. Schon die Vorstellung, sich in einer Therapie einem Menschen anzuvertrauen, von dem der Patient hofft, daß dieser sich hilfreich und fördernd, vielleicht auch streng, darstellen wird, mobilisiert Beziehungswünsche aus früherer Zeit, in der die Eltern sich so eingestellt haben oder das Kind wünschte, daß sie sich so einstellten. Das ist wohl der Grund, weshalb viele Patienten, die sonst andere Erwachsene nicht unbedingt wie Elternfiguren erleben, schon in Erwartung des ersten Kontaktes mit dem Therapeuten Ansätze einer Elternübertragung auf ihn entwickeln.

Nun haben infantile Beziehungswünsche, eben wegen ihrer kindlichen Qualität, auch etwas Beschämendes, worauf zum Beispiel SANDLER und SANDLER (1983) hingewiesen haben. Auch weiß der Patient, oder er merkt es bald, daß der Therapeut die Beziehungswünsche nicht erfüllen wird. So liegt es nahe, diese Wünsche oder einen Anteil dieser Wünsche auf andere Personen zu verschieben. Das kann schon geschehen, ehe der erste Kontakt stattgefunden hat; häufiger aber geschieht es während der Anamnesengespräche oder während der Behandlung. Auch bei selbstfinanzierten Therapien liegt zwischen dem Abschluß der Diagnostik und dem Beginn der eigentlichen Behandlung oft noch eine gewisse Zeitspanne; bei fremdfinanzierten Therapien ist das sogar die Regel, wenn erst die Kostenübernahmeerklärung der Krankenkasse abgewartet wird, es sei denn, der Therapeut beantragt eine Kurzzeittherapie. Während der Zeit bis zur ersten Behandlungsstunde hat der Patient nun ein anderes Motiv, die Beziehungserwartungen vom Therapeuten auf andere Menschen zu verschieben. Der Therapeut steht nicht zur Verfügung. So erlebt man es zum Beispiel nicht selten, daß Patientinnen gerade in dieser Zeit einen älteren Mann kennenlernen, der sich väterlich - meist auch ein bißchen mütterlich - zur Patientin einstellt. Infantile Beziehungswünsche, die ursprünglich dem Therapeuten galten und dann auf eine andere Person verschoben werden, verlieren oft etwas von ihrer infantilen Qualität, sie werden »erwachsener«, was es erschwert, die Verschiebung als solche zu erkennen.

Auch wenn sie erkannt werden, ist es nicht immer leicht, solche Verschiebungen zu bearbeiten. Fängt der Therapeut es ungeschickt an, kann er sich sogar lächerlich machen. Die Verschiebung ist ja ein unbewußter Vorgang, und die Patientin mag denken: »Was bildet der sich wohl ein?«, im Falle einer Liebesübertragung besonders dann, wenn der Therapeut optisch nicht gerade die erotischen Tagträume der Patientin verkörpert. Verliebt sich die Patientin aber während der Zeit zwischen Diagnostik und dem Beginn der Behandlung, kann es sein, daß die durch Verschiebung zustandegekommene Beziehung nur noch schwer zu lösen ist. Eine Schwangerschaft kann eingetreten sein, oder die Beziehung entwickelt ihre eigene Dynamik. Die realen Vorzüge eines Mannes, in den sich die Patientin verliebt hat, können zu einer Beziehung mit Dauerperspektive führen, was nicht unbedingt schlecht sein muß, aber schlecht sein kann, wenn die Beziehung sonst für die Patientin, oder für andere Menschen, zum Beispiel die Ehefrau des nunmehr von ihr geliebten Mannes, nachteilig ist.

Umgekehrt können auch Beziehungswünsche an ein schwer oder nicht erreichbares Objekt, zum Beispiel aufgestaute sexuelle Wünsche an einen sexuell wenig interessierten oder durch seine Berufsarbeit zur Zeit überbeanspruchten Mann auf den Analytiker verschoben werden, was dann als die extrem frühe Liebesübertragung einer ich-strukturell gestörten Patientin fehldiagnostiziert werden kann. Sexualität dient hier nicht als Vehikel für Beziehungswünsche anderer, meist frühinfantiler Art, sondern die Wünsche an den Analytiker sind durch aufgestaute Sexualität motiviert.

Alleinstehende Frauen ohne Partner neigen weniger zu initialen, durch aufgestaute Sexualität motivierten Liebesübertragungen als solche, die mit einem Partner zusammenleben. Vielleicht können alleinstehende Frauen ihre Sexualität besser unterdrükken als Frauen, die mit einem Partner ohne oder mit wenig Sexualität zusammenleben, denn diese erinnert der tägliche Umgang mit einem Mann ja dauernd daran, was in der Beziehung stattfinden könnte, aber nicht stattfindet. Alleinstehende Frauen können die problematische Lösung »Arbeitsbiene« ungebrochener durchhalten. Alleinlebende Frauen wählen oft auch noch eine andere Lösung: Sie bauen eine differenzierte erotische Traumwelt auf und führen im Zusammenhang mit erotischen Phantasien ihre sexuellen Spannungen durch Masturbation ab - eine Lösung, die ihnen dadurch erleichtert wird, daß Masturbation heute generell als normal akzeptiert wird. Für solche Frauen hat sie freilich den Nachteil, die Motivation, einen Partner zu finden, zu vermindern. Solche Frauen werden sexuelle Wünsche nicht unbedingt gleich an den Analytiker richten, wenn sie ihn zu den Männern zählen, die Frauen enttäuschen. Entspricht der Analytiker aber zumindest in der Phantasie den Männern ihrer Traumwelt, kann es doch sein, daß sich die Beziehung zum Analytiker bald erotisch färbt.

Hinweise auf die Möglichkeit einer Verschiebung halte ich deshalb für besonders wichtig, weil nach meinen Supervisionserfahrungen an Verschiebung zu selten gedacht wird. Autoren, die eine verstärkte Hinwendung zum Arbeiten mit der Übertragung propagieren, wie zum Beispiel GILL (1982), lenken die Aufmerksamkeit des Therapeuten auf schwer erkennbare Manifestationsformen von Übertragung, zum Beispiel auch auf Verschiebung. Merkt der Patient aber, daß den Therapeuten die Beziehung zu ihm selbst am meisten interessiert, kann es sein, daß er entweder verstärkt über Außenbeziehungen spricht, nämlich dann, wenn er die Wünsche des Therapeuten aus irgendeinem Grund frustrieren will, oder daß er es vermeidet, über Außenbeziehungen zu sprechen, die den Therapeuten doch nicht so interessieren, oder schließlich, wenn die Übertragung angewachsen und durch Bearbeitung der Widerstände manifest geworden ist, denkt er in der Stunde weniger an seine Beziehungen zu anderen Personen als an den Analytiker.

Die Entscheidung des Therapeuten, mehr in der Übertragung oder mehr an den Außenobjekten zu arbeiten, beeinflußt die Wahrscheinlichkeit, daß er Verschiebungen übersieht. Arbeitet er mehr an den Außenobjekten, übersieht er leicht, daß interpersonelle Schwierigkeiten durch Verschiebung infantiler Beziehungswünsche vom Analytiker auf andere Personen überhaupt erst entstanden sein können. Er bearbeitet die Beziehungswünsche dann außerhalb des unmittelbaren Übertragungsfeldes, ohne die Quelle dieser Beziehungswünsche in seine Arbeit mit einzubeziehen. Vernachlässigt er aber die Außenbeziehungen des Patienten, werden bestimmte Übertragungen vielleicht nie in der Beziehung zum Therapeuten manifest, eben weil sie unentdeckt verschoben wurden. Verschiebungen übersieht man wohl am seltensten dann, wenn man sich dafür entscheidet, immer von der Oberfläche auszugehen und den am deutlichsten zutage liegenden Aspekt, sei dies nun die Beziehung zum Therapeuten oder die Beziehung zu anderen, zunächst aufzugreifen, dabei aber immer daran zu denken, daß etwas, was in Beziehungen zu Außenobjekten geschieht, ursprünglich aus der Beziehung zum Analytiker stammen kann und daß ein Patient umgekehrt auch Beziehungswünsche und Beziehungsbefürchtungen, die ursprünglich anderen Personen galten, auf den Analytiker verschieben kann. Natürlich gibt es auch den Fall, daß ein Beziehungswunsch, der ursprünglich dem Analytiker gilt und auf andere Personen verschoben wurde, in der Beziehung zu einer anderen Person eine Umwandlung erfahren hat. Wie schon erwähnt, kann er »erwachsener« geworden sein. Seltener es kommt vor, daß er infantiler wird; zum Beispiel dann, wenn die Person, auf die verschoben wurde, viel Zeit zur Verfügung stellt und auf die Wünsche des Patienten sehr eingeht, so daß in dieser Beziehung zusätzlich Regression induziert wird.

In veränderter Gestalt kann der Beziehungswunsch dann wieder auf den Analytiker zurückverschoben werden. Entsprechendes kann natürlich mit Beziehungswünschen geschehen, die zunächst in der Beziehung zu Außenobjekten auftraten. In der Beziehung zum Therapeuten können sie umgewandelt und dann wieder auf das ursprüngliche Objekt verschoben werden. Hier haben wir übrigens ein Modell für die analytische Arbeit überhaupt: Beziehungswünsche, und natürlich auch Beziehungsbefürchtungen, die ursprünglich anderen Objekten, nämlich den infantilen, galten, werden auf den Analytiker verschoben, verändern sich in der Beziehung zum Analytiker und beeinflussen dann auch die Beziehung zu den infantilen Objekten. Das kann bewirken, daß sich die Vorstellungen von diesen inneren Objekten verändern. Darüber hinaus kann sich aber auch die Beziehung zu den erwachsenen Eltern ändern. Sie kann spannungsärmer, vorübergehend auch gespannter werden, am Ende aber reifer. Die Beziehungserfahrungen zu den realen Eltern des Erwachsenen können dann wieder die Beziehungen des Patienten zum Therapeuten umstrukturieren. Auf die »metabolisierende« Funktion des Umgangs mit infantilen Beziehungswünschen haben zum Beispiel BION (1970) und OGDEN (1979) hingewiesen. Ich möchte hier aber besonders darauf aufmerksam machen, daß Beziehungswünsche auch durch Personen »metabolisiert« werden können, auf die der Patient Beziehungswünsche verschiebt, die ursprünglich dem Therapeuten galten. Freilich ist es auch möglich, daß sich Beziehungswünsche in den Beziehungen zu Außenobjekten stabilisieren und sich schwer verändern lassen, weil der Patient in der Beziehung zum Analytiker zwar andere Erfahrungen macht, es ihm aber gelingt, in anderen Menschen, auf die er Beziehungswünsche verschiebt, die ursprünglich dem Analytiker galten, die ursprüngliche Beziehungskonstellation doch wieder zu reinszenieren. Die Erfahrungen in der Therapie werden unter Umständen durch die Erfahrungen außerhalb der Therapie aufgehoben oder zumindest in ihren positiven Auswirkungen eingeschränkt. Manche Patienten entwickeln dann die Vorstellung, daß der Analytiker eben ein ganz besonderer Mensch sei, während alle anderen Menschen wie bisher ihre Beziehungserwartungen in der ursprünglichen Form bestätigen. Die Beziehung zum Therapeuten gewinnt dann oft sogar paradiesischen Charakter, und der Patient zieht sich mit dem Analytiker in eine paradiesische, nach außen abgeschottete Beziehungsdyade zurück, die keinen Bezug zum realen Leben hat und es dann auch nicht mehr beeinflussen kann. Als die einzige den Patienten befriedigende Beziehung muß sie unbedingt erhalten werden. Wenn äußere Faktoren das nicht verhindern, führt das manchmal zu unendlichen Therapien. Muß die Therapie dennoch beendet werden, kann der Patient in Verzweiflung geraten, bis hin zur Suizidalität.

Wann und wie Übertragung bearbeiten?

Die Entscheidung zwischen Psychotherapie und Psychoanalyse ist für viele Therapeuten eine Entscheidung zwischen einem Dialog und einem kommentierten Monolog des Patienten.

FREUD allerdings sprach, wie GILL (1982) vermutet und auch belegt, in seinen ersten Fällen ungefähr eben soviel wie seine Patienten. Im Kommentar zu einem Traum in der Traumdeutung (1900) bezeichnete sich FREUD, der damals 10 oder 11 Patienten behandelte, als Dauerredner. Wie zum Beispiel aus dem Bericht von BLANTON (1975) hervorgeht, konnte FREUD aber auch längere Zeit schweigen. Die (fraktionierte) Analyse von BLANTON begann allerdings im Jahr 1929, als FREUD im Sprechen schon durch seine Prothese behindert war.

GILL (1982) vermutet, daß sich die psychoanalytische Technik - auch unter dem Einfluß der Publikationen FREUDs - vom Dialog zwischen Psychoanalytiker und Patient zu einem durch den Analytiker kommentierten Monolog des Patienten entwickelte. Auch unter dem Einfluß von EISSLER (1953, 1958) dürfte die Sprechhäufigkeit des Analytikers abgenommen haben. Er stellte es als die ideale Technik der Psychoanalyse dar, daß der Analytiker sich auf Deutungen beschränkt und sonst nicht mit dem Patienten spricht. Dagegen gestand man der Psychotherapie als einer angewandten Form der Psychoanalyse viele andere Interventionsformen zu. Eine Beschreibung möglicher Interventionsformen findet sich zum Beispiel bei DÜHRSSEN (1988). In der von DEWALD (1972) ausführlich publizierten Analyse ist eine der häufigsten Interventionen übrigens: »What's the detail?«, also etwa: »Können Sie dazu noch Genaueres sagen?« Hier fordert der Analytiker die Patienten zur Produktion von weiterem Material auf und nimmt zum Material insofern Stellung, als er zeigt, daß er die Aussage für wichtig hält, zu der er mehr Einzelheiten erfahren möchte.

GILL (1982) postuliert, daß der Analytiker mehr an der Übertragung arbeiten solle. Dabei bezieht er sich allerdings nicht auf empirische Untersuchungen, die eine therapeutische Überlegenheit solchen Vorgehens belegen würden, sondern er weist darauf hin, daß auch schon andere Autoren ein Arbeiten *vorwiegend* an der Übertragung für wichtig gehalten haben; allen voran FREUD, der dies aber nach der Auffassung von GILL noch nicht genug tat.

GILL fordert, daß der Analytiker vor allem die Widerstände gegen das Manifestwerden der Übertragung bearbeiten soll. Nun kann man sich fragen, wovon diese Widerstände abhängen. Schon FREUD (1912a) hat darauf hingewiesen, daß es schwer sei, jemandem Gefühle mitzuteilen, die ihm gelten. Es kommt hier noch hinzu, daß private Gefühle in einer Beziehung auftreten, die einen professionellen Charakter hat. Wenn es Liebesgefühle sind, wird der Patient oder die Patientin damit rechnen müssen, daß die therapeutische Beziehung nicht in eine private überführt werden kann. Sind es aggressive Gefühle, kann der Patient oder die Patientin fürchten, daß der Therapeut die Arbeit mit ihm beendet oder zurückschlägt, auch wenn ihm das seine therapeutische Rolle eigentlich verbietet. Wenn es sich um Liebesgefühle handelt, fürchtet die Patientin, daß der Analytiker in seiner Rolle bleibt oder im Gegenteil aus ihr heraustritt. Letzteres ist besonders bei Patientinnen und Patienten der Fall, die Nähe fürchten und Nähewünsche nur erleben dürfen, wenn Nähe sicher nicht zustande kommt. Wenn es sich um Haßgefühle handelt, fürchten sie ebenfalls, daß der Analytiker aus seiner Rolle heraustritt - wenn nicht äußerlich, so zumindest innerlich, indem er den Patienten oder die Patientin innerlich ablehnt.

An anderer Stelle (KÖNIG 1993a) habe ich darauf hingewiesen, daß ein Sprechen über die Übertragungsgefühle erleichtert werden kann, wenn der Therapeut den Patienten auffordert zu sagen, ob er bestimmte Einstellungen, Gefühle, Handlungsimpulse anderen Menschen gegenüber auch gegenüber dem Analytiker hat. Selbst wenn der Patient das verneint, ist die Beziehung zwischen Patient und Therapeut doch angesprochen, und wenn dann Übertragung tatsächlich deutlich wird, ist es nicht das erste Mal, daß über die Beziehung zwischen Patient und Therapeut gesprochen wird.

Es macht auch einen großen Unterschied, ob der Patient den Analytiker als jemanden erlebt, dem gegenüber er ähnlich empfindet und handeln möchte wie in der Beziehung zu anderen Personen oder ob in der Beziehung zum Analytiker Beziehungswünsche auftauchen, die eine initiale Form haben, die der Patient oder die Patientin als beschämend empfinden kann; ein Punkt, auf den zum Beispiel SANDLER und SANDLER (1983) explizit hingewiesen haben.

Sprechen Analytiker und Patient wenig *miteinander*, wird es leichter sein, über die Beziehung zu sprechen. Die Monologform der Psychoanalyse erleichtert das Ansprechen von Übertragung von seiten des Patienten; wahrscheinlich erleichtert sie auch das Bewußtwerden. Man denkt ja nicht gerne an etwas, über das man Schwierigkeiten hat zu sprechen, wenn man sich in einer Situation befindet, in der die alltagsnahe Struktur des Gesprächs Äußerungen über die Beziehung erschwert.

Vielleicht auch, weil es dem Patienten leichter fällt, über seine Beziehung zum Analytiker zu sprechen, wenn mehr ein Monolog als ein Dialog stattfindet, kommen in manchen Formen von dialogischer Psychotherapie Übertragungen nur ins Gespräch, wenn sie zum Widerstand zu werden scheinen, wie zum Beispiel in der dynamischen Psychotherapie nach DÜHRSSEN (1988). Die analytische Psychotherapie nach LUBORSKY (1988) stellt die Bearbeitung der Übertragung mehr in den Mittelpunkt. Der Analytiker soll im Beziehungsdreieck *Patient/Außenobjekte/Analytiker*, aber auch im Beziehungsdreieck *Patient/gegenwärtige Objekte/frühere wichtige Beziehungspersonen* arbeiten.

Mein eigener Standpunkt ist, daß es von der gesamten Situation der Stunde und vom Stand des therapeutischen Prozesses abhängt, ob der Therapeut Material aufgreifen sollte, das er auf sich beziehen kann, oder ob er jenes Material, das sich auf Objekte außerhalb der therapeutischen Situation bezieht, in diesen Beziehungen bearbeitet. Das gilt übrigens nicht nur für die Einzel-, sondern auch für die Gruppentherapie.

Ein Arbeiten *nur* in der Beziehung zum Therapeuten vernachlässigt die Außenbeziehungen des Patienten und erschwert auch den Transfer des in der analytischen Stunde Erfahrenen und Eingesehenen in das Alltagsleben des Patienten, während ein Arbeiten nur an den Außenobjekten auf wichtige therapeutische Chancen des Erlebens und Bearbeitens im Hier und Jetzt verzichtet. Außerdem kann es leicht sein, daß der Patient Gefühle und Handlungsimpulse aus der Beziehung zum Therapeuten auf Außenobjekte verschiebt, wo sie nicht nur schwerer bearbeitet werden, sondern auch Schaden anrichten können.

Daß sie die Außenbeziehungen stark vernachlässigen, und damit auch die reale Lebenssituation eines Patienten, wird den Psychoanalytikern KLEINianischer Richtung vorgeworfen, auch von GILL (1982). Außerdem arbeiten nach GILL - darin würde ich ihm zustimmen - KLEINianer nicht an der manifest gewordenen, dem Patienten bewußten Übertragung, nachdem sie einen Widerstand gegen das Manifestwerden der Übertragung bearbeitet haben. Sie erschließen Übertragung aus dem vom Patienten vorgebrachten, oft andere Personen benennendem Material und deuten die Übertragung in einer metaphorischen Sprache, mit der sie wohl eine Verbindung zum infantilen Unbewußten (SANDLER und SANDLER 1985) herzustellen hoffen. Wahrscheinlich helfen die Metaphern, Widerstände zu umgehen. Der KLEINianische Analytiker bezieht, soweit man das den Publikationen entnehmen kann, die Wünsche des Patienten nicht auf den Analytiker als eine erwachsene Person in der Beziehung zu einem Erwachsenen, wobei die Wünsche und Handlungsimpulse infantile Quellen haben, sich aber in erwachsener Form äußern, sondern er sieht den Patienten wie einen Säugling und den Analytiker in der Rolle und Funktion der Mutter oder gelegentlich auch des Vaters eines solchen Säuglings. In einer Beziehung zwischen Erwachsenen, aber auch schon in der Beziehung des ödipalen Kindes zur Mutter werden die Brüste nicht in erster Linie, zumindest nicht bewußt, als milchgebend erlebt. Kurz, der Patient wird in einer KLEINianischen Analyse als infantil im Sinne von säuglingshaft gesehen und direkt (allerdings metaphorisch) auf einer infantilen Ebene angesprochen. Das Wort *infantil* bezieht sich auf *infant,* also das ganz kleine Kind, und nicht auf *toddler,* das Kleinkind oder das Kind der ödipalen Entwicklungsphase oder der Latenzzeit. Der Analytiker hält so den späteren Anteil des Erlebens eines Patienten von sich fern. An ihm scheint ihn nur das zu interessieren, was erkennbar aus infantilen Quellen stammt.

Man hat MELANIE KLEINS großen Erfolg auf die Prüderie der Engländer zurückgeführt. Ob daran etwas ist, läßt sich schwer beurteilen. Jedenfalls wird eine Beziehung zwischen Analytiker und Patientin prekärer, wenn die Übertragung vorwiegend aus der ödipalen Entwicklungsphase oder gar aus der späteren Adoleszenz stammt, wenn ein Mädchen prinzipiell zum Geschlechtsverkehr fähig ist. Die Beschäftigung mit nur einem Sektor der psychischen Entwicklung des Patienten unter Vernachlässigung anderer ist sicher ein Mittel, sich nicht so stark auf einer erwachsenen Ebene zu involvieren, auf der ein Handeln nicht wie zwischen einem Erwachsenen und einem Kind, sondern wie zwischen zwei Erwachsenen stattfinden könnte.

In der Rolle eines den Monolog Kommentierenden verwickelt sich der Analytiker weniger leicht in eine Beziehung, die einer Alltagsbeziehung ähnelt. Ein kommentierter Monolog ist von einem Alltagsgespräch sehr verschieden. Er hilft, die therapeutische Situation von einer Alltagssituation abzugrenzen.

Welchen Einfluß hat nun die Charakterstruktur des Analytikers auf die Wünsche, sich mit dem Patienten stärker einzulassen oder aber sich gegen ihn stärker abzugrenzen, also auch darauf, in der Übertragung oder an den Außenobjekten zu arbeiten?

Schizoide Therapeuten sind meist kontaktempfindlich. Zum Teil ist diese Kontaktempfindlichkeit durch eine mangelhafte innere Abgrenzung zwischen dem Selbst und den Objekten bedingt, was Fusionsängste verursacht. Zum Teil ist sie aber auch eine sekundäre Folge dieser Ängste. Wer sich selten auf Beziehungen einläßt, weil er fürchtet, der andere könne diffus in ihn eindringen oder er selbst könne sich aus einer Beziehung schwer wieder lösen und seine Grenzen schwer wieder herstellen, der erwirbt wenig Erfahrung in der Dosierung von Nähe und Distanz. Zwischen Nähe und Distanz kann er sich nicht so frei hin und her bewegen wie jemand, der gelernt hat, wie man das macht. Das Ritual der Psychoanalyse etabliert eine Interaktionsstruktur, die sich von der alltäglichen unterscheidet, in die man aber doch Alltagserfahrungen mit hineinnehmen kann, wenn man über solche Erfahrungen verfügt. Im allgemeinen erleichtern es die psychoanalytischen Rituale dem *schizoiden Therapeuten*, die Beziehung zu seinen Patienten auszuhalten. Soweit die psychoanalytischen Verhaltensregeln aber Freiräume lassen, wird sie der schizoide Analytiker häufiger im Sinne der Distanzierung nutzen, seltener im Sinne eines aktiven Herstellens von Nähe. Nähe ist für ihn dann am besten zu ertragen, wenn er das Gefühl hat, mit dem Patienten auf gleicher Wellenlänge zu liegen. Wenn man sich sehr ähnlich ist, macht es auch weniger Angst, wenn man ineinander überfließt. Schizoide Therapeuten neigen sicher mehr zum kommentierten Monolog.

Im Gegenübersitzen, wo ein Schweigen des Therapeuten unnatürlicher wirken würde, selbst ein Schweigen im Sinne des wortlosen Sich-Verstehens, nutzt der schizoide Therapeut die Aktivität, die ihm das Setting nahelegt, dazu, die Situation so zu strukturieren, daß sie ihn nicht überfordert. Der Therapeut kommentiert dann häufiger, aber er kommentiert immer noch. Übertragungen erlebt er im klassischen wie im nichtklassischen

Setting so, als ob sie nur in einer Verkennung bestünden und er mit seinem Aussehen und Verhalten in der therapeutischen Situation keine Übertragungsauslöser liefern würde. Im Sinne von FLIESS (1953) sieht er sich als »Kleiderpuppe der Übertragung«.

Seit die Rolle der Übertragungsauslöser und des adaptiven Kontextes der Übertragung (LANGS 1976, 1978) zunehmend betont wird (s. auch GILL 1982, KÖNIG 1976, 1991; KÖNIG und LINDNER 1991, THOMÄ und KÄCHELE 1986), kann sich ein schizoider Analytiker nicht mehr naiv darauf berufen, gute Technik betreibe, wer möglichst unpersönlich, eben wie ein Spiegel erscheint. EZRIEL soll einmal erzählt haben, Patienten einer therapeutischen Gruppe hätten nach neun Jahren Therapie gesagt, alle hätten sich verändert, nur nicht der Therapeut. Dazu merkte EZRIEL an: »That's good technique.« Heute würde ein Analytiker auf eine solche Äußerung seiner Patienten hin wohl eher nachdenklich werden und nicht unbekümmert von guter Technik sprechen.

Depressive Therapeuten werden die Freiräume, die ihnen die analytischen Verhaltensregeln lassen, mehr in Richtung Nähe nutzen. Sie meinen, daß vor allem die Beziehung heilt. Auch weil sie im Unterschied zu den narzißtischen Therapeuten ihr Beziehungsangebot häufig für insuffizient halten, müssen sie viel Nähe anbieten. Ohne es sich einzugestehen, erfüllen sie sich so auch eigene Nähewünsche. Viel weniger als schizoide Analytiker und weniger als der Durchschnitt der Analytiker überlassen sie den Patienten einem Monolog. Wenn sie es tun, begleiten sie ihn mit häufigen nonverbalen Signalen, die ein Fortdauern der Beziehung signalisieren sollen. Sie vermitteln dem Patienten, daß der Analytiker ihn »hält«, wenn er auch nicht mit ihm spricht.

Zwanghafte Therapeuten richten sich nach den Regeln ihrer Schule. Bewußt versuchen manche, entweder gute Schüler ihrer Lehrer zu sein, das gilt für zwanghafte Analytiker vom gefügigen Typ. Zwanghafte Analytiker vom rebellischen Typ machen es gerade anders als ihre Lehrer; sie richten sich auf diese Weise nach ihnen. Wenn man immer bei Rot über die Ampel fährt statt bei Grün, heißt das ja nicht, daß man sich nicht nach der Ampel richtet. Allerdings suchen sie in ihrer Rebellion Vorbilder, hinter deren Autorität sie sich verstecken können. Da in der psychoanalytischen Literatur gerade bezüglich der Technik oft die unterschiedlichsten Standpunkte vertreten werden, finden sie solche Autoritäten meistens; wenn nicht, kann es sein, daß sie sich einem nichtanalytischen Verfahren zuwenden oder einer Anwendung der Psychoanalyse, die der Lehrer, den sie für ihren hauptsächlichen halten, gerade *nicht* praktiziert. Hier wie vielfach auch sonst in der Psychotherapie gilt, daß persönlich motivierte Indikationen für ein bestimmtes therapeutisches Vorgehen oft mit scheinobjektiven Argumenten rationalisiert werden.

Zwanghafte Therapeuten passen ihre Interventionstechnik den Patienten wenig an. Sie suchen Patienten für die von ihnen praktizierte Variante einer Methode, statt die Variationsmöglichkeiten einer Methode zu nutzen, um das therapeutische Vorgehen dem Patienten anzupassen. Wenn ein Patient dann doch nicht zur Methode paßt, hat er Pech gehabt. Einen Irrtum in der Indikation wird sich ein zwanghafter Analytiker schwer eingestehen. So kommt es oft zu lange ausgedehnten, unfruchtbaren Therapien.

In den Interaktionen mit dem Patienten haben zwanghafte Therapeuten oft etwas Oberlehrerhaftes, was dem Patienten gefallen kann oder nicht. Da zwanghafte Analytiker sich stark kontrollieren, wissen ihre Patienten über sie als Person weniger als über Therapeuten anderer Struktur, außer eben, daß sie sich kontrollieren, was Patienten einem Erfordernis der psychoanalytischen Therapeutenrolle zuschreiben können, ebenso wie diese Analytiker selbst es tun. Wenden zwanghafte Analytiker ein therapeutisches Verfahren an, das ein »antwortendes« Verhalten des Therapeuten im Sinne eines Verbalisierens der Gegenübertragung verlangt, verhalten sie sich »zwanghaft spontan«, was dann oft gekünstelt und manchmal peinlich wirkt.

Phobische Analytiker lassen ihre Patienten oft deshalb monologisieren, weil ihnen die Rolle des Kommentierenden, der den Aussagen des Patienten nachfolgt, besonders liegt; voranzugehen ist nicht ihre Sache, auch nicht mit Deutungen, die über das dem Patienten Bekannte hinausgreifen. Sie beschränken sich deshalb oft auf vorsichtiges Konfrontieren und auf Klarifizieren. Dem Patienten soll das, was er schon gesagt hat, klarer werden. Etwas Neues vorzubringen, scheuen sie sich. Den Dialog vermeiden sie auch deshalb, weil es in dem Dialog weniger klar ist als in einem kommentierten Monolog, wer vorangeht und wer nachfolgt.

Hysterische Therapeuten streben den Dialog an. Da sie in der Phantasie gern in verschiedene Rollen schlüpfen und oft auch zum Rollenspiel neigen, macht die Übertragung des Patienten ihnen Spaß. Im Umgang mit den Patienten gleichen sie Theaterschauspielern, die gern verschiedene Rollen spielen. Hysterische Therapeuten vom phallischen Typ spielen sich selbst, wie Filmschauspieler das meist tun. Solche Therapeuten können durch negativ getönte Zuschreibungen in ihrem phallischen Selbstbewußtsein gekränkt werden. Entsprechendes gilt für phallische Therapeutinnen.

Obwohl hysterische Therapeuten Übertragung meist begrüßen, weil sie ihrer Tendenz zur Rollenübernahme entgegenkommt, interessieren sie sich auch für die Bezugspersonen ihrer Patienten und da besonders für Personen, mit denen ihre Patientinnen und Patienten sexuelle Beziehungen haben oder mit denen sie in Konkurrenz stehen. Ob dieses Interesse die Selektion des zu bearbeitenden Materials beeinflußt oder ob das Interesse »platonisch« auch im Sinne der analytischen Abstinenz bleibt, hängt unter anderem auch von der Bearbeitung von Sexualneugier und von Konkurrenzproblemen in der eigenen Lehranalyse ab. Ein ausgewogenes Interesse für Sexualität zu entwickeln, wie die meisten Mischstrukturen es von vornherein aufweisen oder in der Lehranalyse relativ leicht erreichen können, fällt dem hysterischen Analytiker schwer. Die Sexualneugier der hysterischen Analytiker wurde in der Kindheit meist durch betont prüdes oder betont freizügiges Verhalten der Eltern eingeschränkt. Das betont prüde Verhalten von Eltern belegte die Sexualneugier mit Verboten, das betont freizügige Verhalten aktivierte eigene tabuisierend-begrenzende Tendenzen des Kindes.

Wenn man nun Therapeuten fragt, warum sie sich in ihren Therapien so und nicht anders verhalten, wird man meist rationale Begründungen hören, die mit den Eigentümlichkeiten der eigenen Persönlichkeitsstruktur nichts zu tun haben. Diese rationalen, allgemeintheoretischen Begründungen können *auch* zutreffen. Eine vollständige Begründung der Wahl eines bestimmten technischen Vorgehens finde ich aber nur dann überzeugend, wenn sie auch auf die Präferenzen Bezug nimmt, die sich aus der jeweiligen Persönlichkeitsstruktur des Analytikers, natürlich auch aus seiner Biographie und aus seiner aktuellen Lebens- und Beziehungssituation ergeben.

Frequenz und Dauer einer Therapie

Die Krankenkassen finanzieren nicht Psychoanalysen im Sinne des Idealmodells von EISSLER (1953, 1958), sondern Therapien, die nicht ihrem Wesen nach ein Forschungsunternehmen darstellen, bei dem der therapeutische Gewinn wie von selbst als Nebenprodukt abfällt, sondern Therapien sind, bei denen sich der Therapeut aktiv um die Anwendung des Erkannten kümmert und die therapeutische Aufgabe nie aus den Augen verliert.

Dieser überwiegend oder ausschließlich therapeutischen Orientierung haben die Analysen der Neopsychoanalytiker lange Zeit am ehesten entsprochen. In der Neopsychoanalyse SCHULTZ-HENCKES ging es ja vor allem auch um die *Folgeerscheinungen* des Einsatzes von Abwehrmechanismen. Man arbeitete viel an Ersatzbefriedigungen und am sekundären Krankheitsgewinn. Regression wurde wenig gefördert, eine Übertragungsneurose wurde nicht als nützlich angesehen. Der wenig regredierte Patient sollte am Beispiel seines erwachsenen Umgangs mit dem Analytiker erkennen, wie er sich Menschen gegenüber verhält. Die Rekonstituierung infantiler Objekte durch Regression und deren Veränderung durch Bearbeiten im Zustand der Regression wurde nicht angestrebt.

Die Untersuchungen von DÜHRSSEN (1953, 1962), auf denen die Kostenübernahme durch die Krankenkassen seinerzeit basierte, bezogen sich auf Analysen mit in der Regel nicht mehr als 160 Stunden, und 160 Stunden wurden tatsächlich auch als Standard in die Richtlinien der kassenfinanzierten Therapie aufgenommen. Bekanntlich ist dann noch eine weitere Kostenübernahme bis 240 Therapiestunden möglich, in Ausnahmefällen bis 300 oder mehr.

Von seiten der Mitglieder der Deutschen Psychoanalytischen Vereinigung, die sich stark nach den von der Internationalen Psychoanalytischen Vereinigung vorgegebenen quantifizierenden Aussagen richtet, wurden 160, 240 und auch 300 Stunden, zumindest im Bereich der Ausbildung immer als zu wenig angesehen, weshalb Verträge bezüglich einer Weiterfinanzierung durch den Patienten selbst geschlossen wurden. Das ist aber rechtlich problematisch. Der Therapeut muß seinen Patienten an sich ja ein Verfahren anbieten, das bei Finanzierung durch seine Krankenkasse einen ausreichenden Erfolg gewährleistet. Gewährleistet das anzuwendende Verfahren einen solchen Erfolg nicht, darf es nicht angewandt werden; es sei denn, es sei nachgewiesen, daß kein anderes therapeutisches Verfahren einen ausreichenden Behandlungserfolg gewährleistet.

Von Mitgliedern der Deutschen Psychoanalytischen Vereinigung (DPV) (KUTTER 1977, HOFFMANN 1983, 1991) wurden abkürzende Formen der Psychoanalyse entwickelt.

Mitglieder der Deutschen Psychoanalytischen Gesellschaft (DPG), die zunehmend den Anschluß an die Mainstream-Psychoanalyse suchten, übernahmen damit auch die Mainstream-Behandlungstechnik und sahen sich mit der Tatsache konfrontiert, daß diese Technik eine höhere Frequenz als die zwei Wochenstunden voraussetzt, die bei Analysen mit neopsychoanalytischer Technik häufig waren. In der DPG gibt es derzeit Auseinandersetzungen darüber, ob das Standardverfahren mit maximal drei Wochenstunden praktiziert werden sollte oder mit mehr. Für Letzteres sprechen Berichte und Behauptungen aus der IPV, für das Erstere sprechen die Erfahrungen vieler Mitglieder der DPG und die Erfahrungen der französischen Psychoanalytiker, die, auch in Lehranalysen, in der Regel mit drei Wochenstunden auskommen. Sicher scheint zu sein, daß sich ein Analytiker mit vier Wochenstunden bei vielen Patienten leichter tut.

Empirische Untersuchungen zu den Auswirkungen der Stundenfrequenz auf den Behandlungserfolg fehlen noch. Sie sind methodisch schon deshalb schwierig, weil sich mit der Stundenfrequenz nicht nur das Verhalten des Patienten in der Therapie ändert, sondern auch das Verhalten des Therapeuten, der Therapeut paßt sein Verhalten den Verhältnissen an. Das Menninger-Projekt (WALLERSTEIN 1986) gibt Hinweise darauf, daß hochfrequente Psychoanalysen bei Patienten mit einem erheblich ich-strukturellen Störungsanteil weniger günstig sind als niederfrequente psychoanalytisch orientierte Therapien mit einer höheren supportiven Komponente. Meines Erachtens können diese Ergebnisse aber nicht gegen die Anwendung hochfrequenter Psychoanalysen bei ich-strukturell weniger gestörten Patienten verwendet werden.

Natürlich paßt eine Erhöhung der Stundenkontingente zur Zeit nicht in die gesundheitspolitische Landschaft. Bei allen Diskussionen mit Kostenträgern muß auch bedacht werden, daß eine durch Erhöhung der Stundenfrequenz verstärkte Regression in der Regel mehr Zeit zum Durcharbeiten der regressiven Beziehungsformen erfordert, als wenn am Gegenwartsunbewußten (SANDLER und SANDLER 1983) oder an den abgeleiteten Konflikten (GILL 1954) gearbeitet würde. Zu einer Kostensteigerung kommt es bei hochfrequenten Analysen also aus zwei Gründen: mehr Stunden pro Woche kosten mehr Geld, und die Analyse verlängert sich insgesamt. Freilich ist auch das nicht empirisch-statistisch nachgewiesen.

Analytiker der DPG stehen vor der Entscheidung, ob sie generell oder bei einzelnen Patienten mit vier Wochenstunden arbeiten wollen, wie dies im Rahmen des international (mit Ausnahme von Frankreich) praktizierten Standardverfahrens empfohlen wird, und dann auf Kostendeckungsschwierigkeiten stoßen oder ob sie das Standardverfahren weiter mit maximal drei Wochenstunden praktizieren wollen. Die Lage der DPV ist deshalb schwieriger als die Lage der DPG, weil sie mehr Herren dienen muß: nicht nur den Patienten und dem deutschen Berufsverband, sondern auch der IPV, die auf ihre Mitgliederverbände einen starken Druck in Richtung einer höheren Stundenfrequenz ausübt (z.B. SANDLER 1992).

Es wäre zu wünschen, daß alle Psychoanalytiker lernen, mit verschiedenen Behandlungsfrequenzen (für eine Psychoanalyse von zwei bis vier Stunden pro Woche) umzugehen und daß auch die Kostenübernahme in den seltenen Fällen gesichert wäre, wo eine Vierstundenanalyse indiziert ist (KÖNIG 1991). Auf eine ähnliche Position scheinen sich DPG und DPV hinzubewegen.

Auf dem Hintergrund grundsätzlicher Entscheidungen muß es dann natürlich zu Entscheidungen im Einzelfall kommen. Je nachdem, ob eine Fortführung der Analyse nur der Persönlichkeitsentwicklung des Patienten dienen würde oder ob noch Symptome bestehen; ob ein auch in Zukunft stabiles Ergebnis angezielt wird oder nur eine Auflösung der zur Zeit vorhandenen Symptome, wird man eine Analyse kürzer oder länger machen.

Eine Analyse, die ein für allemal ausreicht, wird seitens der Fachgesellschaften mit der Lehranalyse angestrebt; sie beziehen da eine andere Position als FREUD (1937), der kürzere, aber in Abständen von etwa 5 Jahren wiederholte Analysen empfahl. Was die Stabilität des Ergebnisses anbelangt, muß man die durch den Beruf bedingten interpersonellen Belastungen eines Analysanden berücksichtigen. Daraus ergibt sich, daß man die Analyse bei einem Lehrer oder Sozialarbeiter oft länger fortführen muß als bei einem Bauzeichner oder Ingenieur.

Die weitere Entwicklung der Lehranalysen ist schwer einzuschätzen. Ich halte es für gut, wenn eine Lehranalyse nicht viel mehr als 500 Stunden dauert und in gewissen Abständen durch Selbsterfahrung in Gruppen ergänzt wird. FREUD (1937) hat mit Recht darauf hingewiesen, daß nicht alle Übertragungsmöglichkeiten in einem bestimmten Lebensabschnitt aktivierbar sind.

Es wäre natürlich absurd, allen Menschen analytische Selbsterfahrungsgruppen zu empfehlen, damit die Belastungen einer normalen Biographie bewältigt werden können. Bei einem Psychoanalytiker liegen die Verhältnisse aber anders. Er ist einer Konfliktmobilisierung nicht nur durch seine eigenen Lebensumstände ausgesetzt, sondern auch durch die Patienten, mit denen er arbeitet, und dieser kombinierten Belastung wird er nicht immer gewachsen sein. Ein Psychoanalytiker muß dauernd psychisch rezeptiv bleiben, er kann sich nicht gegenüber Konflikten abschotten, die Patienten in sein Analysezimmer bringen, wie der Durchschnittsmensch das schon einmal mit den Konflikten tun kann, die sich im Rahmen einer normalen Biographie ergeben. Da der Analytiker im Behandlungszimmer und außerhalb des Behandlungszimmers derselbe Mensch ist, hindert ihn die Beschäftigung mit ähnlichen Konflikten des Patienten daran, seine eigenen Konflikte im Privatleben beiseite zu schieben, bis er vielleicht besser in der Lage ist, sie anzugehen; oder ein Ausblenden und Verdrängen seiner privaten Konflikte macht ihn blind gegenüber Konflikten seiner Patienten.

Bei jeder Therapie geht es auch darum, die Ich-Regression im Auge zu behalten und wenn nötig zu begrenzen, was bei ichstrukturell gestörten Patienten schwieriger ist als bei neurotischen Patienten. Bei einer hohen Frequenz, die im allgemeinen regressionsfördernd wirkt, kann es schwierig werden, die Triebregression therapeutisch zu nutzen. Die Psychoanalyse lebt davon, daß ein Erwachsener, dem die Ich-Funktionen eines Erwachsenen ständig, oder doch zumindest im Laufe der Therapie immer wieder, zur Verfügung stehen, eigenes regressives Erleben und Handeln reflektiert, das er dann als kindhaft erkennt. Patienten mit einer ich-strukturellen Störung befinden sich aber infolge eines Entwicklungsrückstandes in einem Stadium der Entwicklung, in das Patienten ohne einen solchen Störungsanteil erst unter massiven regressionsfördernden Einflüssen geraten. Werden entwicklungsgestörte Patienten solchen Einflüssen ausgesetzt, kommt es leicht zu einer Dekompensation des Ich, die schwer reversibel sein kann.

Da die Regression des Patienten nicht nur von der Stundenfrequenz abhängt, sondern auch von der Art und Häufigkeit der Interventionen des Therapeuten, ist es andererseits aber möglich, daß ein Patient in einer Vier- oder Fünf-Stunden-Analyse weniger regrediert als in einer Zwei- oder Drei-Stunden-Analyse bei einem Therapeuten, der sich regressionsfördernder verhält. In Großbritannien scheint man Psychoanalysen vorwiegend mit fünf Wochenstunden durchzuführen, in Frankreich mit drei. Insgesamt kann man sagen, daß die meisten *Patientenbehandlungen* in Deutschland sowohl von Kolleginnen und Kollegen der DPG wie auch von Kolleginnen und Kollegen der DPV mit zwei oder drei Wochenstunden durchgeführt werden. In England bezeichnet man Analysen mit drei Wochenstunden als Psychotherapie und nicht als *rite* Psychoanalyse. Über das Zahlenverhältnis von Patienten, die mit »Psychotherapie« oder »Psychoanalyse« dort behandelt werden, ist mir nichts Verläßliches bekannt.

In Deutschland scheint sich in den letzten Jahren, unter dem Einfluß der MELANIE-KLEINschen Schule, eine Tendenz zu verstärken, auch ich-strukturell gestörte Patienten hochfrequent zu behandeln. Argumentiert wird hier unter anderem mit der Notwendigkeit, daß ohne ein Angebot häufiger Therapeutenkontakte bei Patienten mit mangelnder Objektkonstanz, also Patienten, die eine innere Verbindung zum Therapeuten in dessen Abwesenheit schwer aufrechterhalten können, ein kontinuierlicher analytischer Prozeß schwer in Gang zu bringen sei. Dem stehen allerdings Beobachtungen anderer Analytiker gegenüber, die zeigen, daß dies auch mit drei Wochenstunden möglich ist.

Im folgenden will ich meine Empfehlungen zur Festlegung einer basalen Stundenfrequenz darlegen und mich dann auf *Veränderungen* der Stundenfrequenz konzentrieren. Dabei ist zu berücksichtigen, daß die Kosten für Analysen mit vier Wochenstunden von den AOK und Ersatzkassen zur Zeit nicht übernommen werden.

Bei der Festlegung der basalen Stundenfrequenz sind die Ausbildung und die beruflichen Erfahrungen des Therapeuten zu berücksichtigen. Ein Therapeut der gewohnt ist, mit vier Stunden zu behandeln, wird sich in einer Vier-Stunden-Therapie sicherer fühlen als in einer dreistündigen. Umgekehrt berichten Therapeuten, die mit drei Wochenstunden ausgebildet wurden, daß sie mit vier Wochenstunden keine großen Schwierigkeiten haben; die Arbeit werde sogar leichter und kontinuierlicher. Die Patienten wagten mehr ins Bewußtsein zuzulassen und mitzuteilen, wenn sie damit rechnen, am nächsten Tag schon wieder eine Stunde zu haben; eine Beobachtung, die man auch machen kann, wenn bei einer Drei-Stunden-Analyse zum Beispiel die erste Stunde an einem Montag, die zweite und dritte am Mittwoch und am Donnerstag stattfindet. Mit dem regresssionsfördernden Einfluß der vierten Stunde können Therapeuten, die das Behandeln mit drei Stunden erlernt haben, leicht umgehen. Die Therapeuten, mit denen ich gesprochen habe, nahmen allerdings *keine ich-strukturell gestörten Patienten* in eine vierstündige Behandlung.

Auch die Erwartungen der Patienten sind zu berücksichtigen. Manche Patienten erwarten, daß der Therapeut sie einmal die Woche sieht, andere erwarten, daß er sie drei- oder viermal sieht - das hängt mit den Vorinformationen zusammen, aber auch mit einem Wunsch nach Nähe oder mit Angst davor, auch mit der Vorstellung »viel hilft viel« oder aber »viel macht abhängig«.

Soll bei einer Charakterneurose die Regression dazu dienen, daß sich die Objekte, die in den Charakter integriert sind, wieder aus der Persönlichkeitsstruktur lösen und für sich in der therapeutischen Beziehung wirksam werden, spricht das für eine höhere Frequenz. Ist die Charakterstruktur labil, und erweckt der Patient den Eindruck, daß er schon zu Beginn der Behandlung weniger aus seiner Charakterstruktur als aus seinen Übertragungen heraus erlebt und handelt, wird man auf eine höhere Frequenz verzichten.

Was bei dem einen Patienten erwünscht ist, kann beim anderen schaden. Ein Patient mit labiler Ich-Struktur wird während einer hochfrequenten Therapie in der Beziehung zum Therapeuten und auch außerhalb vielleicht zu sehr oder fast nur noch von Übertragungen bestimmt und nicht von den Weiterverarbeitungen der infantilen Beziehungsformen, die immer auch unter adaptiven Aspekten entstanden sind. Die Therapie hat nicht das Ziel, einen Charakter aufzulösen, sondern das Ziel, ihn umzuformen, wobei dieser Umbau nicht »im Hafen«, »auf Dock« stattfindet, sondern während das Schiff fährt und unter Umständen auch mit einem Unwetter fertigwerden muß. Sie will adaptivere Lösungen finden, nicht indem sie sozusagen ganz von vorne wieder anfängt, nachdem alles bisherige aufgelöst ist, sondern eben durch Umbau. Insofern ist der BALINTsche (1970) Terminus »Neubeginn« irreführend, wenn man ihn aus dem Zusammenhang gerissen benutzt. Die Patientin BALINTS, die »plötzlich« einen Purzelbaum schlagen konnte, tat das wohl erst aufgrund der vorangegangenen therapeutischen Arbeit.

Ich halte es für sinnvoll, mit dem Patienten vor Beginn einer Behandlung zu besprechen, daß sich während der Therapie eine Erhöhung oder eine Verminderung der Stundenfrequenz als zweckmäßig herausstellen kann - auch um vorab zu klären, welche äußeren Faktoren sich zum Beispiel einer Erhöhung der Stundenfrequenz entgegenstellen könnten (lange Wege des Patienten, Schwierigkeiten bei der Terminfindung und ähnliches).

Nach meinen Erfahrungen, auch in der Supervision, sind Wünsche nach einer Verminderung der Stundenfrequenz häufiger durch einen Widerstand bedingt als Wünsche nach einer Erhöhung der Stundenfrequenz. Im letzteren Fall ist ein Widerstand leicht zu erkennen, etwa dann, wenn der Patient sich von den Objekten außerhalb des therapeutischen Feldes zurückziehen und sich ganz auf den Therapeuten konzentrieren möchte. Das mag zeitweise günstig sein, vor allem wenn es darum geht, eine bestimmte Pathologie in der Dyade zu bearbeiten. Es besteht dann aber immer auch die Gefahr, daß der Patient aus der Beziehung zum Therapeuten zu den Objekten außerhalb des therapeutischen Settings nicht wieder zurückfindet.

Daß ein Patient es schlecht ohne den Therapeuten aushält, ist im allgemeinen noch keine Indikation für eine Erhöhung der Stundenfrequenz. Eine Indikation ist es eher, wenn der Patient den Eindruck hat, gut voranzukommen und noch besser vorankommen möchte.

Ein Wunsch nach Verminderung der Stundenfrequenz rührt oft daher, daß dem Patienten etwas zu nahe geht, was die verschiedensten Konflikte mobilisieren kann, daß die Geschwindigkeit des therapeutischen Prozesses das Ich in der Verarbeitung des bewußt Gewordenen überfordert oder daß der Patient Veränderungen in seinem interpersonellen Feld fürchtet, die sich aus der Therapie ergeben könnten.

Derartige Befürchtungen sind ernstzunehmen. *Ihnen kann aber meist besser durch eine Veränderung der Technik als durch eine Veränderung der Stundenfrequenz entsprochen werden* - zum Beispiel indem der Therapeut seine Aufmerksamkeit mehr als vorher den Außenobjekten zuwendet und sie in seinen Interventionen berücksichtigt. Das gilt im übrigen für fast alle Motive eines Patienten, die Stundenfrequenz zu verändern, außer, wie gesagt, für das Motiv, einen gut laufenden therapeutischen Prozeß noch zu intensivieren.

Ist man sich in der Beurteilung der Ich-Struktur unsicher, kann es sich empfehlen, mit zwei Wochenstunden anzufangen, vielleicht auch im Sitzen, um die Frequenz später zu erhöhen, wenn ein therapeutischer Prozeß in Gang gekommen ist, der Patient Vertrauen zum Therapeuten gefaßt hat und über seine Regressionstoleranz mehr Klarheit gewonnen wurde.

Gegen Ende einer Therapie wird man die Frequenz dann vermindern, wenn es überwiegend noch um Durcharbeiten und um das Bearbeiten der Ablösung vom Therapeuten geht. Für viele Patienten ist es nützlich, wenn sie in größeren Zeitabständen als bisher sich selbst überlassen bleiben und die erworbenen selbstanalytischen Funktionen üben können. Befindet sich ein Analysand gegen Ende der Therapie im Stadium der »Adoleszenz«, in der man auch realiter mehr Zeit mit Gleichaltrigen verbringt als mit den Eltern, kann entsprechend auch die Ablösung besser bei einer niedrigen Frequenz bearbeitet werden. Aktiviert die bevorstehende Trennung dagegen Regression - das ist zum Beispiel bei vielen depressiven Patienten der Fall -, mag es nötig sein, die Frequenz beizubehalten, weil eine Verselbständigung des Patienten noch nicht möglich ist, solange Trennung auf der Ebene der oralen Objektbeziehung nicht bearbeitet wurde. Mehr als bei anderen Strukturen wird bei Depressiven gerade in der Ablösungsphase oft noch wichtige *grundlegende* Arbeit geleistet. Ganz gegen Schluß kann es sich aber auch hier als zweckmäßig erweisen, die Frequenz zu verringern, ehe die Therapie ganz beendet wird. Es kann sonst sein, daß es dem Patienten gelingt, die Trennung zu leugnen. Er weiß kognitiv, daß die Therapie zu Ende gehen wird, akzeptiert es aber nicht emotional. Hier kann es zu einer Kollusion mit einem depressiven Therapeuten kommen, der Abschiede auch schwer aushalten kann und sich am Ende lieber losreißt als sich allmählich zu trennen..

Ein besonderes Problem stellt der *Übergang* von einer einstündigen *Psychotherapie* zu einer zwei- bis dreistündigen oder noch höherfrequenten *Psychoanalyse* dar. KERNBERG (1979) hält das für schwierig. Sicher mit Recht und zwar wohl auch vor allem deshalb, weil das Therapeutenverhalten während einer einstündigen Psychotherapie oft doch erheblich anders ist als während einer höherfrequenten Psychoanalyse. KERNBERG nimmt wohl an, daß ein abstinenteres Verhalten in einer Psychoanalyse für den Patienten in der Regel schwerer zu ertragen ist als wenn der Übergang vom abstinenten zu einem weniger abstinenten Verfahren erfolgt, das durch seine stützenden Elemente dem Patienten auch mehr unmittelbare Gratifikation bietet. Daß die Übertragungsentwicklung durch die Informationen behindert wird, die ein wenig abstinenter Therapeut über seine Person gibt, scheint mir eine geringere Rolle zu spielen. Die meisten Patienten merken sehr wohl, daß auch der weniger abstinente Therapeut sich in einer therapeutischen Rolle verhält und nicht als Privatperson. Die Asymmetrie der therapeutischen Beziehung ist in der Psychotherapie zwar geringer, aber sie ist doch gegenwärtig; in der Psychoanalyse wird sie nur verstärkt.

In diesem Zusammenhang erscheint es mir besonders wichtig, daß der Patient während der Psychotherapie ein Bild vom Therapeuten internalisiert, das in der späteren Psychoanalyse in den Hintergrund tritt, aber vorhanden bleibt - das Bild eines Therapeuten, der um das Wohl seines Patienten bemüht und besorgt ist. Auf diese Objektvorstellung kann der Patient dann in der Psychoanalyse zurückgreifen, wenn er Objekte auf den Analytiker überträgt, die ihn in der Vergangenheit mehr frustriert haben als der Therapeut während der Psychotherapie. In diesem Zusammenhang sollte man sich auch klarmachen, daß der Therapeut während einer Psychoanalyse bei einem Patienten, den er vorher in Psychotherapie hatte, etwas wegnimmt, nämlich einen Großteil der supportiven Elemente des therapeutischen Verhaltens, aber gleichzeitig etwas gibt, nämlich mehr Kontaktzeit zwischen sich und dem Patienten.

Trotz alledem ist der Übergang von einer Psychotherapie in eine Psychoanalyse ein technisch schwieriges Unterfangen, das Anfänger am besten nicht unternehmen sollten. Probleme ergeben sich allerdings dann, wenn zum Beispiel ein Ausbildungskandidat in einer Psychotherapie mit einem Patienten so weit gekommen ist, daß dieser das Angebot einer Psychoanalyse nutzen kann und man ihn benachteiligen würde, wenn man ihm ein solches Angebot vorhielte, der Patient einem Therapeutenwechsel aber nicht zustimmen mag - vor allem dann, wenn er weiß, daß sein Therapeut auch Psychoanalysen durchführt. In solchen Fällen wird es Aufgabe des Kontrollanalytikers sein, mit zu entscheiden, ob ein Therapeutenwechsel dennoch angestrebt werden soll oder ob es für den Patienten besser ist, den Übergang zu wagen. Man wird dann für die Übergangszeit eine engmaschigere Supervision anbieten müssen. Im übrigen kann man sich natürlich auf den Standpunkt stellen, daß ein Ausbildungskandidat einen solchen schwierigen Übergang einmal erlebt haben sollte, ehe er nach Beendigung der Ausbildung sich selbst überlassen bleibt; sonst mag es sich empfehlen, daß ein junger Analytiker auch nach Beendigung seiner Ausbildung für die Entscheidung, einen solchen Übergang zu wagen, und für die erste Übergangsphase Supervision in Anspruch nimmt.

Die ersten Stunden einer Langzeitanalyse

Schweigt der Patient zu Beginn der ersten Stunde, ist man mit der Entscheidung konfrontiert, wie lang man das Schweigen anhalten lassen will. In der Regel sollte es in dieser Phase kürzer sein als später, wenn der Patient mit der Situation und seiner Rolle vertrauter geworden ist. Man muß auch entscheiden, wie häufig man in der ersten Stunde interveniert. Eine antizipierende Grundentscheidung zu dieser Frage ergibt sich meist schon aus den Anamnesegesprächen.

In der Anfangsphase der Analyse ist die wichtigste Entscheidung wahrscheinlich, wann man die Übertragung ansprechen soll. Dazu gibt es sehr unterschiedliche Meinungen. Die einen meinen, daß man 20 oder 30 Stunden damit warten und vorher nur konfrontieren und klarifizieren soll. Andere, zum Beispiel GILL (1982), sind der Meinung, daß man die Übertragung bald ansprechen soll. Während ich früher eher für das Abwarten war, neige ich jetzt mehr zu der Meinung, daß über die Beziehung zum Therapeuten schon bald gesprochen werden sollte, auch um den Patienten daran zu gewöhnen, daß es in der Analyse sehr wesentlich um die Beziehung zum Therapeuten geht. Das heißt noch nicht, daß die Übertragung gedeutet werden muß. Ich begnüge mich oft damit, zu fragen, ob und wie denn Gefühle,

Phantasien, Handlungsimpulse, von denen der Patient in bezug auf Personen außerhalb der Analyse berichtet, auch auf mich zutreffen könnten. Damit ist noch nicht behauptet, daß der Patient eine Übertragung auf mich auf andere Personen verschiebt. Es könnte immerhin sein, daß er sich mir gegenüber aus dem gleichen Grund so verhält wie anderen Menschen gegenüber, weil sowohl die anderen Menschen wie auch ich selbst ihn an frühere Bezugspersonen erinnern. Hier ist es nützlich, sich das berühmte Storchenbeispiel vor Augen zu halten: Im Elsaß werden die meisten Kinder dort geboren, wo sich auch Störche aufhalten. Das kann man nun als Hinweis darauf nehmen, daß Störche die Kinder bringen. Man kann es sich aber auch so erklären, daß Störche lieber in Dörfern nisten als in der Stadt und daß die Geburtenzahl auf dem Lande weltweit höher ist als in den Städten. Auf die Störche wirkt »Dorf« begünstigend ein, und begünstigend wirkt es auch auf die Geburtenzahl.

In den Erstinterview- und Anamnesestunden, spätestens aber während der ersten Stunden der Analyse entscheidet sich meist, welches Objekt oder welcher Selbstanteil vom Patienten übertragen beziehungsweise externalisiert wird. Davon hängt auch ab, wie sich die Arbeitsbeziehung entwickelt, jener Anteil der Beziehung zwischen Patient und Therapeut, den GREENSON (1967) als übertragungsfrei oder auf einer milden positiven Übertragung basierend gedacht hat, der aber immer nur jenen (relativ) übertragungsfreien Raum für sich in Anspruch nehmen kann, den die Übertragung oder die Externalisierung eines Selbstanteils des Patienten freiläßt.

Tatsächlich motiviert die Übertragung des Patienten seine Arbeitsbeziehung in mannigfacher Weise. Es gibt auch außerhalb der therapeutischen Situation viele Motive, die jemanden veranlassen können zu arbeiten: Funktionslust, ökonomische Notwendigkeiten (was wohl in etwa dem Leidensdruck in einer Therapie entsprechen könnte), der Wunsch, Macht oder Geltung zu bekommen. Am Arbeitsplatz gibt es Beziehungen zu Vorgesetzten, Kollegen, Mitarbeitern, die man positiv oder negativ erleben kann. Die Motive, warum jemand arbeitet, hängen von Charakter und Übertragung ab, außerhalb der Analyse wie innerhalb. Vom Charakter hängt es meist auch ab, ob jemand zum Beispiel Geltung oder Macht anstrebt.

Überträgt jemand auf seinen Chef eine Vaterfigur, kann ihn

das zur Arbeit motivieren oder bei der Arbeit hemmen, je nachdem, wie die Beziehung zum Vater gewesen ist, oder genauer, wie die Beziehung war, als die Aspekte des - vielschichtigen - Vaterobjekts entstanden, die der Patient nun überträgt. Aus welcher Zeit er überträgt, hängt von den Übertragungsauslösern ab, die der Chef bietet. Manche Menschen übertragen immer die gleichen Aspekte des Vaterobjekts, andere werden mehr durch die Übertragungsauslöser beeinflußt, die der Vorgesetzte durch sein Verhalten bietet.

In der therapeutischen Regression rekonstituieren sich Objekte, aus denen der Charakter eines Menschen entstanden ist, seine Erlebnisweise und Einstellungen gegenüber Objekten und gegenüber der Repräsentanz des eigenen Selbst. Der Patient entwickelt sich zurück, zu einem Stadium in seiner Entwicklung, als die Repräsentanzen der Objekte noch direkt als solche sein Erleben und Handeln bestimmten und nicht als Bau- und Bestandteile des Charakters in vielfältigen, durch Abwehrmechanismen beeinflußte Formen.

Dies heißt natürlich nicht, daß der Erwachsene erlebt wie ein Kind. Die Erlebnisweisen des Erwachsenen schwinden nicht völlig. Vor allem behält der Patient auch *Kompetenzen* des Erwachsenen, deren Einsatz nunmehr aber durch infantile Wünsche und Erlebnisweisen mitbestimmt oder ganz bestimmt wird. So kann der Patient zum Beispiel eifrig Träume bringen und bearbeiten, wenn er möchte, daß sich eine Situation, in der der Vater ihn lobte, in der Analyse wiederholt. Der Vater lobte vielleicht etwas, was der Junge gebastelt oder gezeichnet hatte; jetzt soll der Analytiker den Patienten loben, weil er fleißig Träume bringt und geschickt mit ihnen umgeht.

Eine Arbeitsbeziehung ist insgesamt komplexer, als GREENSON es dargestellt hat. Vor allem ist sie von der Übertragung nicht zu trennen. An anderem Ort (KÖNIG 1993a) habe ich aber schon darauf hingewiesen, daß es zweckmäßig ist, wenn in einem anatomischen Atlas Gefäße und Nerven so dargestellt werden, als wären sie physisch nicht miteinander verbunden. Solche Darstellungen ermöglichen eine erste Übersicht und erleichtern das Verständnis der räumlichen, aber auch der funktionalen Zusammenhänge.

Das Verhalten des Therapeuten beim Telefonkontakt, im Erstgespräch, in den Anamnesegesprächen und dann in den ersten Stunden der Analyse strukturiert die Übertragung und hat damit auch einen Einfluß auf die Form der Arbeitsbeziehung. Weil Analytiker das wissen oder ahnen, achten sie im Telefonkontakt, in den Erstgesprächen, in Anamnesegesprächen und während der ersten analytischen Stunden auf ihr Verhalten meist mehr als später. GREENSON (1967) weist darauf hin, daß Analytiker häufig aufgrund exhibitionistischer Ambivalenzen erleichtert sind, wenn sie hinter dem Patienten Platz nehmen können, so daß er den Analytiker nicht sieht.

Man kann es an sich selbst beobachten: Die Entscheidung, ob man während einer analytischen Stunde etwa das Licht anknipsen oder das Fenster schließen oder öffnen soll, fällt in den ersten Stunden schwerer und wird in ihren Konsequenzen meist gründlicher bedacht als später. Jede Verunsicherung des Patienten destabilisiert eventuell die initiale Übertragung. Ein jedes Handeln des Analytikers in den ersten Stunden kann der Übertragungsentwicklung eine andere Richtung geben als jene, die sie sonst genommen hätte. Vielleicht fühlen sich manche Analytiker, wenn sie hinter der Couch Platz nehmen können, auch deshalb erleichtert, weil sie meinen, der Patient sei nun wenigstens der optischen Beeinflussung durch den Analytiker entzogen und die Übertragung könne sich unter der Verantwortung des Patienten, kaum noch beeinflußt durch den Analytiker, frei entwickeln.

Natürlich ist der Einfluß des Analytikers hinter der Couch auf die Übertragungsentwicklung aber nur eingeschränkt, nicht aufgehoben. Der Analytiker spricht ja und gibt auch sonst Geräusche von sich, zum Beispiel, indem er sich in seinem Sessel bewegt. Mit der Zeit lernen Patienten es gut, sich auf den akustischen Kanal einzustellen und entnehmen aus den akustischen Informationen mehr über den Analytiker als anfangs. Daß dies anfangs nicht so gut geht, ist einer der Gründe, warum der Übergang vom Sitzen zum Liegen zu Beginn einer Analyse viele Patienten besonders verunsichert.

Auch Entscheidungen, die nicht das Handeln während der Stunde betreffen, sondern den Umgang mit den Rahmenbedingungen einer Analyse, fallen in der ersten Zeit schwerer. Man überlegt es sich zum Beispiel zweimal, ob man eine Stunde verlegen oder ausfallen lassen will - aus der Befürchtung heraus, das könnte die Entwicklung der Arbeitsbeziehung stören und den Analytiker unverläßlich erscheinen lassen.

Im Liegen verändert sich die Toleranzgrenze des Patienten.

Die Konzentration des Patienten auf die akustische Wahrnehmung erhöht das Gewicht der verbalen Äußerungen des Therapeuten. Sie können auch nicht durch optische Signale, zum Beispiel durch ein Lächeln, modifiziert werden.

Insgesamt kann man sagen, daß der Analytiker in den ersten Stunden einer Behandlung in der Regel kontrollierter sein wird als später; meist auch kontrollierter als während der letzten Anamnesestunden. Erst mit zunehmender klinischer Erfahrung kann man abschätzen, wie sich der Übergang vom Sitzen zum Liegen voraussichtlich auf den Patienten auswirken wird. Dennoch erlebt man immer wieder einmal Überraschungen.

Der Mittelteil

Im *Mittelteil* wird der Analytiker im Umgang mit dem Patienten während der Stunden und auch im Umgang mit dem Setting meist lockerer. Er hat seinen basalen Arbeitsstil an den Patienten adaptiert. Analytiker und Patient haben einen arbeitenden Umgang miteinander gefunden, der durch die Übertragungsentwicklung aber immer wieder verändert wird.

Der Patient existiert nicht nur in der Analyse. Die Menschen, mit denen er außerhalb der Analyse umgeht, tauchen auch in den Erzählungen des Patienten auf. Die Beziehungen zu ihnen werden durch die Analyse beeinflußt. Auf die Außenpersonen werden Übertragungen verschoben. Beziehungserfahrungen mit ihnen werden auf den Analytiker übertragen. Der Analytiker kennt den Patienten, nicht seine Bezugspersonen, was ihn in den Möglichkeiten einschränkt, die Außenbeziehungen des Patienten zu beurteilen und richtig einzuschätzen. Der Analytiker muß immer wieder entscheiden, ob er ein Bild, das der Patient von einer Bezugsperson entwirft, akzeptieren oder - stillschweigend oder offen - in Frage stellen soll.

Wo man aufhören sollte zu analysieren und anfangen darf, das, was der Patient sagt, als gegeben hinzunehmen, ist überhaupt eine der wichtigsten Entscheidungen. Analytiker, die alles »in die Übertragung nehmen« und immer nur die Aspekte der Erzählung eines Patienten bearbeiten, die sie auch auf sich beziehen können - ein Vorgehen, dessen therapeutische Zweckmäßigkeit man anzweifeln kann - haben es da einfacher.

Es gibt Lebenskrisen, die verhindern, daß eine Therapie weitergeführt werden kann. Zum Beispiel kann jemand seine Stellung verlieren und deshalb den Ort wechseln müssen oder seine Analyse nicht mehr bezahlen können. Eine Frau, die sich von ihrem Partner trennt, kann Schwierigkeiten haben, die Kinder während der Analysestunden unterzubringen, und so weiter. Es gibt aber auch Lebenskrisen eines Patienten, die nicht die Fortsetzung der analytischen Arbeit gefährden, sondern die analytische Haltung des Therapeuten in Frage stellen. In manchen Situationen, zum Beispiel bei einer ungewollten, ambivalent erlebten Schwangerschaft einer Patientin, kann es das beste sein, die analytische Haltung beizubehalten. Es gibt aber Situationen, in denen der Analytiker seine abstinente Rolle verlassen und eine direkte Warnung aussprechen oder Rat geben sollte. Allerdings kann man eine Warnung oft besser durch eine einfache konfrontierende Benennung der Gefahren ersetzen, einen Rat durch die Bearbeitung der Widerstände, sich anderswo Rat zu holen. Was man jeweils tun soll, ist nicht immer leicht zu entscheiden, zumal manche Patienten es darauf anlegen, sich in eine Situation zu bringen, die den Analytiker veranlassen könnte, aus seiner Rolle herauszutreten oder herauszufallen. Das kann bewußt geschehen: »Mal sehen, was er dann macht«, aber auch unbewußt, im Rahmen projektiver Identifizierungen.

Daneben gibt es auch schwierige Entscheidungen im technischen Bereich. Zum Beispiel ist es nicht immer leicht, sich zu entscheiden, ob man einen Patienten, der in der Analyse alles selber machen möchte, gewähren lassen will oder ob man die Unabhängigkeitsbestrebungen des Patienten problematisieren sollte. Solche Entscheidungen werden natürlich auch von der Charakterstrukur des Analytikers beeinflußt - etwa ob er zum Beispiel gerne alles in der Hand hat, aus einem zwanghaften Kontrollbedürfnis heraus, oder ob er den Patienten lieber nur begleitet und ihn dadurch zu einem steuernden Objekt macht, wie manche phobischen Analytiker das tun.

Die Endphase

Die *Endphase* einer Analyse bringt neue Entscheidungsnotwendigkeiten. Sie ist wohl diejenige Phase einer Analyse, in der die Persönlichkeit des Analytikers seine Entscheidungen am meisten beeinflußt. Das läßt sich vor allen dann erkennen, wenn man Analysen betrachtet, die nicht durch äußere Begrenzungen zeitlich limitiert sind, wie die Analysen, deren Finanzierung nicht durch Krankenkassen oder Privatversicherungen oder Beihilfestellen übernommen wird. Das sind heute fast nur noch Lehranalysen.

Auch auf eine Lehranalyse haben äußere Faktoren Einfluß. Zum Beispiel gab es in den Ausbildungsrichtlinien der Deutschen Gesellschaft für Psychoanalyse, Psychotherapie, Psychosomatik und Tiefenpsychologie (DGPT) einen Passus, der darauf hinwies, daß Lehranalysen in der Regel die gesamte Ausbildung *begleiten* sollen. Mir scheint es eher so zu sein, daß die Länge der Ausbildung vom Verlauf der Lehranalysen abhängt, weniger von den Kompetenzen, die ein Weiterbildungsteilnehmer in der Arbeit mit Patienten erwirbt (vgl. auch KÄCHELE 1992).

Früher schon (KÖNIG 1991, 1993a) habe ich diskutiert, welche Persönlichkeitsfaktoren einen Therapeuten veranlassen können, eine Therapie vorzeitig, rechtzeitig oder verzögert zu beenden. Ich will nur darauf hinweisen, daß es dabei um den habituellen Umgang des Analytikers mit Objektbeziehungen geht, aber auch um Ich-Idealforderungen, um den Normalitätsbegriff, der wiederum durch die Struktur des Analytikers beeinflußt ist, und sicher auch um die individuelle Attraktivität eines Patienten - auch darum, wie gut oder schlecht Analytiker und Patient zusammenarbeiten.

Nicht alle Analytiker veranlaßt eine gute Zusammenarbeit, die Analyse verlängern zu wollen. Zu einer guten Arbeit gehört auch, daß sie ein Ende hat. Zwar ist eine Analyse nie abgeschlossen, doch gehört es zu den Aufgaben des Analytikers, mit dem Analysanden zusammen dessen Möglichkeiten zur Selbstanalyse zu erarbeiten. Wie ich in meinem Buch über Gegenübertragung (KÖNIG 1993b) dargestellt habe, ergibt sich die Fähigkeit zur Selbstanalyse nicht automatisch daraus, daß jemand eine Analyse erlebt hat (vgl. z.B. auch TICHO 1967). Hat der Analytiker die Fortführung der Analyse in Selbstanalyse durch den Analysanden als

Ziel im Auge und legt er Wert darauf, daß der Analysand die Arbeit zwischen den Stunden weiterführt, kann er dem Analysanden Hinweise darauf geben, wie er Selbstanalyse durchführen könnte. Ich neige zu der Ansicht von CALDER (1980), daß es nicht leicht ist, die eigenen Träume zu analysieren. Dafür sprechen im übrigen auch die Nachanalysen der Träume FREUDS in der psychoanalytischen Literatur. Es scheint leichter zu sein, Minisymptomen nachzugehen oder alltägliche Beziehungsschwierigkeiten zu analysieren.

Natürlich ist auch die Einstellung des Analytikers zur späteren Selbstanalyse des Analysanden persönlichkeitsbestimmt. Analytiker, die es nicht gern haben, daß der Patient etwas tut, was sie nicht kontrollieren können, werden schon während der Analyse die Selbstanalyse des Analysanden wenig fördern und die Selbstanalyse auch kaum als ein Ziel im Auge haben, das in gemeinsamer Arbeit mit den Analysanden erreicht werden sollte. *Narzißtische Analytiker*, die meinen, daß die Beziehung zum idealen Objekt Analytiker heilt, werden die Möglichkeiten einer Selbstanalyse durch den Patienten geringer einschätzen, als sie sind. Entsprechendes gilt für *depressive Therapeuten*, die sich schwer vorstellen können, daß der Analysand in mancher Hinsicht auch gut ohne sie auskommt. *Hysterische Therapeuten*, die eine günstige Relation zwischen Aufwand und Wirkung lieben, überschätzen leicht die selbstanalytischen Fähigkeiten des Patienten. Sie möchten Anreger sein. Die Arbeit zu Ende führen sollen andere, in diesem Fall eben der Patient. *Phobische Analytiker* scheinen nichts dagegen zu haben, daß der Patient selbst arbeitet; im Gegenteil, das ermöglicht es ihnen, den Patienten bei dessen Arbeit lediglich zu begleiten. Sie interessiert es aber meist wenig, ob der Analysand später allein zurechtkommt. Wenn er Hilfe braucht, soll er sich Hilfe holen; sie selbst machen das in ihrem Privatleben ja auch so. *Kontraphobische Analytiker* überfordern die Patienten in ihrer Selbständigkeit in und nach der Analyse.

Die Entscheidung, wann eine Analyse zu beenden sei, sollte noch weitere Faktoren berücksichtigen. Wie steht es zum Beispiel mit dem Einfluß des Patienten auf die Entscheidung des Analytikers? Wenn er eine Analyse fortsetzen will: Wie weit fällt es ihm nur schwer, sich zu trennen? Wie weit hat er unrealistische Angst, allein nicht zurechtzukommen?

Wenn ein Patient eine Analyse beenden will: Will er nur verhindern, daß ein bestimmter schwieriger Konfliktbereich sich manifestiert und ins Gespräch kommt? Handelt es sich dabei zum Beispiel um Abhängigkeitswünsche, deren Bearbeitung noch längere Zeit erfordern würde? Ist es für den Patienten gut, wenn er seine Abhängigkeitswünsche jetzt bearbeitet, oder würde das so lange dauern, daß dem Patienten die Verlängerung der Analyse in beruflicher oder privater Hinsicht schadet?

In diesem Zusammenhang muß freilich bedacht werden, daß jede Analyse im Widerstand endet. Da keine Analyse vollständig sein kann, da also der Topf des zu Bearbeitenden niemals ganz leer wird, muß am Ende auf den Topf ein Deckel kommen, damit der Patient die Kräfte, die er zur Bearbeitung seiner Konflikte in der Analyse verwendet hat, nun auf die Bewältigung anderer Aufgaben umleiten kann.

Die Einschätzung, wieviel in dem Topf bleiben sollte oder darf, ist wieder von den persönlichen Einstellungen des Analytikers abhängig. Gerade hier sollte man sich aber um Objektivität bemühen. Man sagt ja, ein Optimist sähe ein Glas halb voll, ein Pessimist halb leer. Entsprechend kann ein Optimist als Analytiker den Topf des noch zu Bearbeitenden halb leer sehen, ein Pessimist halb voll. Bei vielen Patienten reicht es, wenn »die Hälfte« der Konflikte bearbeitet wird, bei anderen nicht. Um hier einigermaßen objektiv sein zu können, sollte sich der Analytiker darüber klar werden, ob er mehr zu den Optimisten oder mehr zu den Pessimisten gehört.

Entscheidungen nach einer psychoanalytischen Therapie?

Die wichtigsten Entscheidungen nach der formalen Beendigung einer Therapie beziehen sich darauf, wie man miteinander umgeht.

Psychoanalytische Therapien werden beendet, aber nicht abgeschlossen. Der Therapeut hofft, daß sein Patient selbstanalytische Funktionen übernommen hat und mit den Konflikten, die unbearbeitet geblieben sind, wie auch mit Konflikten, die in neuen Lebenssituationen neu entstehen, mit Hilfe dieser selbstanalytischen Funktionen zurechtkommen wird. Eine Analyse im klassischen Setting soll in eine unendliche Selbstanalyse (FREUD 1937) übergehen. Entsprechendes ist auch bei einer analytischen Psychotherapie möglich.

Die Übertragungsbeziehung zum Therapeuten bleibt aber mehr oder weniger bestehen. Die Annahme, eine Übertragung könne im Laufe einer Analyse ganz aufgelöst werden, hat sich als irrig herausgestellt. Nachuntersuchungen (z.B. NORMAN 1976) haben gezeigt, daß sich eine Übertragungsbeziehung bei einer Nachuntersuchung rasch manifestiert, und zwar selbst dann, wenn der Nachuntersucher und der Behandler nicht identisch sind. Die Situation, daß jemand mit einem Therapeuten spricht, selbst in einem anderen Setting, zum Beispiel im Sitzen statt im Liegen, und sich dabei in einer asymmetrischen Beziehung befindet, reicht aus, um bereitliegende Übertragungen zu aktivieren. Das erklärt natürlich manche Schwierigkeit, die Kollegen in psychoanalytischen Instituten miteinander haben. Dort werden die Gespräche zwar nicht in so asymmetrischen Beziehungen geführt wie in einer Therapie, es scheint aber schon zu genügen, daß es Asymmetrien in Form von hierarchischen Unterschieden an Instituten gibt, um Übertragungen (und Gegenübertragungen) zu reaktivieren. Dabei muß zwischen den Beziehungspartnern keine analytische Beziehung bestanden haben. Der hierarchisch Höhergestellte wird in einer Rolle phantasiert, die der des Therapeuten entspricht.

Gehen Analytiker und Analysand nach Beendigung einer Lehranalyse häufig miteinander um, können die Übertragungen und Gegenübertragungen »abgearbeitet« werden. Die Personen sehen einander dann mehr so, wie sie real sind. Dabei hat der Lehranalytiker eine breitere Kenntnis des Analysanden und macht sich über ihn auch weniger Illusionen. Dagegen kann es zu heftigen aggressiven Reaktionen von seiten des Analysanden kommen, wenn sich herausstellt, daß der Lehranalytiker kein so idealer Mensch ist, wie der Analysand vielleicht noch zu Ende der Lehranalyse angenommen hat, und daß er im täglichen Umgang auch nicht so neutral und freundlich-zugewandt ist, sondern seine Interessen in alltagsüblicher Weise vertritt.

Manche Lehranalysanden verhalten sich, was die aggressiven Aspekte der Beziehung angeht, ihrem ehemaligen Lehranalytiker gegenüber noch so, als wären sie bei ihm in Analyse, was dieser, dem der Schutz der Analytikerrolle im kollegialen Umgang fehlt, und der sich eher eine symmetrische Beziehung wünscht, meist nicht aushalten mag; dennoch wird er wahrscheinlich, wenn ein ehemaliger Lehranalysand ihn kritisiert, weniger scharf reagieren als gegenüber anderen Personen. Auch er steht noch unter dem Einfluß der früheren Beziehungsform.

Kommt es zu einer Entidealisierung und äußert der ehemalige Lehranalysand Kritik, kann der ehemalige Lehranalytiker wohlwollend-neutral reagieren und damit den Lehranalysanden infantilisieren oder aber »zurückschießen«, was den Entidealisierungsprozeß dann aber unter Umständen so beschleunigt, daß es zu einer aggressiven Eskalation kommt, wobei der Lehranalytiker sich den gesteigerten Angriffen nicht mehr entziehen kann und miteskaliert.

Besondere Probleme haben Lehranalytiker, die ihrem Lehranalysanden gegenüber in eine phantasierte Elternrolle hineingeraten sind und Schwierigkeiten haben, Phantasie und Wirklichkeit zu trennen. Solche Lehranalytiker freuen sich über Erfolge ihres Lehranalysanden am Institut, sie sind aber auch enttäuscht oder narzißtisch gekränkt, wenn der Lehranalysand Mißerfolge hat. Sie reagieren so, als ob sie nicht nur die Lehranalyse gemacht hätten, sondern für das gesamte So-Sein des Analysanden verantwortlich wären, das bis zum Beginn der Lehranalyse von ihnen doch gar nicht beeinflußt werden konnte. Dennoch reagieren sie, als hätten sie diese Einflußmöglichkeiten gehabt und seien für das, was der ehemalige Lehranalysand tut, in allem mitverantwortlich. Dem außenstehenden Beobachter ist es meist klar, daß es sich hier um Auswirkungen einer Kindübertragung von seiten des Lehranalytikers handelt, wegen der formalen Nähe von Elternrolle und Therapeutenrolle hat der Betroffene aber oft Schwierigkeiten, zwischen Übertragungs- und Realbeziehung zu unterscheiden.

Bei Lehranalysen scheint es seltener zu sein, daß Analysanden ihren Analytiker konsultieren, wenn sie in persönliche Schwierigkeiten kommen. Das mag damit zusammenhängen, daß die meisten Lehranalysanden den Status eines »fertigen« Analytikers anstreben und eine Konsultation beim Lehranalytiker diesen Status in Frage stellen würde. Da wird im allgemeinen eher akzeptiert, daß man noch ein Stück Lehranalyse bei einem anderen Lehranalytiker macht, was gut damit begründet werden kann, daß eine Analyse bei einem anderen Analytiker durch die unterschiedliche personale Konstellation immer auch Bereiche in die Bearbeitung bringt, die in der ersten Lehranalyse »draußen« geblieben sind.

Sind Lehranalytiker und Lehranalysand Mitglied des gleichen Instituts, besteht auch eine soziale Nähe, die ein analytisches Miteinander-Arbeiten erschweren würde. Psychoanalytiker nehmen oft lange Wege auf sich, um noch ein Stück Analyse zu machen.

Patienten hingegen wenden sich auch deshalb an den früheren Analytiker, weil sie keinen anderen kennen; sie haben in der Regel auch kein Motiv, sich an einen anderen zu wenden, weil sie nicht mit ihrem ehemaligen Analytiker auf einer kollegialen Ebene kooperieren.

Im Untertitel dieses Buches sollte es ursprünglich heißen: Entscheidungen vor, während und nach einer psychoanalytischen Therapie. Die Reflexion eigener Erfahrungen und das Studium der Literatur haben mich aber zu der Ansicht gebracht, daß es in psychoanalytischen Therapien ein »nach« eigentlich nicht gibt. Auch wenn die Therapie formal beendet ist und die Partner im psychoanalytischen Prozeß voneinander Abschied nehmen, bleibt eine analytische Beziehung bestehen.

In Deutschland scheint eine nachanalytische Konsultation durch Patienten seltener zu sein als in den Vereinigten Staaten; wahrscheinlich deshalb, weil Kostenübernahmeprobleme dem entgegenstehen. In Deutschland werden die meisten psychoanalytischen Therapien fremdfinanziert, und weitere Kosten werden in der Regel nur dann übernommen, wenn wieder Symptome von Krankeitswert aufgetreten sind. Die meisten Patienten aus der zitierten amerikanischen Untersuchung suchten ihren Analytiker aber nicht auf, weil es ihnen schlecht ging, sondern weil sie noch etwas verbessern wollten. Das wäre in Deutschland in den meisten Fällen wohl keine Indikation für eine Kostenübernahme; solche Behandlungsindikationen würden unter den Begriff »Analyse zur Selbstvervollkommnung« fallen.

Man muß sich allerdings fragen, ob sich die äußere Begrenzung durch eine kostenübernehmende Instanz nicht auch günstig auswirkt. Ein ehemaliger Patient geriete sonst leicht in die Lage, in jeder Lebenskrise seinen Therapeuten aufzusuchen, und er bliebe dann an ihn in unselbständiger Weise gebunden. Vielleicht ist es besser, wenn ein ehemaliger Patient bei Freunden und Bekannten Rat sucht und seine selbstanalytischen Funktionen einsetzt. Lebenslange Analysen, wie sie zum Beispiel von amerikanischen Prominenten berichtet werden, scheinen bei Leuten, die über ausreichende Mittel verfügen, eine akzeptierte und vielleicht auch bequeme Methode der Lebensbewältigung zu sein.

Ruft ein ehemaliger Patient an und erweist sich in einem »zweiten Erstinterview« weitere Therapie als notwendig, sind Indikationsentscheidungen im engeren Sinn zu treffen. Nicht jede aufgetretene Lebensschwierigkeit erfordert gleich die Fortsetzung einer früheren Analyse. Man kann oft in wenigen Stunden ein akutes Problem klären und sich dabei gleichzeitig ein Bild darüber verschaffen, ob ein längeres Stück analytischer Arbeit nötig sein wird, um ein stabiles Ergebnis zu erreichen. In meinen Buch über die Einzeltherapie außerhalb des klassischen Settings (1993a) bin ich auf technische Probleme bei der Wiederaufnahme einer Therapie eingegangen, zum Beispiel was den Umgang mit Träumen angeht. Es hängt auch vom Analytiker ab, ob gleich wieder eine Analyse in Gang kommt, die man dann unter Umständen schwer beenden kann, so daß die Nachtherapie länger dauert, als vorgesehen war und angebracht ist. Das technische Verhalten des Analytikers kann bewirken, daß der Patient sich auf bestimmte Konfliktbereiche konzentriert.

Natürlich kennt man sich bei einem Patienten, der jahrelang bei einem in Analyse war, besser aus als bei einem Patienten, den man neu kennenlernt. Auf dem Vorwissen und auf der persistierenden Arbeitsbeziehung kann man aufbauen. Dadurch wird die diagnostische Phase verkürzt, eine Arbeitsbeziehung braucht nicht erst erarbeitet zu werden, der Patient hat von vornherein mehr Vertrauen als zu einem Fremden.

Auf der anderen Seite besteht aber die Gefahr, daß die früher praktizierte Arbeitsweise nur schwer durch eine fokussierende Arbeitsweise ersetzt werden kann. Auch ist es möglich, daß ein anderer Analytiker bei einem Patienten Konfliktbereiche sieht, die sein erster Analytiker infolge eines blinden Flecks übersehen und deshalb nicht bearbeitet hat, so daß ein zweiter Analytiker dem Patienten unter Umständen besser helfen kann als der erste, zumal der Patient das, was er an psychoanalytischem Arbeiten gelernt hat, auch in eine Analyse beim zweiten Analytiker einbringen kann. Auch akzeptiert er bei einem zweiten Analytiker vielleicht leichter, daß dieser mit ihm fokussiert arbeitet.

Eine Fokussierung ergibt sich auch aus der akuten Problemlage. Man hat dann ähnliche Verhältnisse wie beim Beginn einer Analyse zu einem Zeitpunkt, zu dem sich ein Patient zum Beispiel in einem akuten interpersonellen Konflikt befindet. Der Patient fokussiert seinerseits; hoffentlich jetzt nicht nur auf das problematische Interpersonelle, sondern auch auf die innerpsychischen Korrelate in ihm selbst.

Entscheidungen im Zusammenhang mit Gruppenpsychotherapie

Therapeuten, die sowohl Gruppen - als auch Einzeltherapie anbieten können oder die mit Kolleginnen und Kollegen in Verbindung stehen, die ein Verfahren anbieten, das sie selbst nicht anbieten können, müssen eine *Entscheidung* zwischen den beiden therapeutischen Verfahren treffen. Dabei ist bezüglich einer Gruppenpsychotherapie zu berücksichtigen, ob der in Frage stehende Patient in eine Gruppe paßt, in der ein Platz frei ist oder in absehbarer Zeit frei werden wird. Ist der Patient für ein Verfahren motiviert, das der Therapeut als das weniger geeignete ansieht, kann er sich dennoch dafür entscheiden, dem Patienten die Therapieform anzubieten, die dessen Präferenz entspricht, wenn der Patient für das besser geeignete Verfahren nicht zu motivieren ist. Stellt es sich heraus, daß der Patient nur für ein Verfahren motivierbar ist, das der Therapeut für ganz ungeeignet hält, zum Beispiel für eine Einzeltherapie, während der Therapeut eine eindeutige Indikation für Gruppentherapie stellt, wird er den Patienten aufklären und eventuell weiterschicken müssen. Es könnte ja sein, daß ein anderer Therapeut mit Patienten wie diesem in Einzeltherapie besondere Erfahrungen hat und deshalb eine andere Indikation stellen kann. Psychotherapeutische Indikationen hängen von der Kompetenz des Therapeuten ab, natürlich auch vom persönlichen Stil, von den angewandten Konzepten und, im Falle der Gruppentherapie, von der Zusammensetzung der vorhandenen Gruppe.

Wer in seinen Interventionen vorwiegend die *Gruppe als Ganzes* anspricht (z.B. ARGELANDER 1972, OHLMEIER 1976), wird für eine Gruppentherapie in der Regel ähnliche Indikationen stellen wie für eine Einzelanalyse. Es macht für ihn keinen so großen Unterschied, ob er einen Patienten oder eine Gruppe behandelt, die er beide als *eine* Wesenheit betrachtet. Dagegen wird ein Therapeut, der auch die Übertragungen der Gruppenmitglieder aufeinander anspricht und der Gruppe einen erheblichen Anteil an der therapeutischen Arbeit überläßt, auch an der Deutungsarbeit, wie zum Beispiel im Konzept von FOULKES (1978, 1992) und in der psychoanalytisch orientierten Form des Göttinger Modells (z. B. KÖNIG und LINDNER 1992²), andere Indikationen stellen als bei einer Einzeltherapie.

Welches Konzept man nun anwendet, für alle gilt, daß sich die Gruppe als *regressionsinduzierendes Globalobjekt* am Ende der Sitzung auflöst, was bewirkt, daß die Gruppenmitglieder aus der Regression am Ende einer Sitzung rascher und leichter wieder auftauchen als in einer Einzeltherapie, wo der Therapeut als das einzige regressionsinduzierende Objekt ganz bleibt, wenn er sich vom Patienten verabschiedet (KÖNIG 1976, KÖNIG und LINDNER 1992²). Gruppentherapie eignet sich deshalb für manche Patienten mit starker Regressionsneigung und eingeschränkter Regressionstoleranz. Wegen der vielfältigen Konfrontationsmöglichkeiten in einer Gruppe eignet sich die Therapieform auch für Patienten mit ich-syntonen Anteilen einer Charakterneurose. Weil den Gruppenmitgliedern die verschiedensten Beziehungsformen in der Gruppe in großer Nähe und Intimität vorgeführt werden - Voraussetzung ist natürlich, daß sich die Charakterstrukturen der Gruppenmitglieder erheblich unterscheiden -, eignet sich Gruppentherapie besonders auch für Menschen, die auf eine Beziehungsform beschränkt sind, zum Beispiel auf eine sado-masochistische, und mit anderen Beziehungsformen keine Erfahrungen haben. Andere Beziehungsformen so nahe zu beobachten, wie in einer Gruppe, hat man ja im Alltagsleben kaum Gelegenheit.

Patienten, die wegen Schwierigkeiten in ihren Beziehungen in Therapie kommen, sind für eine Gruppentherapie meist am leichtesten zu motivieren, und eine Gruppentherapie ist für sie in der Regel auch geeignet.

Manche Menschen haben *Angst vor einer dyadischen Beziehung* und möchten deshalb in eine Gruppe. Dort strukturieren sie das Beziehungsfeld zunächst in dem Sinne, daß sie sich auf keine einzelne Person in der Gruppe enger einlassen. Gleichzeitig kann der Widerstand gegen eine engere dyadische Beziehung aber bearbeitet werden. Umgekehrt strukturieren dyadisch fixierte Patienten die Beziehungen in der Gruppe dyadisch, zum Beispiel indem sie sich nur für *einen* Menschen, oft den Therapeuten, interessieren und alle anderen ausblenden.

Für *agierende Patienten*, besonders für agierende Borderline-Patienten, eignet sich im ambulanten Setting eine einmal oder zweimal wöchentlich stattfindende Gruppentherapie nicht; auch nicht eine Gruppentherapie nach der psychoanalytisch interaktionellen Form des Göttinger Modells. Es ist zu schwierig, die Übersicht über die aktuelle Lebenssituation der Patienten zu behalten. Im Rahmen einer Tagesklinik (vgl. z.B. HEIGL-EVERS et al. 1986) ist Gruppentherapie aber gut geeignet.

Borderline-Patienten, die wenig zum Agieren neigen, können in Gruppen dagegen gut behandelt werden, wobei auch die anderen Gruppenmitglieder Hilfs-Ich-Funktionen übernehmen. Borderline-Patienten sind dem Primärprozeß näher als neurotische Patienten und können in einer Gruppe von daher anregend wirken. Psychoneurotische Patienten erleben in der Regression manchmal ähnlich, wie Borderline-Patienten es *immer* tun, was es ihnen dann erleichtert, einen Borderline-Patienten zu verstehen. Agierende Borderline-Patienten können die Regression in einer Gruppe dagegen hemmen; einmal weil die anderen Gruppenmitglieder das Gefühl haben, »erwachsen« sein zu müssen, damit das »Borderline-Kind« keinen Unsinn macht, und zum anderen weil Regression dann in der Vorstellung der psychoneurotischen Patienten mit Agieren verknüpft wird. Es entsteht die Vorstellung, wenn man regrediert sei, könne man nicht mehr reflektieren und müsse alle Phantasien ausführen, man gerate unter die Herrschaft von Gefühlen, die notwendig zum Handeln führen.

Was für Agieren gilt, gilt natürlich in höherem Maße noch für eine starke Neigung zur *Suizidalität*. Suizidale Patienten sollten deshalb nur in einer Klinik in Gruppen behandelt werden, weil eine Verstärkung der Suizidalität in der Gruppe leicht übersehen werden kann. In Kliniken bestehen Überwachungs- und Beobachtungsmöglichkeiten durch das therapeutische Personal und durch die anderen Patienten.

Während sonst eine Mischung der Strukturen und der Krankheitsbilder günstig ist, damit sich die blinden Flecken der Patienten nicht überlappen, eignen sich für *Suchtkranke* krankheitshomogene Gruppen besser als krankheitsheterogene. Die der Sucht zugrundeliegende Persönlichkeitsstruktur variiert, die Symptomatik ist aber ähnlich. Sie ist häufig Gesprächsthema, so daß kein Patient sagen kann, es habe beispielsweise nicht in das Gruppengespräch gepaßt, daß er einen Rückfall fürchte.

Insgesamt ergibt sich, daß die Indikationen für Gruppentherapie in einer *Klinik* weiter gestellt werden können als in einer *Einzelpraxis.* Der Schluß, wenn ein Patient in einer Klinik an einer Gruppe teilgenommen habe, könne er ambulant in einer Gruppe weiterbehandelt werden, ist deshalb unzulässig (KÖNIG und LINDNER 1992[2]). Die Indikation muß ambulant unter Berücksichtigung auch der äußeren Lebenssituation des Patienten, der Symptomatik und besonders der Neigung zum Agieren neu erwogen werden.

Wieviel *Initiative* ein Patient in einer therapeutischen Gruppe aufbringen muß, hängt natürlich wieder vom persönlichen Stil des Therapeuten und vom angewandten Konzept ab. Mit einem streng analytischen Vorgehen ist es durchaus vereinbar, einen Patienten mit seiner Inaktivität zu konfrontieren. Das ist besonders bei phobischen Patienten wirksam, die Angst haben, in der Gruppe aktiv zu werden, ohne daß ihnen jemand die »Erlaubnis« dazu gibt und damit auch einen Teil der Verantwortung für ihr Handeln übernimmt. Konfrontiert man einen depressiven Patienten damit, daß er schweigt, regt man ihn dadurch an, zu sagen warum er das tut, zum Beispiel weil alles, was er sagen könnte, unwichtig wäre - er selbst sei eben unwichtig.

Allgemein gilt in Gruppen, daß einzelne Patienten wegen ihres *Schweigens in der Gruppe* konfrontiert werden sollten; das sollte so rechtzeitig geschehen, daß die Gründe für das Schweigen noch ein Stück weit bearbeitet werden können. Eine Ausnahme bilden schweigende schizoide Patienten (KÖNIG und LINDNER 1992[2]).

Die Entscheidung, ob man das initial oder zwischendurch auftretende *Schweigen einer Gruppe* konfrontieren sollte, und wann, ist dagegen schwierig. Man kann eine Gruppe leicht daran gewöhnen, daß der Therapeut »anfängt«. Auch ist manches Schweigen nützlich, ja notwendig. Die Gruppenmitglieder kommunizieren miteinander nonverbal und entwickeln so eine unbewußte Phantasie, die sonst nicht entstanden wäre. Je stärker die Regressionsneigung einer Gruppe ist, desto früher wird man ein Schweigen konfrontieren müssen, desto größer ist aber auch die Gefahr, daß die Gruppe dem Therapeuten künftig die Initiative des Anfangens überläßt. Einer Konfrontation sollte deshalb in der Regel eine Widerstandsdeutung folgen, oder die Gruppe sollte angeregt werden, sich zunächst damit zu beschäftigen, warum sie geschwiegen hat. Die Widerstandsdeutung muß der Konfrontation nicht *unmittelbar* folgen. Oft ist es nötig, einen Patienten reden zu lassen, der schon auf die Konfrontation hin zu sprechen anfing; vielleicht hatte er Angst zu sprechen oder es fehlt ihm eben an Initiative. Im weiteren Verlauf der Sitzung sollte aber auf die Motive des Schweigens Bezug genommen werden.

Eine weitere wichtige Entscheidung, mit der sich der Gruppentherapeut häufiger konfrontiert sieht, ist das Deuten oder Nichtdeuten bei *frühgestörten Patienten*. Ich-schwächende Abwehrmechanismen (KERNBERG 1979) sollten in ihrer Funktion gedeutet werden, zum Beispiel die Spaltung. Es kann aber zweckmäßiger sein, den Patienten einfach nur damit zu konfrontieren, daß er spaltet, mit dem Ziel, diesen Abwehrmechanismus etwas weniger ich-synton zu machen. Was bei spaltenden Patienten in der Regel nicht funktioniert, ist der Übergang zwischen einer durch einen früheren Abwehrmechanismus veränderten Objektwahrnehmung und einer Wahrnehmung des Gegenüber als reifes Objekt. Dazu fehlen ihm die notwendigen reifen Objektvorstellungen. Darin unterscheidet er sich grundlegend von einem regredierten neurotischen Patienten. Dieser kann auf reife Objektvorstellungen zurückgreifen, wenn er aus der Regression auftaucht; dieses Auftauchen kann oft schon durch eine Deutung bewirkt werden, die das sekundärprozeßhafte Denken beim Patienten anregt. Ein Vorteil der Behandlung von Borderline-Patienten in analytischen Gruppen ist meines Erachtens die Kombination der Möglichkeit des Deutens mit der Demonstration reiferer Objekte und Objektvorstellungen und damit auch reiferer Beziehungen.

Das sogenannte *Göttinger Modell* der Gruppenpsychotherapie (HEIGL-EVERS und HEIGL 1973, KÖNIG und LINDNER 1992², HEIGL-EVERS, HEIGL und OTT 1993) bietet Gruppenverfahren für verschiedene Krankheitsbilder. Für Frühgestörte wird die psychoanalytisch interaktionelle Therapie empfohlen, für Charakterneurosen, bei denen besser an den abgeleiteten Konflikten gearbeitet wird als an den Grundkonflikten, und für neurotische Patienten mit eingeschränkter Regressionstoleranz die analytisch orientierte (tiefenpsychologisch fundierte) Gruppentherapie, und für neurotische Patienten mit durchschnittlicher Regressionstoleranz die analytische Gruppentherapie, die sich von der analytisch orientierten dadurch unterscheidet, daß man mehr Regression zuläßt und sie sogar fördert, indem man zum Beispiel das Gemeinsame in einer Gruppe betont und so die Aufmerksamkeit der Mitglieder auf die Gruppe als Globalobjekt richtet; sonst kann natürlich auch auf der Ebene der abgeleiteten Konflikte gearbeitet werden.

Analytische Gruppenpsychotherapie und analytisch orientierte Gruppenpsychotherapie des Göttinger Modells ähneln sich im Therapeutenverhalten. Bei der psychoanalytisch-interaktionellen Therapie teilt der Therapeut nicht nur mit, wie ein Patient auf ihn wirkt (Konfrontation), sondern auch, wie er auf ihn reagiert (»Antwort«), um so die Entwicklung realistischer Objektvorstellungen zu fördern. Der Therapeut sagt manchmal auch, wie er an Stelle des Patienten reagieren würde, und fördert so das Entstehen reiferer Vorstellungen vom Selbst. Die interpersonelle Wahrnehmung fördert der Therapeut, indem er zum Beispiel sagt, wie er anstelle des Patienten das Verhalten anderer Menschen wahrnehmen würde. Hier handelt es sich nicht um eine Identifikation mit dem Patienten. Der Therapeut identifiziert sich nicht mit dessen Erleben, sondern mit dessen Situation; bezüglich des Erlebens bietet er etwas Alternatives an.

Wie der in Gruppentherapie erfahrene Leser leicht sieht, kann all das auch von Gruppenmitgliedern in einer analytischen Gruppe gemacht werden. Eine jede analytische Gruppe enthält Elemente der psychoanalytisch interaktionellen Gruppe, wenn die Gruppenmitglieder der Aufforderung folgen, sich offener als sonst zu äußern. Auf die psychoanalytisch-interaktionellen Vorgehensweisen kann in einer Gruppe deshalb noch am leichtesten verzichtet werden, zumal man ambulant in der Einzelpraxis schwer frühgestörte Patienten in der Regel sowieso nicht mit Gruppentherapie behandeln wird. Für Borderline-Patienten höheren Strukturniveaus kann das interaktionelle Angebot in einer analytischen Gruppe durchaus reichen.

Andererseits wird die Entwicklung von *Übertragungen* auf den Therapeuten weniger eingeschränkt als oft angenommen wird, wenn der Therapeut seine Transparenz etwas erhöht und wenn er gelegentlich Hilfs-Ich-Funktionen übernimmt. Für *Tageskliniken* eignet sich die psychoanalytisch-interaktionelle Therapie wahrscheinlich am besten; zumindest gestattet sie es, einen größeren Teil der dort behandelten Klientel zu erreichen als bei den anderen Verfahren des Göttinger Modells. Für die *ambulante Praxis* empfiehlt sich eine Kombination von analytischer und tiefenpsychologisch fundierter Therapie, wenn der Therapeut Analytiker ist; sonst sollte mit analytisch orientierter (tiefenpsychologisch fundierter) Therapie gearbeitet werden; das heißt mit einer Therapieform, die Regression weniger fördert, unter anderem dadurch, daß die Unterschiede des Erlebens betont werden und nicht die Gemeinsamkeiten. Für die Behandlung *neurotischer Patienten in Kliniken* eignen sich die analytische und die analytisch orientierte Gruppenform. An der Abteilung für klinische Gruppenpsychotherapie der Universität Göttingen bieten wir für frühgestörte Patienten von vergleichsweise hohem Strukturniveau eine psychoanalytisch interaktionelle Therapie an, die auf Deuten nicht prinzipiell verzichtet, sondern je nach Situation das eine oder das andere anwendet.

Gruppen ohne Indikation, zum Beispiel Stationsgruppen, an denen alle Patienten teilnehmen, sollten sich auf soziales Lernen konzentrieren. Der Therapeut oder die Therapeuten (Stationsgruppen werden ja öfters von mehreren Therapeuten geleitet) sollten immer bedenken, daß in solchen Gruppen in der Regel auch ichschwache Patienten sind, und daß eine Gruppe von über 15 Teilnehmern keine Kleingruppe mehr ist. Mittlere und Großgruppen wirken stärker regressionsfördernd als Kleingruppen. Bei Stationsgruppen mit 15 oder mehr Teilnehmerinnen und Teilnehmern ist es deshalb nötig, stärker zu strukturieren, als man das in einer therapeutischen Kleingruppe tun würde; zumal wenn man den ich-strukturellen Störungsanteil bei einem Teil der Patienten noch schwer einschätzen kann, weil sie dazu noch nicht lange genug in der Klinik sind. Gut geeignet ist hier themenzentrierte Interaktion nach RUTH COHEN (1984), ein interaktionelles Gruppenverfahren mit einem Thema. Das Thema wirkt selbst schon strukturierend. Völlig unsinnig ist es, in einer wenig strukturierten Großgruppe Arbeit leisten zu wollen, bei der es darauf ankommt, die Ich-Funktionen möglichst unbeeinträchtigt zur Verfügung zu haben. Eine solche Arbeitsgruppe sollte alle strukturierenden Mittel, die sich zur Verhinderung von Regressionen in Arbeitsgruppen bewährt haben, anwenden. Sollten in der Gruppe gar Entscheidungen getroffen werden, ist es wohl am besten, während der Diskussion mit Wortmeldungen zu arbeiten. Dagegen kann man minimal strukturiert arbeiten, wenn es um Brainstorming geht, was in der Arbeit mit Patienten aber selten vorkommen dürfte.

Bei allen Indikationen für eine Gruppe ist zu berücksichtigen, welche Teilnehmer die Gruppe zur Zeit hat und wie der Patient, für den man die Indikation überlegt, in die Gruppe hineinpassen würde.

Patienten, die gern alles selbst machen, sollte man besser in Einzeltherapie behandeln, wenn nicht zu erwarten ist, daß an dieser Einstellung bald etwas verändert werden kann. In der Einzeltherapie kann der Patient von sich sprechen und unter Begleitung durch den Therapeuten vorankommen. In der Gruppe ruft eine Tendenz, alles selbst zu machen, den Widerstand der übrigen Gruppenmitglieder hervor, die sich ausgeschlossen fühlen. Oft ziehen sich solche Patienten dann zurück, erzählen nichts mehr von sich und profitieren nicht von der Gruppe.

In einer Gruppe kann ein Patient auch als »blinder Passagier« durchgehen, der sich möglichst unauffällig verhält, das ist in einer Einzeltherapie nicht möglich. Ungünstig ist eine Gruppe auch für *depressive* und *zwanghafte* Schweiger. Die zwanghaften Schweiger schweigen oft auch in der Einzeltherapie; sie sind dann aber dauernd unter dem Druck, daß erwartet wird, sie sollten etwas sagen, während dieser Druck in der Gruppe nachläßt, sobald ein anderer als der Schweiger spricht. Depressive Schweiger können sich in der Gruppe leichter zurückziehen als in der Einzeltherapie. Die Aktivität mancher depressiven Patienten wird nicht durch ihre eigene Initiative angestoßen. Der Patient wird durch den Erwartungsdruck, den er spürt, veranlaßt, etwas zu tun. Da die Initiative Depressiver blockiert ist, bleibt kein anderer Weg. Dem Erwartungsdruck können Depressive sich in der Gruppe leichter entziehen.

Im Unterschied zu den bisher genannten Patienten können *schizoide Patienten* schweigend am Gruppenprozeß partizipieren, ohne etwas sagen zu müssen. Interessanterweise wird das von den Gruppen meist toleriert (vgl. KÖNIG und LINDNER 1992[2]). Diese Chance haben sie in der Einzeltherapie nicht: Wenn der schizoide Patient schweigt, läuft keine Interaktion, an der er partizipieren könnte.

Patienten mit *Arbeitsstörungen* können in Einzeltherapie oft leichter behandelt werden. Es ist hier aber nach der Art der Arbeitsstörung zu differenzieren. Manche Arbeitsstörungen zeigen sich in der Interaktion in der Gruppe. Depressiven fehlt es überall an Initiative: bei der Arbeit, im Beruf, bei der therapeutischen Arbeit und in der Freizeit. Auch *phobische Arbeitsstörungen* (Angst anzufangen statt fehlender Initiative anzufangen wie bei den Depressiven) können sich in der Gruppe darstellen. *Narzißtische Arbeitsstörungen* stellen sich in der Einzel- wie in der Gruppentherapie weniger gut dar, wenn sie mit Schreiben verbunden sind. Dann ist es manchmal nützlich, gerade über diese Art Arbeitsstörungen zu sprechen, was in Gruppen zwar auch möglich ist, aber nicht so gründlich wie in einer Einzeltherapie.

Indikation zur Paartherapie

Eine Indikation zur Paartherapie besteht, wenn ein interpersoneller Paarkonflikt im Zentrum des Leidensgefühls beider Partner steht. Solche Paarkonflikte können in Paartherapien manchmal gelöst werden, manchmal nicht. Im letzteren Fall kann eine Paartherapie aber dennoch nützlich sein, weil sie die Aufmerksamkeit der Partner auf die Beziehungswünsche und die Befürchtungen in Beziehungen konzentriert, die sich in der Paarbeziehung ungünstig auswirken.

Eine Paartherapie kann auch dann angezeigt sein, wenn nur ein Partner Symptomträger ist und der andere die Krankheit stabilisiert, zum Beispiel bei einer Agoraphobie, wenn der Partner die Funktion einer Schutzfigur (eines steuernden Objekts, KÖNIG 1981, 1993[4]) übernommen hat.

Eine Paartherapie ist dann *nicht* indiziert, wenn sich die hauptsächlichen Probleme außerhalb der Beziehung zeigen, zum Beispiel am Arbeitsplatz eines der beiden Partner.

Die Indikation für eine Paartherapie kann dann weit gestellt werden, wenn man von vornherein nicht erwartet, daß sie alle Probleme löst. An der Abteilung für klinische Gruppenpsychotherapie der Georg-August-Universität Göttingen werden Paargespräche mit einer nachfolgenden Gruppentherapie kombiniert (KREISCHE 1986, KÖNIG und KREISCHE 1991). Die Partner nehmen an verschiedenen Gruppen teil und können in diesen Gruppen an ihren Problemen arbeiten, ohne daß der Partner es als Munition im Ehekrieg verwenden kann, wenn sie etwas einräumen. Die beiden Gruppen sollten möglichst vom gleichen Therapeuten geleitet werden, damit beide Partner das gleiche Therapeutenobjekt integrieren können; eine unabdingbare Voraussetzung ist das aber nicht. Einzeltherapie von zwei Partnern ist kontraindiziert. Es kommt leicht zu paranoiden Befürchtungen. Die gleichzeitige Therapie von Patienten in zwei verschiedenen Gruppen ist deshalb möglich, weil die übrigen Gruppenmitglieder als Garanten dafür genommen werden, daß es in den Gruppen unparteiisch zugeht.

Erscheint während einer Einzeltherapie eine Paartherapie indiziert, zum Beispiel weil die Paarbeziehung gefährdet ist oder weil die Therapie dem Partner, der sich nicht in Therapie befindet, Angst macht, weil er um den Bestand der Beziehung fürchtet und die Therapie deshalb blockiert, ist es am besten, wenn ein anderer Therapeut die Paargespräche durchführt. Läßt sich so etwas nicht arrangieren, kann man manchmal gezwungen sein, die Paargespräche doch selbst zu übernehmen. Dann sollte zu Beginn der Gespräche angesprochen werden, welche Erwartungen und Befürchtungen bei einem solchen Arrangement zu erwarten sind und daß man sich um Unparteilichkeit (beziehungsweise Allparteilichkeit; STIERLIN 1977) bemühen wird.

Indikation zur stationären Psychotherapie

Nicht bei allen *Einweisungen* in psychotherapeutische Kliniken wird eine Indikation gestellt, die Symptome, Psychodynamik, Charakterstruktur und äußere Lebensverhältnisse berücksichtigt und die Vor- und Nachteile der ambulanten und der stationären Psychotherapie gegeneinander abwägt. Der zahlenmäßig größte Teil der Psychotherapiebetten in Deutschland befindet sich in sogenannten Kurkliniken. Die Kuraufenthalte dienen dem Erhalt oder der Wiederherstellung der Arbeitsfähigkeit und werden von den Rentenversicherungsverbänden finanziert (KÖNIG und NEUN 1984). Die Prüfärzte der Rentenversicherungsträger sind nicht befugt, in die Tätigkeit der ambulant arbeitenden Ärzte einzugreifen, indem sie etwa den Vorschlag machen, der Patient solle einen Spezialisten für Psychotherapie aufsuchen.

Wenn ein somatisch tätiger Arzt seinem Patienten eine Kur empfiehlt mit dem Hinweis, es sollte eine Kurklinik mit psychotherapeutischen Behandlungsmöglichkeiten sein, veranlaßt er für den Patienten eine Psychotherapie, ohne ihn an einen am gleichen Ort tätigen ambulanten Psychotherapeuten »abzugeben«. Eine solche Indikation hat für den Patienten positive und negative Aspekte. Positiv ist zu werten, daß dem Patienten eine Psychotherapie überhaupt ermöglicht wird. Negativ ist zu bewerten, daß auch Patienten, für die nicht eine Kur, sondern eine ambulante Psychotherapie im Augenblick das Optimale wäre und die dafür ambulant motiviert werden könnten, zur Kur »verschickt« werden. Oft bedeutet das für den Patienten lediglich einen Umweg, die Kurklinik empfiehlt, wenn sie das für indiziert hält, in der Regel eine ambulante Psychotherapie, die sich an den Kuraufenthalt anschließen kann.

Es ist natürlich nicht immer so, daß ein Patient, den der praktische Arzt oder Internist, Orthopäde, Gynäkologe oder Urologe zum Psychotherapeuten schickt, ambulant für eine Psychotherapie zu motivieren wäre. Gerade Patienten, die wegen Beschwerden, die sich im Körperlichen äußern, bei einem Körperarzt in Behandlung sind, reagieren auf eine solche Überweisung oft aversiv. Sie gewinnen den Eindruck, daß der Körperarzt an die Existenz der Beschwerden nicht glaubt und daß er den Patienten gern los sein möchte.

In einer *Kurklinik* ist es viel leichter als ambulant, einen Patienten für eine Psychotherapie zu motivieren. Während im Alltagsleben meist derjenige »dazugehört«, der sein Leben gut bewältigt, ohne die Hilfe eines Psychotherapeuten in Anspruch zu nehmen, ist es in den psychotherapeutischen Kliniken umgekehrt (KÖNIG 1975). »Dazugehört«, wer seine Probleme sieht und sich getraut, über sie zu sprechen. Normen, die dies positiv bewerten, stammen ursprünglich vom therapeutischen Team, werden aber von den Patienten übernommen. In den langen Kontaktzeiten der Patienten miteinander (lang auch im Vergleich zu den Kontakten mit dem therapeutischen Team) wird viel Motivationsarbeit von den Mitpatienten geleistet. Kliniken mit einem halboffenen Aufnahmesystem profitieren davon, allerdings erst ab einer gewissen Aufenthaltsdauer. Im Krankenhaus Tiefenbrunn, einer Neurosenklinik bei Göttingen, leisten vor allem die Patienten, die schon zwei oder drei Monate oder länger dort sind, den Hauptteil der Motivationsarbeit. Bei kurzer durchschnittlicher Aufenthaltsdauer, etwa 4 bis 6 Wochen, kann es sinnvoll sein, alle Patienten für eine Station gleichzeitig aufzunehmen und die initial auftretenden Widerstände der ersten ein bis zwei Wochen möglichst aktiv anzugehen. Der Prozentsatz der so motivierbaren Patienten dürfte zwar geringer sein als beim halboffenen System, wahrscheinlich sind die Ergebnisse der Therapie bei den so *motivierbaren* Patienten aber besser, als wenn auf der psychotherapeutischen Station eine »Bahnhofsatmosphäre« herrscht, wo dauernd Leute ankommen und abfahren, neue integriert werden müssen und die Trennung von den Abreisenden verarbeitet werden muß.

Die *Einleitung* einer psychotherapeutischen Behandlung, bei der es für das Ergebnis ja immer wichtig ist, wie mit der initialen Motivationslage umgegangen wird, dürfte heute in Deutschland die wichtigste und häufigste Aufgabe der psychotherapeutischen Kurkliniken darstellen; bei manchen Patienten kommt eine stationäre Intervalltherapie in Frage. Nur für wenige Patienten reicht eine Kur in einer psychotherapeutischen Kurklinik als Behandlung ganz aus.

Die Kurkliniken haben *therapeutische Verfahren* zur Verfügung, die ambulant nicht zur Verfügung stehen. Einmal, weil das in einer Einzelpraxis kaum zu organisieren wäre, zum anderen, weil die Kosten für solche therapeutischen Verfahren von den Krankenkassen zur Zeit noch nicht übernommen werden. Besonders bei psychosomatisch Kranken erweist sich in der Anfangsphase eine Anwendung körperwahrnehmungsorientierter Verfahren oft als hilfreich.

Patienten, deren stationäre Behandlungskosten von den *Krankenkassen* übernommen werden, weist der behandelnde Arzt ebenfalls häufig zur Einleitung einer Behandlung ein, entweder weil die direkte Überweisung an einen Psychotherapeuten am Wohnort für den Patienten - auch gegenüber seiner Familie und seinen Arbeitskollegen - oft schwerer zu vertreten ist als ein stationärer Aufenthalt, zum zweiten, weil die Möglichkeiten eines Psychotherapeuten, einen Patienten ambulant für eine Psychotherapie zu motivieren, begrenzter sind als die einer Klinik.

Eine *Einweisung* zur Einleitung einer Behandlung erfolgt nicht nur durch somatisch tätige Ärzte als Alternative zur Überweisung an einen Psychotherapeuten, sondern auch durch Psychotherapeuten selbst, wenn sie einschätzen können, daß ein Patient zur Psychotherapie entweder schwer zu motivieren ist oder - häufiger - wenn ein Patient ambulant noch nicht behandelbar erscheint, zum Beispiel weil er agiert, besonders bei der Gefahr eines Suizidversuchs, ohne daß eine Einweisung in eine geschlossene Abteilung gerechtfertigt wäre; oder wenn es zweckmäßig erscheint, den Patienten vorübergehend von seinen Angehörigen zu trennen, zum Beispiel, wenn es zu aggressiven Eskalationen in einer Familie gekommen ist. Alternativ kommt hier natürlich Familientherapie in Frage, die aber noch nicht überall zur Verfügung steht und deren Kosten von den Krankenkassen zur Zeit noch nicht übernommen werden.

An allen psychotherapeutischen Kliniken, in die ich Einblick habe, ist der Prozentsatz an Patienten, die eingewiesen werden, weil Krisen während der Behandlung auftreten, oder bei denen in einer ambulanten Therapie über längere Zeit keine ausreichende Besserung erreicht werden konnte, relativ gering. Das kann man dadurch erklären, daß wenige Patienten in eine solche

Lage kommen, *oder* dadurch, daß Psychotherapeuten sich scheuen, Patienten aus diesem Grund einzuweisen. Es gibt wenig Informationen darüber, was hier überwiegt. Ich habe aber den Eindruck, daß die Scheu von Psychotherapeuten, solche Patienten einzuweisen, abnimmt, und daß in Diskussionen auf Tagungen häufiger über eine solche Alternative gesprochen wird.

Die psychotherapeutischen Kliniken haben die durch einen stationären Aufenthalt möglicherweise induzierte, therapeutisch nicht immer günstige Regression als Problem erkannt, und der Tagesablauf der Patienten wird heute in der Regel so strukturiert, daß man zu tiefe Regression verhindert, indem man von dem Patienten Aktivität fordert. Eine psychotherapeutische Klinik ist heute auch weniger als vor dreißig oder vierzig Jahren ein Schutzraum, der sich gegenüber der Außenwelt abschließt. Es werden Arbeitsversuche organisiert, innerhalb und außerhalb der Klinik. Ab einem gewissen Behandlungsstadium werden Familienheimfahrten und die Besuche von Angehörigen in der Klinik aktiv gefördert.

Insgesamt stellt eine psychotherapeutische Klinik wegen der Möglichkeit einer ganztägigen Psychotherapie, bei der die Kontakte zwischen den Patienten eine große Rolle spielen, wegen des vielfältigen Behandlungsangebotes und wegen der dosierten Schutzfunktion der Klinik heute eine besondere Chance für viele Patienten dar.

Das heißt aber nicht, daß keine Schwierigkeiten auftreten. *Phobische Patienten* fühlen sich im Übergang zwischen dem Schutz durch steuernde Objekte zu Hause und dem Akzeptieren der Klinik als steuerndes Objekt unsicher, wie zwischen zwei Stühlen. Sie reisen dann nicht selten überstürzt ab.

Auch für andere Patienten sind *die ersten Tage* in der Klinik oft schwer; vor allem natürlich für solche, die von seiten der einweisenden Ärzte nicht ausreichend darüber aufgeklärt wurden, daß sie in eine psychotherapeutische Klinik kommen und was Psychotherapie ist. Meist gelingt es allerdings doch, diese Patienten zu halten und zu motivieren. Oft wirkt sich dann ein Mangel an Aufklärung, dessen Ursache im Zeitmangel des behandelnden Arztes oder dessen eigenen Informationsmängeln zu suchen ist, am Ende doch günstig für den Patienten aus. Hätte der Arzt dem Patienten mehr darüber gesagt, was ihn erwartet, wäre er vielleicht gar nicht erst angereist. Es ist ja selbst für Psychotherapeuten, die sich dafür viel Zeit nehmen, schwer, Psychotherapie zu »erklären«. Hier wie fast überall besteht ein erheblicher Unterschied zwischen »knowledge by description« and »knowledge by acquaintance« (RUSSELL 1952).

Eine andere schwere Zeit für viele Patienten stellt der *Übergang von der Klinik zurück ins Alltagsleben* dar. Bei manchen Patienten, die neue Beziehungserfahrungen gemacht haben, sind die Erfahrungen auf den Therapeuten beschränkt geblieben, mit dem sie gemacht wurden. Die Zeit hat nicht ausgereicht, um eine ähnliche Beziehung mit anderen Personen einzugehen, und wenn, handelt es sich oft um Mitpatienten, von denen jetzt Abschied genommen werden muß. Ein Patient, der in einer längeren stationären Psychotherapie das erste Mal eine Ganzobjekterfahrung erleben konnte, verläßt die Klinik vielleicht mit der Angst, so etwas nie wieder erfahren zu können.

Andere Patienten fürchten, daß sie das, was sie in einer auf Experimentieren und Toleranz eingestellten *Klinikatmosphäre* geschafft haben, draußen nicht schaffen werden. Viele tun sich auch schwer, in eine Psychotherapie mit Therapeutenkontakten einmal oder höchstens dreimal die Woche (nur in seltenen Ausnahmefällen viermal oder gar fünfmal die Woche) zurückzukehren. Sie werden es vermissen, daß in Gestalt der diensthabenden Schwestern und Ärzte immer Menschen zur Verfügung standen, die sich um sie kümmern konnten, wenn das notwendig war oder auch nur gewünscht wurde. Für andere Patienten beginnt nun erst die Suche nach einem Therapeuten.

In die Entscheidung, ob ein Patient in eine psychotherapeutische Klinik eingewiesen werden soll, sollte die Überlegung mit eingehen, was geschieht, wenn der Patient aus der Klinik zurückkommt. Das erscheint selbstverständlich, wird aber oft unter dem Druck der Tagesarbeit unterlassen. »Der Patient ist zunächst einmal versorgt, alles andere wird sich finden«.

Es ist aber auch in der somatischen Medizin kontraindiziert, eine Operation zu machen, wenn *Nachbehandlungsmöglichkeiten* fehlen. Die Art von Psychotherapie, auf die eine Klinik vorbereitet hat, ist am Wohnort des Patienten vielleicht nicht realisierbar. Nicht alle Kliniken haben die nötige Flexibilität, um Patienten, die in einem psychotherapeutisch unterversorgten Gebiet wohnen, das Richtige zu bieten, nämlich eine Psychotherapie, die hilft, soweit es unter den gegebenen Umständen möglich ist, ohne für die Zukunft zu stark zu mobilisieren und zu labilisieren.

Nicht alle stationär tätigen Psychotherapeuten kennen das Versorgungsangebot am Wohnort des Patienten. Auch an Orten, wo viele Therapeuten in den entsprechenden Verzeichnissen stehen, ist es oft schwer, einen Behandlungsplatz zu bekommen. Umgekehrt kann es sogar leichter sein, einen Behandlungsplatz in einer Region zu bekommen, die psychotherapeutisch unterversorgt ist, wenn man als Kriterium die Relation zwischen Bevölkerungszahl und Therapeutenzahl nimmt. In solchen unterversorgten Gebieten ist die Nachfrage nach Psychotherapie oft gering, weil die Möglichkeiten von Psychotherapie in der Bevölkerung noch wenig bekannt sind.

Grobe Fehler machen viele Klinikärzte in ihren konkreten *Empfehlungen für die Weiterbehandlung*. Gruppenbehandlung wird empfohlen, weil man in der Klinik bei einem Patienten damit gute Erfahrungen gemacht hat, ohne zu berücksichtigen, ob die Form von Gruppentherapie, die in der Klinik angewandt wurde, am Wohnort des Patienten überhaupt angeboten wird, oder es wird nicht berücksichtigt, daß die Indikation für Gruppenpsychotherapie bei einem Klinikpatienten weiter gestellt werden kann. Das Klinikpersonal behält ihn rund um die Uhr im Auge, was sich natürlich hilfreich auswirkt, wenn der Patient ins Agieren gerät oder wenn sich infolge einer Konfliktmobilisierung die psychischen und körperlichen Symptome verstärken oder neue auftreten.

Bei der *Differentialindikation* zwischen ambulanter und stationärer Psychotherapie ist zu beachten, daß Patienten mit Körpersymptomen, die sich bei einer Konfliktmobilisierung verstärken könnten, ambulant schwer zu behandeln sind. Andererseits kann ein Patient oft nicht so lange in einer Klinik behandelt werden, bis sich die Symptomatik ausreichend vermindert hat, um eine ambulante Behandlung möglich erscheinen zu lassen. Vielleicht wäre die Prognose solcher Patienten besser, wenn sich mehr Psychotherapeuten mit Somatikern in Gemeinschaftspraxen zusammenschlössen. Manche solcher Patienten können an psychotherapeutischen Polikliniken behandelt werden, wo ein somatischer Konsiliarius schnell zur Stelle sein kann. Die Behandlung wird allerdings dadurch erschwert, daß die Therapeuten im Rahmen ihrer Ausbildung routieren und es deshalb selten ist, daß ein Assistent lange genug in einer Poliklinik bleibt, um einen Patienten jahrelang zu behandeln.

Es kann aber auch sein, daß Gruppentherapie in der Klinik bei einem Patienten nicht gut gewirkt hat, weil die Zusammensetzung der Gruppe für ihn ungünstig war oder weil er den raschen Wechsel in einer halboffenen Gruppe in der Klinik nicht vertrug. *Schizoide Patienten* werden durch einen solchen Wechsel oft überfordert, weil es für sie ohnehin schwer ist, mit Menschen in Kontakt zu kommen, die primären Ängste und die sekundären Kompetenzmängel hindern sie daran. *Depressive Patienten* lassen sich oft auf Beziehungen nicht ein, deren Kürze abzusehen ist. *Zwanghafte Patienten* erleben einen häufigen Wechsel als ängstigend chaotisch; vor allem wenn sich das Normengefüge der Gruppe infolge des Wechsels nie recht stabilisiert, sondern immer wieder verändert. *Phobische Patienten* erleben es als schwierig, eine Gruppe in raschem Wechsel als verläßliches steuerndes Objekt zu akzeptieren. Besonders bei Patienten, die Schwierigkeiten mit dem raschen Wechsel haben, ist es ungünstig, wenn während des Aufenthaltes auch der Therapeut wechselt, was während der Urlaubszeit vorkommen kann. Die Alternative wäre leider, daß Therapeuten keinen Urlaub machen oder daß die Gruppentherapie während der Abwesenheit des Therapeuten ausfällt.

Auch die Co-Therapie bietet da nicht immer eine Lösung. Schon aus ökonomischen Gründen ist es in Kliniken (wie auch in der ambulanten Praxis) schwer möglich, zwei Gruppentherapeuten gleicher Kompetenz mit einer Gruppe arbeiten zu lassen. Meist arbeiten ein erfahrener und ein weniger erfahrener Therapeut zusammen. Wenn der erfahrene Therapeut nun in Urlaub ist, können sich die Enttäuschungen und der Ärger der »verlassenen« Patienten auf den zurückgebliebenen Junior-Therapeuten richten, der es aus Mangel an Kompetenz schwer haben wird, damit umzugehen. Hier kann aber dichte Supervision helfen.

Insgesamt sind die Erfahrungen, die ein Patient in der Klinik in einer Gruppe macht, nur begrenzt auf eine Gruppe im ambulanten Setting übertragbar. Hinzu kommt noch, daß Gruppen mit verschiedenen Techniken angewandt werden und daß Therapeuten verschieden enge oder weite Indikationen stellen. Entsprechendes gilt natürlich auch für die Einzeltherapie.

Es empfiehlt sich deshalb nicht, daß eine Klinik eine eindeutige Empfehlung für eine bestimmte Therapieform gibt. Vielmehr sollte die Wahl der Therapieform dem ambulant tätigen Therapeuten überlassen bleiben. Das gilt zumindest für die Information an den Patienten. In einem Brief an den prospektiven Therapeuten kann die Klinik natürlich Stellung nehmen, eine therapeutische Empfehlung sollte aber begründet werden. Arztbriefe enthalten oft viele überflüssige Informationen, aber an den Begründungen für Therapieempfehlungen fehlt es.

Wie in jeder Therapie ist es auch in einer klinischen Psychotherapie in der Regel indiziert, die *Ablösung*, aber auch den Umgang mit dem Zukünftigen zu bearbeiten und diese Bereiche anzusprechen, wenn der Patient sie nicht selbst in die Therapie einbringt.

In manchen Kliniken ist die Aufenthaltsdauer von vornherein festgelegt, oder der Spielraum für eine eventuelle Verlängerung ist gering, zum Beispiel vier Wochen mit der Möglichkeit einer Verlängerung auf sechs, maximal acht Wochen. Bei solchen Zeiträumen muß der mögliche Nutzen einer Verlängerung gegen den möglichen Schaden, zum Beispiel den Verlust des Arbeitsplatzes, sorgfältig abgewogen werden. Junge Therapeuten verlängern oft, um bei einem Patienten mehr zu erreichen - auch dann, wenn anschließende ambulante Therapie vorgesehen ist. Es kommt aber nicht darauf an, daß *ein Therapeut* viel erreicht, sondern daß *insgesamt* ein Optimum erreicht wird. Das Optimum kann in einer kurzen stationären Psychotherapie liegen, kombiniert mit einer längeren ambulanten Weiterbehandlung. Bei längeren Zeiträumen geht es immer auch darum, die positiven Auswirkungen einer Therapie gegen mögliche schädliche Auswirkungen abzuwägen, zum Beispiel gegen eine therapeutisch nicht nutzbar zu machende Regression oder auch nur gegen das allmähliche Abnehmen von Selbstverantwortung und die zunehmende Angst mancher Patienten, den Übergang zurück in eine ganztägige Arbeit zu schaffen, wenn sie sich zu sehr an das Klinikleben gewöhnt haben. Weiter oben wurde schon erwähnt, daß die psychotherapeutischen Kliniken sich dieser Probleme heute bewußt sind. Das heißt natürlich nicht, daß man sie *immer* in den Griff bekommt.

Auch in psychotherapeutische Kliniken werden Patienten eingewiesen, die besser woanders behandelt werden sollten. Selten kommt es vor, daß Patienten eingewiesen werden, die keiner Psychotherapie bedürften. Häufiger kommt es zur Einweisung von Patienten, die auch ambulant behandelt werden könnten. Das geschieht meist dann, wenn am Ort oder in der Region keine oder viel zu wenige Psychotherapeuten zur Verfügung stehen. Man muß eine solche »geographische« Indikation akzeptieren. Selten kommt es vor, daß eine organische Erkrankung als neurotisch verkannt wird. Von Einzelfällen wird immer wieder berichtet. Ich selbst erinnere mich an eine Patientin mit hypoglykämischen Dämmerzuständen, infolge eines insulinproduzierenden Tumors, die in den durch Hypoglykämie induzierten Dämmerzuständen eine sexuelle Konfliktsituation pantomimisch agierte, so daß man an einen hysterischen Anfall denken konnte. Die Ursache der Dämmerzustände wurde durch Bestimmen des Blutzuckerspiegels in einem Anfall geklärt. Gelegentlich wird Multiple Sklerose als neurotisch verkannt. Als ich in Heidelberg Medizin studierte, wurde von einer Patientin mit einer Schluckstörung erzählt, die als neurotische Schluckstörung anbehandelt worden war, bei der sich dann aber ein Oesophaguskarzinom herausstellte. Die Verkennung von psychogenen Erkrankungen als somatogene kommt aber viel öfter vor als das Umgekehrte.

Relativ häufig scheint leider die Fehldiagnose *neurotische Depression* bei einer überwiegend endogenen Depression zu sein. Gegen die Mitbehandlung der psychogenen Komponenten eines überwiegend endogen bedingten depressiven oder zyklothymen Krankheitsbildes ist nichts einzuwenden. Es gibt aber lang hingezogene endogene Depressionen, die neurotischen Depressionen ähneln können und deshalb als nur neurotisch fehldiagnostiziert werden. Bei bipolaren Störungen führt meist die manische Phase zur Diagnose.

Viele psychotherapeutische Kliniken begnügen sich mit den externen somatischen Voruntersuchungen. Sie veranlassen oft keine weitergehenden Untersuchungen, wenn sich aus dem Krankheitsbild Fragen ergeben, die vorher vielleicht noch nicht aufgetaucht sind, zum Beispiel im Rahmen einer genaueren Beschwerdeschilderung, für die sich der Körperarzt vielleicht nicht die nötige Zeit genommen hat. Selbst wenn solche Kliniken über eine somatische Abteilung verfügen, verlieren die dort tätigen Ärzte wegen der meist einseitigen Ausrichtung ihrer Berufstätigkeit mit der Zeit an somatischer Kompetenz, auch wenn die apparativen Möglichkeiten alle vorhanden sind. Hier empfiehlt sich die Zusammenarbeit mit einem guten somatischen Klinikum, was natürlich dann schwierig ist, wenn die psychotherapeutische Klinik von einem solchen Klinikum weit entfernt liegt. Bei relativ kurzer durchschnittlicher Behandlungsdauer entsteht dann kein wesentlicher Schaden, wenn die offen gebliebenen somatischen Fragen in einem rechtzeitig diktierten, geschriebenen und abgeschickten Arztbrief eindeutig benannt werden.

Daß psychotherapeutische Kliniken sich ganz überwiegend mit der Einleitung von Behandlungen beschäftigen, hat Auswirkungen auf die *Berufszufriedenheit* der dort tätigen Therapeutinnen und Therapeuten, aber auch des übrigen therapeutischen Personals. Wie an allen Kliniken streben die Assistenten einer psychotherapeutischen Klinik in der Regel nicht an, dort ihr Leben lang in dieser Funktion zu bleiben. Lediglich Frauen in einer Halbtagsstellung bleiben längere Zeit als Assistentinnen an einer solchen Klinik. Sie verbinden ihre Tätigkeit als Hausfrau und Mutter mit der Arbeit in der Klinik und leiden weniger als andere darunter, daß sie immer nur einen kurzen Teil des Entwicklungsweges des Patienten verfolgen können - sie verfolgen intensiv die Entwicklung der eigenen Kinder. Außerdem ermöglicht eine Halbtagsstellung meist noch die Behandlung ambulanter Patienten über längere Zeitabschnitte im Rahmen einer Nebentätigkeit.

Auch die Oberarzttätigkeit an einer Klinik ist in der Regel keine Lebensaufgabe. Zwar können die Oberärzte meist noch Patienten ambulant behandeln, gelegentlich haben sie auch eigene Privatpatienten in der Klinik; die meisten streben aber doch entweder eine Kliniksleitung oder eine Niederlassung an, wo sie entweder als Chefs die Entwicklung ihrer Mitarbeiter längerfristig verfolgen können oder als Niedergelassene die Entwicklung ihrer Patienten.

Depressiv Strukturierte haben besondere Probleme damit, sich auf Kurzzeitbeziehungen einzulassen, und da es wohl kaum Psychotherapeuten ohne einen depressiven Strukturanteil gibt, ist das ein Problem für viele. Überwiegend *schizoide Therapeuten* können es belastend finden, sich immer wieder mit unvertrauten Menschen bekanntmachen zu müssen. Ihr Interesse richtet sich allerdings oft weniger auf einzelne Personen als vielmehr auf die Menschheit oder »die Frau« und »den Mann«. *Zwanghafte Therapeuten* haben Schwierigkeiten, sich umzustellen, aber auch Schwierigkeiten, eine Aufgabe unvollendet anderen abzugeben. *Phobische Therapeuten* kommen in Kliniken meist relativ gut zurecht, wenn sie nicht die Patienten, sondern »die Klinik« oder bestimmte Vorgesetzte als steuernde Objekte wählen. Die Voraussetzung ist allerdings, daß sie eine gute und gesicherte Beziehung zur Klinik oder zu einem Vorgesetzten haben. Ein Oberarzt- oder Chefwechsel bringt sie in besondere Schwierigkeiten. Ist die Stationsschwester das steuernde Objekt, gilt Entsprechendes bei der Versetzung auf eine andere Station. *Hysterische Therapeuten* fühlen sich an Kliniken meist am wohlsten. Sie beginnen gerne etwas, regen gern etwas an und überlassen die weitere Entwicklung dann dem Spontanverlauf oder der geduldigen Weiterarbeit anderer.

Narzißtische Therapeuten haben in einer Klinik mehrere Quellen narzißtischer Zufuhr: die Patienten, die Schwestern und Pfleger, die Vorgesetzten. Wenn die narzißtische Bilanz durch narzißtische Zufuhr von seiten der Schwestern und Pfleger und der Vorgesetzten ausgeglichen ist, können sie recht stabil und zufrieden bleiben. Ihre Arbeit mit den Patienten zielt dann nicht eigentlich auf die Patienten selbst, sondern mehr auf die Beurteilung durch die Vorgesetzten und Schwestern und Pfleger; da aber gute Arbeit positiv beurteilt wird, motiviert das, gute Arbeit zu leisten.

In Kliniken dauert die Therapie oft nicht so lange, daß die initiale Idealisierung des Therapeuten in Frage gestellt wird. Da narzißtische Therapeuten außerdem wenig Neigung haben, Idealisierung in Frage zu stellen, verlassen die Patienten solcher Therapeuten die Klinik oft mit der Vorstellung, außerhalb der Klinik gebe es keine gute Therapie. Eine solche Einschätzung wird dann oft durch den narzißtischen Therapeuten selbst noch verstärkt, wenn er durchblicken läßt, daß das, was andere mit dem Patienten machen könnten, doch nicht effektiv sein würde. Diese Einschätzung führt oft auch dazu, daß die ambulanten Therapeuten von narzißtischen Kliniktherapeuten unzureichend informiert werden. Arztbriefe werden für nicht so wichtig gehalten, deshalb spät geschrieben und sind oft nicht wirklich informativ. Sie enthalten zwar oft *viele* Informationen, aber wenige, mit denen der niedergelassene Kollege etwas anfangen kann. Arztbriefe werden oft aus Gründen spät oder schlecht geschrieben, die auch bei anderen Arbeiten auftreten können; im Schreiben der Arztbriefe drückt sich aber unter anderem auch eine Einschätzung des Empfängers aus.

Depressive Therapeuten geben sich beim Schreiben der Arztbriefe oft große Mühe, weil sie ihre eigene Arbeit schlecht finden, und eine ebensolche Bewertung durch den Leser des Arztbriefes fürchten. Außerdem raffen sie sich schwer zum Schreiben von Arztbriefen auf, weil sie sich zu nichts leicht aufraffen. Arbeiten, die ihnen gleichsam ins Haus oder ins Zimmer gebracht werden, erledigen sie immer zuerst. Auf die sehr interessante und komplexe Problematik der spät oder schlecht geschriebenen Arztbriefe, ein Problem in fast allen Kliniken, will ich im Rahmen dieses Buches nicht ausführlich eingehen, die folgenden weiteren Hinweise mögen genügen. Mit Arztbriefen sind viele Entscheidungen verknüpft, die Entscheidung, den Arztbrief überhaupt zu schreiben; welches Material aufgenommen, welches weggelassen werden soll; welche formalen Kriterien und Anforderungen Geltung haben sollen; was dargestellt und was fortgelassen, vielleicht auch »verschwiegen« werden soll; und schließlich, was man bezüglich der Weiterbehandlung empfehlen will. *Zwanghafte Therapeuten* zum Beispiel schieben das Arztbriefschreiben lang hinaus. Sie machen die Arztbriefe dann zu ausführlich, weil sie sich nicht für das Fortlassen entscheiden können, oder aber zu schematisch, wenn für sie ein schematisches Vorgehen notwendig ist, um ihre Ambivalenzen zu überwinden. Sie geben entweder schematische Empfehlungen oder mehrdeutige. Oft können sie sich in die Situation der ambulant tätigen Therapeuten schwer hineinversetzen, weil sie dann anerkennen müßten, daß das, was in der Klinik richtig ist, in der ambulanten Praxis falsch sein kann und umgekehrt. Sie sehnen sich nach absoluten Maßstäben. In diesem Bereich haben auch *narzißtische Therapeuten* Schwierigkeiten, weil sie sich schlecht mit anderen Menschen, zum Beispiel mit dem künftigen Leser des Arztbriefes, identifizieren können.

An anderer Stelle dieses Buches (S.138f.) habe ich darauf hingewiesen, daß zu Beginn und in der Anfangsphase einer Therapie besonders viele Entscheidungen getroffen werden müssen. Da in Kliniken Therapien fast nur *begonnen* werden, ist die *Entscheidungsdichte* groß. Menschen, die sich schlecht entscheiden und schlecht Wesentliches von Unwesentlichem unterscheiden können, oder die sich nach starren Schemata richten, um diese Schwierigkeiten zu umgehen, eignen sich für stationäre Psychotherapie wenig. Hier wie überall tun sich wohl solche Menschen am leichtesten, deren Persönlichkeitsstruktur nicht durch einen einzigen Strukturanteil dominiert wird.

Anhang

Was bei Anamnesen oft vergessen wird: Fragen zu den Kindern

Therapeuten, die selbst keine Kinder haben, fragen oft zu wenig nach den Kindern.

Leiden die Kinder unter Konflikten in der Beziehung?

Sind sie Gegenstand von Streit?

Haben sie Symptome?

Sind sie in Therapie?

Waren sie der Anlaß dazu, daß der Patient (die Patientin) in Therapie kommt?

Wenn der Therapeut eines Kindes die Therapie eines Elternteils veranlaßt hat, was sind die Erwartungen des Therapeuten?

Wenn man den Therapeuten kennt: wie wird voraussichtlich die Kooperation sein?

Wenn man ihn nicht kennt, was ist zu unternehmen, um eine Kooperation einzuleiten?

Oder ist es besser, wenn die beiden Therapeuten keine Verbindung miteinander haben?

Wie würde der Patient eine Bitte um Schweigepflichtsentbindung gegenüber dem Therapeuten des Kindes voraussichtlich aufnehmen?

Könnte das Vertrauensverhältnis verbessert werden?

Gestört werden?

Möchte der Patient (die Patientin) die Verantwortung für das Kind abgeben?

Besteht eine Indikation zu Paargesprächen oder überhaupt zu Paartherapie?

Zu Familiengesprächen oder überhaupt zu Familientherapie?

Kann ich die durchführen?

Kann der Kindertherapeut die durchführen?

Wenn ja, warum hat er das nicht vorgeschlagen?

Wird das Kind nur vorgeschoben, weil eine Therapie für ein Kind vom Patienten eher als Motiviation zu einer Therapie akzeptiert werden kann?

Von dessen Umgebung?

Wenn sowohl die Motivation für »Therapie für das Kind« und »Therapie für einen selbst« beim Patienten vorliegt, wie ist wohl das Mischungsverhältnis?

Wie könnte es sich im Laufe der Therapie ändern?

Hat das Kind noch andere feste Bezugspersonen außer den Eltern?

Wie sind die Beziehungen?

Bei Adoleszenten: Hat das Kind eine gleichaltrige Bezugsgruppe, in die es integriert ist?

Oder ist es eher ein Einzelgänger?

Ist der Patient mit der Bezugsgruppe einverstanden?

Sie selbst? (Darauf achten, ob nicht eine Konfliktproblematik mit der Bezugsgruppe der eigenen Kinder auf das Beziehungsfeld des Patienten und seiner Kinder verschoben wird (bei adoleszenten Kindern besonders häufig).)

Falls die Paarbeziehung des Patienten auseinandergeht, trotz Therapie oder weil die Therapie ein starkes Überwiegen einer neurotischen Partnerwahl aufdeckt, was wären die Auswirkungen auf die Kinder?

Entscheidungshilfen bei Interventionen

Warum schweige ich?

Will ich etwas verstehen?

Will ich etwas anwachsen lassen?

Habe ich etwas erkannt, ohne es ausdrücken zu können?

Fällt es mir schwer, mich mit dem Selbst des Patienten in seinem jetzigen Zustand zu identifizieren?

Schweige ich, weil ich mich mit dem Selbst des Patienten identifiziert habe und der Meinung bin, daß er eine Intervention, die aus dem Erkannten resultiert, zum jetzigen Zeitpunkt noch nicht vertragen kann?

Schweige ich also, weil ich abwarte?

Schweige ich, weil ich überlege, wie ich eine Deutung durch andere Interventionen vorbereiten soll?

Schweige ich, weil ich fürchte, in einer Konfrontation, Klarifikation oder Deutung könnte ein Ärger transportiert werden, den ich auf den Patienten habe?

Bin ich nicht sicher, ob ich intervenieren will, um dem Patienten zu helfen oder um ihn zu beeindrucken?

Fürchte ich, daß der Patient die Intervention, die ich vorhabe, zurückweist?

Fürchte ich, daß der Patient die Intervention »annimmt«, aber nichts damit macht?

Fürchte ich, daß die Intervention beim Patienten etwas bewirkt, was ich noch schwer absehen kann?

Fürchte ich mich vor einer Übertragung des Patienten, die eine jetzt bestehende, angenehmere Form der Übertragung ablösen könnte?

Fürchte ich, daß es dem Patienten zur Zeit vor allem darum geht zu beweisen, daß ich nichts kann, und wird er sich deshalb keine Zeit lassen, die Intervention auf sich wirken zu lassen, sondern sie sofort als wertlos erklären?

Möchte ich lieber bis zur nächsten Stunde warten, um die Intervention besser vorzubereiten?

Warum habe ich dann aber mit dem Vorbereiten noch nicht begonnen?

Fürchte ich, daß schon das Vorbereiten mehr mobilisiert, als ich in der Stunde mit dem Patienten bearbeiten kann, so daß er dann nach der Stunde vielleicht agiert?

Meine ich, daß dem Patienten wortloses Verstehen im Augenblick mehr hilft als jede Intervention?

Warum?

Wirklich?

Ich will jetzt intervenieren: Kann ich mich in das Selbst des Patienten einfühlen?

Habe ich die Beziehung des Selbst des Patienten zu dem übertragenen Objekt ausreichend verstanden?

Will ich jetzt intervenieren, um mich von einem Gefühl zu entlasten oder einem Handlungsimpuls nachzugeben, ohne das Gefühl oder den Handlungsimpuls ausreichend verstanden zu haben?

Bezieht sich die Intervention, die ich vorhabe, auf die übertragungsbedingte Zuschreibung oder auf den Umgang des Patienten mit dem übertragenen Objekt?

Spüre ich Gefühle, Stimmungen oder Handlungsimpulse, die etwas mit projektiver Identifizierung zu tun haben könnten, die ich kognitiv noch nicht ausreichend verarbeitet habe?

Soll die Intervention mir helfen, die projektive Identifizierung besser zu verstehen?

Soll sie bewirken, daß der Patient die projektive Identifizierung als solche erkennt?

Besteht die Gefahr, daß der Patient auf meine Intervention hin die projektive Identifizierung zurücknimmt, ohne daß sie bearbeitet wurde?

Was können dann die Folgen sein?

Würde die projektive Identifizierung wechseln?

Würde der Patient sich fremd fühlen, weil er keine alternativen Objektbeziehungsmodelle zur Verfügung hat?

Wird meine Intervention die Übertragungsbeziehung deutlicher machen?

Vorübergehend stören oder auf die Dauer schwächen?

Übertrage ich auf den Patienten ein Objekt, von dem ich möchte, daß es mich akzeptiert, liebt, bewundert?

Übertrage ich ein Objekt, von dem ich erwarte, daß es mich zurückweist, entwertet, haßt?

Ist die beabsichtigte Formulierung der Intervention darauf abgestellt, daß der Patient sie assimilieren kann?

Assimilieren im Sinne von Einsicht oder von ernährt werden?

Daß der Patient mich wegen dieser Intervention bewundert?

Daß er mich eine Zeitlang in »Ruhe läßt«?

Will ich intervenieren, weil der Patient möchte, daß ich irgendetwas sage, und halte ich es für gut, diesen Wunsch zu erfüllen?

Kann ich es aushalten, diesen Wunsch abzuschlagen?

Will ich intervenieren, obwohl ich der Meinung bin, daß es dem Patienten mittel- oder langfristig schadet, nur um ihn jetzt zu befriedigen?

Wenn ich meine Intervention sachlich begründe, handelt es sich vielleicht um eine Rationalisierung?

Ist die beabsichtigte Konfrontation überdosiert?

Unterdosiert?

Bin ich sicher, daß ich mich durch die Konfrontation nicht nur entlasten will?

Will ich vielleicht zu ängstlich konfrontieren?

Zu direkt?

Fühle ich mich vor dieser Konfrontation ungeduldig?

Ärgerlich?

Ängstlich?

Wenn ich klarifizieren will, braucht der Patient da meine Hilfe, oder könnte er es selber machen?

Überfordere ich den Patienten, wenn er es selber machen soll?

Unterfordere ich ihn, wenn ich ihm das abnehme?

Soll die Klarifizierung vorbereitend sein (wie eine Deutung) oder zunächst abschließend?

Wenn ich deuten will: Ist mir klar, was ich dem Patienten vermitteln möchte?

Was soll womit verknüpft werden?

Ist der Widerstand ausreichend bearbeitet?

Ist die Intervention zu tief?

Könnte sie tiefer sein?

Wenn ich Metaphern verwenden will, was ist deren Funktion?

Könnte ich es nicht auch deskriptiv machen?

Ist die Deutung zu implizit?

Zu explizit?

Schätze ich die Fähigkeit des Patienten, mit der Deutung weiterzuarbeiten, richtig ein?

Kann der Patient die Deutung, so wie ich sie beabsichtige, voraussichtlich assimilieren?

Oder will ich ihn nur beeindrucken?

Bezieht sich die Deutung auf etwas, das für den Patienten wichtig ist oder auf etwas, das mir wichtig ist (zum Beispiel Entlastung durch frühe Deutung)?

Wenn ich abwarte, werden dadurch die Chancen besser, daß der Patient die Deutung assimiliert?

Oder ist die Gelegenheit dann verpaßt?

Nach einer Deutung: Wie reagiert der Patient?

Sagt er: 'Ja, es stimmt' oder etwas ähnliches, ohne emotional zu reagieren?

Reagiert er auch emotional?

Nur emotional?

Arbeitet der Patient mit der Intervention weiter?

Oder glaubt er, es sei schon genug, wenn er die Intervention verstanden hat?

Was ändert sich nach der Intervention am Prozeß?

An der Beziehung?

An der Arbeitsweise des Patienten?

Am Inhalt des vorgebrachten Materials?

Bezüglich des manifesten Inhalts?

Bezüglich des latent Vermittelten?

Enthält das Material nach der Deutung Hinweise darauf, wie der Patient die Art und Weise meiner Intervention findet?

Explizite Hinweise?

Implizite Hinweise?

Enthält das Material Hinweise darauf, daß ich es gut gemacht habe? Hinweise darauf, daß ich es schlecht gemacht habe? Hinweise darauf, wie der Patient meint, daß ich es besser machen könnte?

Wurde die bestehende Übertragung intensiviert?

Ein Stück weit aufgelöst?

Wechselt der Patient das übertragene Objekt?

Verändert er den Umgang mit dem übertragenen Objekt?

Externalisiert er jetzt Anteile seines Selbst, während er vorher ein Objekt übertragen hat, oder umgekehrt?

Wenn der Patient die Deutung nicht annimmt: Sagt er einfach »das stimmt nicht«, ohne Begründung?

Wenn er begründet, wie begründet er?

Leuchtet mir die Begründung ein?

Akzeptiert der Patient die Deutung intellektuell, aber nicht emotional?

Betont der Patient, daß er die Deutung nur intellektuell, aber nicht emotional akzeptiert und handelt es sich bei dieser Aussage um einen Widerstand, der verhindern soll, daß ich eine emotionale Reaktion bemerke?

Welche Konsequenzen hat das für eine weitere Intervention?

Finde ich, daß ich gut interveniert habe?

Nicht so gut?

Ganz daneben?

Kann mich der Patient leicht verunsichern?

Zu schwer?

Wenn ich nicht gut interveniert habe, stellt die Reaktion des Patienten dann mein Bild von ihm in Frage und verstehe ich ihn jetzt weniger gut, als ich vorher meinte, ihn zu verstehen?

Oder ergänzt und korrigiert die Reaktion des Patienten mein Bild von ihm so, daß ich ihn jetzt besser verstehe?

Wenn der Patient die Intervention nicht angenommen hat: hängt das damit zusammen, daß er noch zu wenig über die psychoanalytische Arbeitsweise weiß und noch nicht gut genug analytisch denken kann?

Ziehe ich daraus die Konsequenz auf der Ebene der Arbeitsbeziehung, Information zu geben?

Meine eigene Arbeitsweise deutlicher zu machen, damit er ein prägnantes Modell hat?

Hat der Patient so reagiert, daß ich die Neigung habe, die Indikation in Frage zu stellen?

Hat mir die Reaktion des Patienten Informationen über die Art seines Widerstandes gegeben?

Hat sie mich überrascht?

Habe ich damit gerechnet?

Habe ich die Reaktion des Patienten für wahrscheinlich gehalten und meine ich, daß mir im Augenblick nichts anderes bleibt, als Deutungen zu wiederholen, in der Hoffnung, daß eine vielleicht doch ankommt oder der Patient endlich begreift, wie ich mit ihm arbeiten will?

Meine ich schon längere Zeit, daß die Indikation nicht stimmt, und will ich es bloß nicht wahrhaben?

Was würde es für den Patienten bedeuten, wenn die Indikation sich als falsch erweisen würde?

Für mich persönlich?

Emotional?

Bezüglich der Arbeit, die ich leisten müßte, den Patienten zum Beispiel anderswohin zu überweisen?

Würde es mich kränken, eine falsche Indikation gestellt zu haben?

Hätte es für mich Nachteile (zum Beispiel in der Ausbildung), wenn ich eine falsche Indikation gestellt hätte?

Hat auch mein Kontrollanalytiker eine falsche Indikation gestellt?

Hat das mit seinen blinden Flecken zu tun?

Oder damit, wie ich ihm den Patienten vorgestellt habe?

Hat der Kontrollanalytiker mir bloß nachgegeben, weil ich den Patienten unbedingt behandeln wollte?

Wenn ich die Indikation mit dem Kontrollanalytiker jetzt besprechen will, habe ich Angst, ihn zu kränken?

Habe ich Angst, schlecht dazustehen?

Habe ich die Tendenz, Informationen zurückzuhalten, die den Kontrollanalytiker motiveren könnten, seine Entscheidung zu revidieren?

Möchte ich, daß der Kontrollanalytiker die ursprüngliche Indikation bestätigt?

Daß er sie widerruft?

Was würde das eine oder das andere für den Patienten bedeuten?

Für mich?

Wenn ich der Meinung bin, daß die Intervention richtig war, und dem Patienten geht es schlechter: Handelt es sich um eine echte negative therapeutische Reaktion?

Welchen Typus? (König 1991)

Oder war die Intervention doch unzutreffend oder nicht richtig getimed oder dosiert oder formuliert?

Will ich den Patienten eigentlich lossein, und lasse ich mich deshalb von meiner Ungeduld leiten, um mir zu beweisen, daß es mit der Therapie doch nichts wird?

Versuche ich mir auf jeden Fall zu beweisen, daß aus der Therapie etwas werden kann, und beachte ich deshalb nicht, daß der Patient mit Interventionen vorher schon unproduktiv umgegangen ist?

Leugne ich das, weil sonst ein Kompetenzmangel meinerseits deutlich werden könnte?

Entscheidungen für die Ausbildung

Psychologen können in der Bundesrepublik Deutschland zur Zeit nur dann an der kassenärztlichen Versorgung im Rahmen des Gutachterverfahrens teilnehmen, wenn sie die psychoanalytische Vollausbildung absolviert haben. Daran könnte ein Psychotherapeutengesetz etwas ändern. Es steht bevor, wann es kommt, ist noch ungewiß. Auch die Anforderungen für den Facharzt für Psychotherapeutische Medizin, der auf dem Ärztetag beschlossen wurde, müssen erst ausgearbeitet werden.

Der Psychotherapie-Zusatztitel ist für die Ausübung von Psychotherapie in Verbindung mit einem anderen Fach gedacht, zum Beispiel Allgemeinmedizin, Innere Medizin oder Psychiatrie. Wie der kombinierte Facharzt *Arzt für Psychiatrie und Psychotherapie* im einzelnen aussehen wird und welche Ausbildungsmöglichkeiten die einzelnen Kliniken anbieten werden, ist ebenfalls noch nicht im einzelnen bekannt.

Eine psychoanalytische Vollausbildung verlangt als Selbsterfahrung eine Psychoanalyse, während für den Psychotherapie-Zusatztitel auch eine psychoanalytische Selbsterfahrungsgruppe anerkannt wird.

Eine psychoanalytische Selbsterfahrunsgruppe ermöglicht es dem Teilnehmer, tiefe Regression zu erfahren, wenn sie entsprechend geleitet wird. Im Einzelsetting erfährt der Weiterbildungsteilnehmer tiefe Regression in der Regel nur dann, wenn die Lehranalyse mit drei oder mehr Stunden wöchentlich stattfindet. Wie ich schon an anderer Stelle vertreten habe (KÖNIG 1993a), fände ich es günstig, wenn Kolleginnen und Kollegen, die sich für den Psychotherapie-Zusatztitel weiterbilden wollen, auch eine niederfrequente Selbsterfahrung im Einzelsetting machen würden, und zwar in dem Verfahren, das sie wahrscheinlich am häufigsten anwenden werden. Auf eine Selbsterfahrungsgruppe sollten sie aber nicht verzichten, weil ihnen sonst die Erfahrung im Umgang mit Regression fehlt, die sie bei der Behandlung von Patienten brauchen werden, die infolge einer Entwicklungsstörung in einem Zustand in Therapie kommen, der tiefer Regression entspricht. Ich empfehle auch dringend, mehr Patienten supervidiert zu behandeln, als die Richtlinien das vorschreiben. Das kann unter Umständen noch nach Erwerb des Zusatztitels geschehen. Auch den Teilnehmern an der Vollausbildung empfehle ich, ihre Fälle nach dem Abschlußexamen noch eine Zeitlang supervidieren zu lassen. Die Supervision kann auch in Arbeitsgruppen geschehen, die interkollegiale Supervision betreiben.

Eine psychoanalytische Vollausbildung erfordert einen erheblichen zeitlichen und finanziellen Aufwand. Die Vorlesungen, Übungen und Seminare finden in der Regel abends statt, und wenn die Ausbildung nicht sehr lange dauern soll, wird man mit einem wöchtenlichen Zeitaufwand von 15 bis 20 Stunden rechnen müssen, in der Regel neben einem vollen Arbeitstag in einer psychotherapeutische, psychiatrischen oder sonstigen Klinik. Erst wenn die Ausbildung so weit fortgeschritten ist, daß man mehrere Patienten gleichzeitig behandeln kann, ist es möglich, mit einer halben Stelle auszukommen, ohne in finanzielle Schwierigkeiten zu geraten.

Jeder, der Psychotherapie betreiben will, sollte auch auf sich selbst neugierig sein. Er sollte den Wunsch haben, sich in einer Lehranalyse oder einer Selbsterfahrungsgruppe besser kennenzulernen und seine Lebensmöglichkeiten zu erweitern. Psychische Gesundheit im psychoanalytischen Sinn ist nicht mit Symptomfreiheit gleichzusetzen. Zwar haben fast alle Bewerber für eine psychotherapeutische Ausbildung irgendwelche Symptome, oft sind sie aber zu geringfügig, als daß die Betreffenden eine Psychotherapie machen würden, nur um die Symptome loszuwerden. Während einer Psychoanalyse oder Selbsterfahrungsgruppe ist allerdings mit einer Konfliktmobilisierung zu rechnen. Das kann zu Symptomen führen, die vorübergehend die Arbeitsfähigkeit einschränken. Konflikte in der Familie, die bisher »unter den Teppich gekehrt« wurden, können aufflackern. Gelingt es, dies zu bearbeiten, lebt und arbeitet der Weiterbildungskandidat am Ende besser. Es kann sich aber auch herausstellen, daß sein bisheriges Lebensarrangement stark durch eine neurotische Berufs- oder Partnerwahl bestimmt war. Auch die Wahl einer Ausbildung kann überwiegend neurotisch bedingt gewesen sein, was in den Aufnahmeinterviews nicht immer ausreichend abgeklärt werden kann. Ein Psychoanalytiker braucht bestimmte Begabungen, die Fähigkeit zur Empathie, die Fähigkeit, Analogien zu erkennen, die Fähigkeit, mit Sprache klar und dosiert umzugehen, Geduld und Sensibilität, gepaart mit einer gewissen Festigkeit. Diese Kombination findet sich nicht bei vielen Menschen. Es kann durchaus sein, daß ein Weiterbildungskandidat während der Ausbildung entdeckt, daß ein anderer Beruf für ihn geeigneter wäre. *Es empfielt sich deshalb, nicht alles auf die Karte psychotherapeutische Ausbildung und besonders auf die Karte psychoanalytische Vollausbildung zu setzen.*

Oft wird gesagt, daß eine Psychoanalyse eine bestehende Partnerschaft gefährden kann. Das ist richtig, es kann sich herausstellen, daß die Partnerschaft auf eine neurotische Partnerwahl zurückzuführen war und die gemeinsam verbrachte Lebensgeschichte vielleicht nicht ausreicht, um die Beziehung zusammenzuhalten. Statistiken liegen nicht vor. Ich habe aber nicht den Eindruck, daß die Scheidungsrate bei Ausbildungskandidaten wesentlich höher ist als in der Gesamtbevölkerung. Es kommt vielleicht nur eher zur Trennung von einem Partner, von dem man sich ohnehin getrennt hätte oder mit dem man in einer unbefriedigenden Partnerschaft vielleicht ein Leben lang zusammengeblieben wäre ohne den Mut und eine Möglichkeit zu finden, sich zu trennen.

In Partnerschaften, in denen die Partner aneinander wenig emotionale Ansprüche stellen, kann es sein, daß ein Partner mehr emotionale Möglichkeiten und deshalb auch mehr emotionale Ansprüche entwickelt, denen der andere dann nicht gerecht werden kann; es sei denn, er mache selbst irgendeine Form von Selbsterfahrung oder eine Therapie, die ja von den Krankenkassen bezahlt wird, wenn Symptome auftreten.

Daß Psychologen, die mit den Kassen abrechnen wollen, eine Vollausbildung machen müssen, finde ich ungünstig. Eine Vollausbildung in der klassischen Psychoanalyse erfordert Persönlichkeitseigenschaften, die nicht jeder hat, der Psychotherapie betreiben möchte und es auch von den persönlichen Voraussetzungen her könnte. Bei wenigen Therapieformen braucht man so viel Geduld und Frustrationstoleranz wie bei der klassischen Psychoanalyse. Wie bei der Geburtshilfe muß man abwarten können, um dann plötzlich aktiv zu werden, wenn die Lage es erfordert. Es gibt psychoanalytisch orientierte Therapieformen, bei denen eine größere manifeste Aktivität möglich und auch nützlich ist.

Für den, der die persönlichen Voraussetzungen mitbringt, ist Psychoanalyse aber eine faszinierende Tätigkeit.

Weitere Selbsterfahrung?

Die Empfehlung von FREUD (1937), der Analytiker solle alle fünf Jahre wieder in Analyse gehen, wird heutzutage kaum befolgt. Damals waren die Lehranalysen kürzer; heute hofft man offenbar, alle Probleme, die sich bei der Arbeit eines Analytikers störend bemerkbar machen, könnten mit einer langen und gründlichen Lehranalyse in einem Aufwasch erledigt werden.

Das ist aber schon deshalb nicht möglich, weil jeder Ausbildungskandidat während der Lehranalyse, die seine Ausbildung begleitet, nur eine geringe Zahl von Patienten behandeln kann; jedenfalls im klassischen Setting, wo viel Regression stattfindet und der Analytiker sich in regressive und regressionsanaloge Zustände begeben muß, wenn er sich in den Patienten einfühlt, und in dem Konflikte aus dem infantilen Unbewußten - und zwar jedesmal wieder etwas andere - vom Patienten aktiviert werden. Er lernt nicht alle vorkommenden Konflikte in ihrer regressiven Form kennen und in sich bewältigen.

Andernorts (König 1991) habe ich schon darauf hingewiesen, daß therapeutische Analysen bei Angehörigen sozialer Berufe, wenn ein stabiles Ergebnis erreicht werden soll, gründlicher sein müssen als bei Angehörigen anderer Berufe, die nicht immer wieder in Situationen kommen, wo die eigenen Konflikte durch die Konflikte eines anderen Menschen aktiviert werden. Für den Analytiker gilt das bezüglich der Lehranalyse auch und in besonderem Maße. Selbst nach einer gründlichen Lehranalyse wird der Analytiker aber immer wieder mit Patienten in Berührung und in Interaktion kommen, die Konflikte aktivieren, mit denen er in der Lehranalyse nicht umgegangen ist.

Außerdem ist der Analytiker wie jeder andere Mensch in seinem Privatleben immer wieder einmal mit konfliktauslösenden Situationen konfrontiert. Die existentiellen Konflikte eines Menschen ändern sich im Laufe des Lebens, im Unterschied zu den neurotischen Konflikten, die relativ zeitlos sind, auch wenn sie in verschiedenen Phasen des Lebens mehr oder weniger im Vordergrund stehen. Die Midlife-Crisis hat ein Analytiker, der seine Ausbildung beendet, oft schon hinter sich, aber auch die folgenden Lebensabschnitte bringen Konflikte, zum Beispiel zwischen dem Gewollten und dem Gekonnten, die man als ubiquitäre existentielle Konflikte bezeichnen kann, auf die aber eine neurotische Konflikbereitschaft ihren Einfluß hat, zum Beispiel wenn es darum geht, wie leicht oder schwer es jemandem fällt, das Gewollte dem Gekonnten anzupassen und von manchem Gewollten Abschied zu nehmen.

Dem Wunsch, noch einmal ein Stück Analyse zu machen, stehen freilich Faktoren entgegen, die für die Situation eines Analytikers spezifisch sind. Darauf bin ich im Kapitel: Entscheidungen nach einer Therapie? eingegangen. Hier möchte ich folgendes ergänzen: Mit den anderen Analytikern am Ort trifft ein Analytiker immer wieder aus beruflichen Gründen zusammen, und zwar auf gleicher Ebene. Die Situation eines Ausbildungskandidaten bedingt zumindest eine gewisse Asymmetrie, die es leichter macht, mit dem Lehranalytiker umzugehen, wenn der Ausbildungskandidat ihn zum Beispiel in einem Seminar oder in einer Vorlesung antrifft; in der Vorlesung oder im Seminar befindet sich der Ausbildungskandidat zumindest auch in der Position des Lernenden und der Lehranalytiker in der Position des Lehrenden. Begegnet man sich während einer Analyse aber auf der Ebene des »fertigen Analytikers«, scheint es schwieriger zu sein, eine adäquate Form des Umgangs miteinander zu finden. Diese Schwierigkeit hat selbstverständlich nicht nur der Analysand, sondern auch der Analytiker, weshalb Analytiker den Wunsch eines Kollegen am gleichen Ort, bei ihnen in Reanalyse zu gehen, nicht immer begeistert aufgreifen, obwohl es natürlich ein großes Zeichen des Vertrauens ist, wenn ein solcher Wunsch an einen gerichtet wird.

Die Wiederaufnahme einer Lehranalyse beim ursprünglichen Lehranalytiker ist durch die Assoziation »Nachsitzen« belastet. Die Begründung einem selbst und Kollegen gegenüber, man wolle seine Erfahrungen durch eine Analyse bei einem anderen Analytiker erweitern, fällt hier fort.

Prospektive Analysanden, die die Bereitschaft und das Bedürfnis haben, den Analytiker zu idealisieren, werden durch Realinformationen mehr als andere in ihren Übertragungsmöglichkeiten beeinträchtigt. Das gilt im besonderen Maß für die ehemaligen Lehranalytiker. Oft besteht eine Idealisierung fort, die im Realkontakt mit Lehranalytikern nach Beendigung der Lehranalyse dann allmählich abgebaut und manchmal auch plötzlich abrupt beendet wird, wenn der Lehranalytiker sich auf einer interkollegialen Ebene einmal gar nicht ideal zugewandt und einfühlsam verhält, sondern vielleicht »knallhart« seine eigenen Interessen vertritt, wenn er sie gefährdet sieht.

Andere Analytiker nehmen auf Kongressen und in Workshops an Selbsterfahrungsgruppen teil. Eine Selbsterfahrung von einer Woche kann natürlich eine kontinuierliche Selbsterfahrung über längere Zeit nicht ersetzen, die Konfrontation mit immer neuen Gruppenleitern und auch Gruppenmitgliedern wirkt aber anregend. Insbesondere kann sie die eigene fortlaufende Selbstanalyse befruchten.

Eine andere Möglichkeit wäre die Teilnahme an einer Selbsterfahrungsgruppe über längere Zeit. Soll sie am Wohnort stattfinden, treten ähnliche Probleme auf wie bei einer Einzelanalyse, wenn auch die Abhängigkeit der Gruppenmitglieder vom Gruppenleiter in der Regel geringer ist, weil die Übertragungen sich auch auf andere Gruppenmitglieder richten und damit verteilen; das Problem der Nähe auf gleicher Ebene bleibt aber bestehen, und das zusätzliche Problem kommt hinzu, daß an den Selbsterfahrungsgruppen am Ort meist auch Ausbildungskandidaten teilnehmen.

Zu einer Gruppe an einem anderen Ort kann ein Analytiker leichter fahren, da die Gruppen ja meist mit nur einer Doppelstunde pro Woche stattfinden. Ist die andere Stadt nicht allzu weit entfernt, reicht es oft aus, zwei oder drei Patiententermine zu verlegen. Die Rückfahrt findet dann abends statt, die zeitliche Beanspruchung verschiebt sich auf die Freizeit. Natürlich ist auch jede andere Verteilung möglich; zum Beispiel kann man weniger Patienten nehmen, solange man an der Selbsterfahrungsgruppe teilnimmt.

Für viele am günstigsten sind wahrscheinlich aber Selbsterfahrungsgruppen, die einmal im Monat oder alle zwei Monate in Blöcken zu mehreren Stunden an den Wochenenden stattfinden. Die zeitliche Belastung betrifft nicht jede Woche; der Analytiker ist in einer ähnlichen Lage wie ein somatisch tätiger Arzt, der von Zeit zu Zeit Wochenenddienst hat. Auch der Familie gegenüber kann man so etwas meist vertreten. Nach meinen eigenen Beobachtungen sind die Ergebnisse dieser blockweise stattfindenen Selbsterfahrungsgruppen denen der kontinuierlich stattfindenden vergleichbar.

Eine andere Möglichkeit ist schließlich noch, eine Nachanalyse bei dem Mitglied einer anderen Fachgesellschaft zu machen. An manchen Orten gibt es Institute der DPG *und* der DPV. Das kann freilich wieder Schwierigkeiten geben, wenn die Kollegen demjenigen unter ihnen, der bei einem Analytiker der anderen Fachgesellschaft in Lehranalyse geht, unterstellen, er wolle aus der eigenen Fachgesellschaft hinaus und in die andere hinein.

Literatur

ALEXANDER, F. (1950): Psychosomatic medicine. Its principles and application. Allen & Unwin, London (Dt.: Psychosomatische Medizin. Grundlagen und Anwendungsgebiete. De Gruyter, Berlin 1951).

ARGELANDER, H. (1970): Das Erstinterview in der Psychotherapie. Wissenschaftliche Buchgesellschaft, Darmstadt (1967); Psyche 21, 241-368, 429-467, 473-512.

ARGELANDER, H. (1972): Gruppenprozesse: Wege zur Anwendung der Psychoanalyse in Behandlung, Lehre und Forschung. Rowohlt, Reinbek.

BALINT, M. (1970): Therapeutische Aspekte der Regression. Klett, Stuttgart (Orig.: The basic fault. Therapeutic aspects and regression. Tavistock, London 1968).

BELLACK, L., HURVICH, M. & GEDIMAN, H.K. (1973): Ego functions in schizophrenics, neurotics and normals. John Wiley & Sons, New York/London/Sidney/Toronto.

BERNING, D. (1991): Anmerkungen zur Arbeit von K. König: Zur Vorbereitung und Einleitung einer analytischen Gruppenpsychotherapie. Gruppenpsychother. Gruppendyn. 27, 86-89.

BION, W.R. (1970): Attention and interpretation. Tavistock, London.

BLANTON, S. (1975): Tagebuch meiner Analyse bei Freud. Ullstein, Frankfurt a.M./Berlin/Wien.

BLOHMEYER, R. (1990): Richtlinien-Psychotherapie und Psychoanalyse oder Die hinreichend gute Mutter. Forum Psychoanal. 6, 187-198.

BUCHHEIM, P., CIERPKA, M. & SCHEIBE, G. (1988): Das Verhältnis von Psychoanalyse und Psychiatrie, dargestellt am Beispiel von Konzepten für das psychiatrisch-psychodynamische Erstinterview. In: R. KLUSSMANN, W. MERTENS, & F. SCHWARZ (Hrsg.), Aktuelle Themen der Psychoanalyse. Springer, Berlin, S. 57-71.

CALDER, K.T. (1980): An analyst's self-analysis. J. Am. Psa. Ass. 28, 5-20.

COHN, R. (1984): Themenzentrierte Interaktion. Ein Ansatz zum Sichselbst- und Gruppenleiten. In: A. HEIGL-EVERS (Hg.), Psychologie des 20. Jahrhunderts. Sozialpsychologie, Bd. 2., S. 873-883. Beltz, Weinheim.

DEWALD, P.A. (1972): The psychoanalytic process: A case illustration. Basic Books, New York.

DÜHRSSEN, A. (1953): Katamnestische Untersuchungen bei Patienten nach analytischer Psychotherapie. Z. Psychother. Med. Psychol. 3, 167-170.

DÜHRSSEN, A. (1962): Katamnestische Ergebnisse bei 1004 Patienten nach analytischer Psychotherapie. Z. Psychosom. Med. 8, 94-113.

DÜHRSSEN, A. (1988): Dynamische Psychotherapie. Springer, Berlin/Heidelberg/New York.

EISSLER, K.R. (1953): The effects of the structure of the ego on psychoanalytic technique. J. Am. Psa. Ass. 1, 104-143.

EISSLER, K.R. (1958): Remarks on some variations in psychoanalytic technique. Int. J. Psychoanal. 39, 222-229 (dt.: Variationen in der psychoanalytischen Technik. Psyche 13, 609-625, 1959/60).

FLIESS, R. (1942): Metapsychology of the analyst. Psychoanal. Quart. 11, 211-227.

FLIESS, R. (1953): Countertransference and counterindication. J. Am. Psa. Ass. 1, 268-284.

FOULKES, S.H.. (1978): Praxis der gruppenanalytischen Psychotherapie. Reinhardt, München.

FOULKES, S.H. (1992): Gruppenanalytische Psychotherapie. Pfeiffer, München (Engl.: Therapeutic group analysis. Allen & Unwin, London, 1964).

FREUD, S. (1900): Traumdeutung. G. W. Bd. II/III, S. 1-642. Fischer, Frankfurt a.M., 6. Aufl. 1973.

FREUD, S. (1912a): Die Dynamik der Übertragung. G. W. Bd. VIII, S. 364-374. Fischer, Frankfurt a.M., 6. Aufl. 1973.

FREUD, S. (1912b): Ratschläge an den Arzt bei der psychoanalytischen Behandlung. G. W. Bd. VIII, S. 376-387. Fischer, Frankfurt a.M., 6. Aufl. 1973.

FREUD, S. (1914): Erinnern, wiederholen und durcharbeiten. G. W. Bd. X, S. 126-136. Fischer, Frankfurt a.M., 6. Aufl. 1973.

FREUD, S. (1919): Wege der psychoanalytischen Therapie. G. W. Bd. XII, S. 183-194. Fischer, Frankfurt a.M., 6. Aufl. 1973.

FREUD, S. (1932): Neue Folge der Vorlesungen zur Einführung in die Psychoanalyse. G. W. Bd. XV, S. 3-197. Fischer, Frankfurt a.M., 6. Aufl. 1973.

FREUD, S. (1937): Die endliche und die unendliche Analyse. G. W. Bd. 16, S. 59-99, Fischer, Frankfurt a.M., 6. Aufl. 1973.

FRIEDRICH, H. (1984): Anamnese als Drama - die ersten Sätze. Zschr. Psychosom. Med. 30, 314-322.

FÜRSTENAU, P. (1991): Progressorientierte psychoanalytisch-systemische Therapie. Zur Revision des Therapiekonzeptes der Psychoanalyse. Vortag auf dem XV. Internationalen Kongreß für Psychotherapie der AÄGP und der DGPPT, Hannover.

GILL, M.M. (1954): Psychoanalysis and exploratory psychotherapy. J. Am. Psychoanal. Ass. 2, 771-797.

GILL, M.M. (1982): Analysis and transference. Vol. I: Theory and technique. Int. Univ. Press, New York.

GREENSON, R.R. (1967): The practice and technique of psychoanalysis. Universities Press, New York (Dt.: Technik und Praxis der Psychoanalyse. Klett, Stuttgart 1975).

GRODZICKI, H.-D. (1967): Vorlesung an der Universität Hamburg.

HEIGL, F. (1987, 3. Aufl.): Indikation und Prognose in Psychoanalyse und Psychotherapie. Verlag für Medizinische Psychologie im Verlag Vandenhoeck & Ruprecht, Göttingen.

HEIGL-EVERS, A. & HEIGL, F. (1973): Gruppentherapie: interaktionell - tiefenpsychologisch fundiert (analytisch orientiert) - psychoanalytisch. Gruppenpsychother. Gruppendyn. 7, 132- 157.

HEIGL-EVERS, A. & HEIGL, F. (1985): Das Göttinger Modell der Gruppenpsychotherapie: In: P. KUTTER (Hrsg.), Methoden und Theorien der Gruppenpsychotherapie. S. 121-144. Fromann-Holzboog, Stuttgart/Bad Cannstatt.

HEIGL-EVERS, A., HEIGL, F. & OTT, J. (1993): Lehrbuch der Psychotherapie. G. Fischer, Stuttgart/Jena.

HEIGL-EVERS, A., HENNEBERG-MÖNCH, U., ODAG, C. & STANDKE, G. (Hg., 1986): Die Vierzigstundenwoche für Patienten. Konzept und Praxis teilstationärer Psychotherapie. Vandenhoeck & Ruprecht, Göttingen.

HOFFMANN, S.O. (1983): Die niederfrequente psychoanalytische Langzeittherapie. Konzeption, Technik und Versuch einer Abgrenzung gegenüber dem klassischen Verfahren. In: HOFFMANN, S.O. (Hrsg.), Deutung und Beziehung. - Kritische Beiträge zur Behandlungskonzeption und Technik in der Psychoanalyse. S. 183-193. Fischer, Frankfurt a.M.

HOFFMANN, S.O. (1991): Vortrag: Psychoanalyse mit einer Wochenstunde. Kongreß der Deutschen Gesellschaft für Psychotherapie, Psychosomatik und Tiefenpsychologie und der Allgemeinen Ärztlichen Gesellschaft für Psychotherapie: Psychotherpie in der Versorgung, in Hannover.

HOFFMANN, S.O. & HOCHAPFEL, G. (1991, 4. Aufl.): Einführung in die Neurosenlehre und psychosomatische Medizin. UTB 951. Schattauer, Stuttgart/New York.

KÄCHELE, H. (1992): Die Persönlichkeit des Psychotherapeuten. Z. Psychosom. Med. Psychoanal. 38, 227-239.

KERNBERG, O. (1979): Borderline-Störungen und pathologischer Narzißmus. Suhrkamp, Frankfurt a.M., 3. Aufl. (Orig.: Borderline conditions and pathological narcissism. Aronson, New York, 1975).

KERNBERG, O. (1982): To teach or not to teach psychotherapy techniques in psychoanalytic education. In: E.D. JOSEPH & R.S. WALLERSTEIN (eds.), Psychotherapy: Impact on psychoanalytic training. S. 1-37. Int. Univ. Press, New York.

KERNBERG, O. (1988): Schwere Persönlichkeitsstörungen. Klett-Cotta, Stuttgart.

KERNBERG, O.F., SELZER, M.A., KOENIGSBERG, H.W, CARR, A.C. & APFELBAUM, A.H. (1989): Psychodynamic psychotherapy of borderline patients. Basic Books, New York.

KLÜWER, R. (1974): Diskussionsbemerkung auf einer Tagung des Psychoanalytischen Seminars Freiburg über »Kurztherapie« in Gengenbach.

KÖNIG, K. (1974): Die Risikobereitschaft des Patienten als prognostisches Kriterium zur psychoanalytischen Behandlung. Zsch. Psychosom. Med. Psychoanal. 20, 304-311.

KÖNIG, K. (1975): Der Einfluß des klinisch-psychotherapeutischen Settings auf die konfliktorientierte Behandlungsmotivation der Patienten. Psychother. Med. Psychol. 25, 103-108.

KÖNIG, K. (1976): Übertragungauslöser - Übertragung - Regression in der analytischen Gruppe. Gruppenpsychother. Gruppendyn. 10, 220-232.

KÖNIG, K. (1979): Tranfert et alliance coopérative en groupeanalyse. Bull. soc. franc. Psychothérapie de Groupe, Nov., 1-19.

KÖNIG, K. (1982): Der intraktionelle Anteil der Übertragung in Einzelanalyse und analytischer Gruppenpsychotherapie. Gruppenpsychother. Gruppendyn. 10, 220-232.

KÖNIG, K. (1984): Unbewußte Manipulation in der Psychotherapie und im Alltag. Georgia Augusta 40, 10-16.

KÖNIG, K. (1991): Praxis der psychoanalytischen Therapie. Vandenhoeck & Ruprecht, Göttingen.

KÖNIG, K. (1992): Kleine psychoanalytische Charakterkunde. Vandenhoeck & Ruprecht, Göttingen.

KÖNIG, K. (1993a): Einzeltherapie außerhalb des klassischen Settings. Vandenhoeck & Ruprecht, Göttingen.

KÖNIG, K. (1993b): Gegenübertragungsanalyse. Vandenhoeck & Ruprecht, Göttingen.

KÖNIG, K. (1993^4): Angst und Persönlichkeit. Vandenhoeck & Ruprecht, Göttingen.

KÖNIG, K. & KREISCHE, R. (1992^2): Psychotherapeuten und Paare. Vandenhoeck & Ruprecht, Göttingen.

KÖNIG, K. & LINDNER, W.-V. (1992): Psychoanalytische Gruppentherapie. Vandenhoeck & Ruprecht, Göttingen, 2. Aufl.

KÖNIG, K. & NEUN, H. (1984): Psychotherapeutische Heilverfahren. In: P. HAHN (Hrsg.), Die Psychologie des 20. Jahrhunderts. Sozialpsychologie, Bd. 2, S. 454-475. Beltz, Weinheim.

KOHUT, H. (1971): Narzißmus. Eine Theorie der psychoanalytischen Behandlung narzißtischer Persönlichkeitsstörungen. Suhrkamp, Frankfurt a.M.

KREISCHE, R. (1986): Die Behandlung von neurotischen Paarkonflikten mit paralleler analytischer Gruppentherapie für beide Partner. Gruppenpsychother. Gruppendyn. 21, 337-349.

KUTTER, P. (1977): Konzentrierte Psychotherapie auf psychoanalytischer Grundlage. Psyche 31, 957-972.

LANGS, R. (1976): The bipersonal field. Aronson, New York.

LANGS, R. (1978): The listening process. Aronson, New York.

LUBORSKY, L. (1988): Einführung in die analytische Psychotherapie. Springer, Berlin/Heidelberg/New York (Engl.: Principles of psychoanalytic psychotherapy. Basic Books, New York, 1984).

MENNINGER, K.A. & HOLZMANN, P.S. (1977): Theorie der psychoanalytischen Technik. Fromann-Holzboog, Suttgart/Bad Cannstatt (Engl.): Theory of psychoanalytic technique. Basic Books, New York 1973).

MENTZOS, S. (1991): Psychodynamische Modelle in der Psychiatrie. Vandenhoeck & Ruprecht, Göttingen.

MERTENS, W. (1990): Einführung in die psychoanalytische Therapie. 3 Bde. (3. Band: 1991). Kohlhammer, Stuttgart/Berlin/Köln.

MEYER, A.E. (ed. 1981): The Hamburg short psychotherapy comparison experiment. Psychotherapy and Psychosomatics 35, 81-207.

NORMAN, H.F., BLACKER, K.H., OREMLAND, J.D. & BARRETT, W.G. (1976): The fate of the transference neurosis after termination of a satisfactory analysis. J. Am. Psychoanal. Ass. 24, 471-498.

ODGEN, T.H. (1979): On projective identification. Int. J. Psycho-Anal. 60, 357-373.

OHLMEIER, D. (1976): Gruppeneigenschaften des psychischen Apparates. In: D. EICKE (Hrsg.), Die Psychologie des 20. Jahrhunderts, Bd. 2: Tiefenpsychologie, S. 1133-1144. Kindler, Zürich.

PEICHL, J. (1991): Die Außenwelt der Innenwelt. Zur Gestaltung des äußeren Settings durch den Analytiker. Zschr. Psychosom. Med. Psychoanal. 37, 128-145.

RADEBOLD, H. (1992): Psychodynamik und Psychotherapie Älterer. Springer, Berlin/Heidelberg/New York.

RIEMANN, F. (1959): Die Struktur des Therapeuten und ihre Auswirkung in der Praxis. Psyche 13, 150-159.

ROHDE-DACHSER, C. (1981): Dyade als Illusion? Überlegungen zu einigen Strukturbedingungen der Zweierbeziehung am Beispiel von Partnerschaft und Psychoanalyse. Zschr. Psychosom. Med. 27, 318-337.

RÜGER, U. (1979): Kombinationen von psychiatrischer Pharmakotherapie und Psychotherapie. Nervenarzt 50, 491-500.

RUSSELL, B. (1952): Das menschliche Wissen. Holle, Darmstadt (Orig.: Human knowledge. Allen & Unwin, London 1948.)

SANDLER, J. (1960): The background of safety. Int. J. Psychoanal. 41, 352-356.

SANDLER, J. (1982): Psychoanalysis and psychotherapy: The training analyst's dilemma. In: E.D. JOSEPH & R.S. WALLERSTEIN (eds.), Psychotherapy: Impact on psychoanalytic training. Int. Univ. Press, S. 39-47.

SANDLER, J. (1983): Die Beziehung zwischen psychoanalytischen Konzepeten und psychoanalytischer Praxis. Psyche 37, 577-595.

SANDLER, J. (1992): Reflections on developments in the theory of psychoanalytic technique. Int. J. Psycho-Anal. 73, 189-198.

SANDLER, J. & SANDLER, A.-M. (1983): The »second censorship«, the »three box model« and some technical implications. Int. J. Psycho-Anal. 64, 413-425.

SANDLER, J. & SANDLER, A.-M. (1985): Vergangenheits-Unbewußtes, Gegenwarts-Unbewußtes und die Deutungen der Übertragung. Psyche 39, 800-829.

SCHEPANK, H. (1992): Beiträge der Zwillingsforschung und der Epidemiologie zur Neurosenlehre. In: W. TRESS (Hrsg.), Psychosomatische Medizin und Psychotherapie in Deutschland. Vandenhoeck & Ruprecht, Göttingen.

SCHILDT, H. (1991): Rechtliche Aspekte des »Ausfallhonorars«. Gruppenpsychother. Gruppendyn. 27, 287-289.

SCHULTZ-HENCKE, H. (1973): Lehrbuch der analytischen Psychotherapie. Thieme, Stuttgart, 2. Aufl.

STIERLIN, H. (1977): Das erste Familiengespräch. Klett-Cotta, Stuttgart.

THOMÄ, H. & KÄCHELE, H. (1986): Lehrbuch der psychoanalytischen Therapie. Bd. 1, Bd. 2 (1988). Springer, Berlin/Heidelberg/New York.

THOMÄ, H. & THOMÄ, B. (1968): Die Rolle der Angehörigen in der psychoanalytischen Technik. Psyche 22, 802-822.

TICHO, G.R. (1967): On self-analysis. Int. J. Psychoanal. 48, 308-318.

WALLERSTEIN, R. (1986): Forty-two lives in treatment: A study of psychoanalysis and psychotherapy. Guilford, New York.

WEISS, J. & SAMPSON, H. & THE MOUNT ZION PSYCHOTHERAPY RESEARCH GROUP (1986): The psychoanalytic process. The Guilford Press, New York/London.

WILLI, J. (1985): Koevolution. Rowohlt, Reinbek.

ZAUNER, J. (1974): Psychopharmaka und klinische Psychotherapie. Zschr. Psychosom. Med. Psychoanal. 20, 138-147.

Register

Franz Heigl
Indikation und Prognose in Psychoanalyse und Psychotherapie

Für die Praxis des Arztes, Psychotherapeuten und klinischen Psychologen. 3., durchges. Auflage 1987. 284 Seiten, kartoniert.
ISBN 3-525-45615-8

Brigitte Boothe
Der Patient als Erzähler in der Psychotherapie

1994. Ca. 270 Seiten mit zahlreichen Abbildungen, kartoniert.
ISBN 3-525-45758-8

Vamık D. Volkan / Gabriele Ast
Eine Borderline-Therapie

Strukturelle und Objektbeziehungskonflikte in der Psychoanalyse der Borderline-Persönlichkeitsorganisation. Mit einem Vorwort von Ulrich Streeck. 1992. 200 Seiten, kartoniert. ISBN 3-525-45739-1

Vamık D. Volkan / Gabriele Ast
Spektrum des Narzißmus

1994. Ca. 216 Seiten, kartoniert. ISBN 3-525-45770-7

Benjamin Bardé / Dankwart Mattke (Hg.)
Therapeutische Teams

Theorie – Empirie – Klinik. Mit Beiträgen von Peter Kutter und Ulrich Oevermann. 1993. 305 Seiten, kartoniert. ISBN 3-525-45745-6

Wolfgang Schneider / Harald J. Freyberger / Aribert Muhs / Gerhard Schüßler (Hg.)
Diagnostik und Klassifikation nach ICD-10, Kapitel V

Eine kritische Auseinandersetzung. Ergebnisse der ICD-10-Forschungskriterienstudie aus dem Bereich Psychosomatik / Psychotherapie. (Monographie zur "Zeitschrift für Psychosomatische Medizin und Psychoanalyse" 17). 1993. 274 Seiten mit 11 Abbildungen, 41 Tabellen und 27 Übersichten, kartoniert. ISBN 3-525-45271-3

V&R *Vandenhoeck & Ruprecht · Göttingen*